「互联网+」创新型系列教材
校企双元合作开发系列教材

劳动创造美好生活
——劳动教育教程

国家「双高计划」高水平专业群立项建设单位建设成果

主　编　朱学荣　郭　宇
副主编　宋　华　牛　慧　贾爱清　薛景丽　高　妍
　　　　魏　波　冯　研　黄　鹏　邬成霞

LAODONG CHUANGZAO MEIHAO SHENGHUO
LAODONG JIAOYU JIAOCHENG

同济大学出版社·上海

内容提要

本书共分五部分，分别为绪论、劳动理论、劳动法律、劳动教育主题实践和佳片有约。本书阐述了劳动的概念、意义，新时代大学生劳动教育的内容、目标，劳动在人类文明演进中的轨迹，劳动者的权利和义务，劳动精神、志愿服务和校园文化，以及具有劳动教育意义的影视作品。本书把理论融入事实，用事实讲清道理，以道理获得认同，将认同付诸实践，有利于大学生亲身体悟劳动。

本书可作为高等职业院校劳动教育通识教材，也可供对文明发展历史、劳动文化、劳动与职业、劳动与未来、劳动与法律等内容感兴趣的普通读者阅读。

图书在版编目(CIP)数据

劳动创造美好生活：劳动教育教程/朱学荣，郭宇主编. --上海：同济大学出版社，2021.6（2022.8重印）

ISBN 978-7-5608-5811-1

Ⅰ.①劳… Ⅱ.①朱… ②郭… Ⅲ.①劳动教育-高等职业教育-教材 Ⅳ.①G40-015

中国版本图书馆 CIP 数据核字（2021）第 118458 号

劳动创造美好生活——劳动教育教程

朱学荣 郭 宇 主编

责任编辑 张德胜 **责任校对** 王有文 **封面设计** 华腾视觉·刘文东

出版发行 同济大学出版社 www.tongjipress.com.cn

（地址：上海市四平路 1239 号 邮编：200092 电话：021-65985622）

经 销 全国各地新华书店

印 刷 浙江广育爱多印务有限公司

开 本 787 mm×1 092 mm 1/16

印 张 15.75

字 数 383 千字

版 次 2021 年 6 月第 1 版

印 次 2022 年 8 月第 4 次印刷

书 号 ISBN 978-7-5608-5811-1

定 价 48.00 元

Preface 前言

鸦片战争以来，中华民族历经一百多年的艰辛探索，实现了民族独立、人民解放；中华人民共和国成立以来，中国共产党带领全国各族人民历经几十年的艰苦奋斗，实现了翻天覆地、惊天动地的伟大飞跃，综合国力大幅提升，人民生活极大改善——奋斗创造历史，实干成就未来！

与此同时，全球科技进步和环境变化正快速且深刻地改变我们生存的世界，所有国家都无一例外地面临空前挑战。由于挑战本身蕴含着高度的不确定性和复杂性，若要应对挑战，就需要我们的教育能够培养更具适应性和创造力的高素质劳动者，尤其需要培养更多高素质技术技能人才、能工巧匠、大国工匠，从根本上促进国家竞争力不断提升和社会持续发展。

2020年，继《中共中央 国务院关于全面加强新时代大中小学劳动教育的意见》出台后，教育部印发了《大中小学劳动教育指导纲要（试行）》，更加明确了劳动教育的根本指向和细化要求。根据国家人才培养战略、社会发展趋势和人的全面发展需求，本书既着力构建关于劳动教育的认知框架，又关注“学而时习之”的实践路径，以达到求知、增智、健体、至善、臻美的教育目的——劳动教育是关乎身体的教育、关乎心灵的教育、关乎思想的教育、关乎品格的教育！

本书的编写思路是“打破平面的教育，成为立体的教育”，面向浩瀚的人类文明，面向广阔的生活世界，运用丰富生动的方式，展现劳动是整个人类生活的根本动力；劳动创造历史，劳动创造人本身，劳动创造美好生活——把理论融入事实，用事实讲清道理，以道理获得认同，将认同付诸实践，使学生在亲身体验中感悟劳动的本质、劳动的美好，升华劳动情感、厚植劳动情怀，为成为合格的劳动者做好准备。

本书分为五部分。

第一部分，绪论。离开劳动，不可能有人类的历史和灿烂的文明；离开劳动，不可能有真正的教育。劳动是历史和文明的起点，更是劳动教育的起点。本部分内容简要阐述了劳动的概念、意义及新时代大学生劳动教育的目标、内涵和主要内容。

第二部分，上篇，劳动理论。第一章和第二章勾勒了人类文明演进的历史轨迹、中华文明创造的劳动成就及其蕴含的劳动之美，以呈现劳动伟力，增强文化自信。第三章和第四章从志愿者（公民）和职业人的角度呈现劳动者的社会责任及其应具备的精神品质。第五章则立足当下，洞悉未来。通过把握新时代的趋势特征，厘清新时代劳动者核心素养的轮廓，劳动者能够以创造性劳动应对科技发展带来的新挑战，用创造性劳动持续推动个体发展和社会进步。

第三部分，中篇，劳动法律。本部分内容以丰富而充满思辨的方式呈现了新时代劳动者应当具备的劳动法律知识，以提升劳动者在劳动关系中控制法律风险、履行法律责任的意识和能力。

第四部分，下篇，劳动教育主题实践。本部分内容涵盖体会劳动精神、体验志愿服务、感受文化魅力、参与校园服务、探究校园文化、建设最美校园。行是知之始，劳动是获取真知的重要途径，劳动教育只有寓于广阔的实践中才能具有强大的生命力。

第五部分，附录，佳片有约。本部分选择了具有劳动教育意义的不同类型、题材的优秀影视作品进行剖析，引导学生思考探究。优秀的影视艺术作品是世界的微缩影像，是文明的记忆殿堂，是心灵的成长记录，是艺术与生活、美与智慧、历史与当下、实践探索与批判反思的交融。这其中蕴藏着巨大的精神财富，需要人们去观看洞察、汲取力量，以丰富生命，启迪心智，理解世界，创造美好。

编者在编写本书过程中查阅了科学史、技术史、建筑史、美术史、民俗学、劳动法学等与劳动有关的学科领域的研究成果，以及报刊、博物馆、权威媒体等不同渠道的研究资料，注重把握产业发展的新知识、新技术、新工艺和新方法，积极吸收有益观点，凝练典型案例，力求科学严谨、深入浅出、图文并茂。

由于编写水平有限，本书难免存在不当之处，敬请广大读者批评指正。

朱学荣　郭宇

2020 年 11 月

Contents 目 录

绪　论

> 我的精神生活和物质生活都依靠着别人（包括活着的人和已死去的人）的劳动，我必须尽力以同样的分量来报偿我所领受了的和至今还在领受着的东西。
>
> ——爱因斯坦，选自《纪念爱因斯坦译文集》

核心问题

1. 你了解劳动吗？
2. 你了解新时代大学生劳动教育的目标和内涵吗？

导引案例

历史选择了深圳　深圳创造了历史

40 年弹指一挥间。1980 年 8 月 26 日，全国人民代表大会常务委员会审议通过了《广东省经济特区条例》，深圳经济特区正式建立。

自经济特区建立以来，深圳国内生产总值(GDP)增长了 1 万倍，人均 GDP 连续 30 多年领跑全国。从一个 33 万的边陲小镇到常住人口超过 1 300 万的国际化大都市，从当年的经济特区到如今的中国特色社会主义先行示范区，从“世界工厂”到“中国硅谷”，从“深圳速度”到“深圳质量”……回首过去 40 年，没有哪个地方更能代表中国，也没有哪个地方更能令中国感到骄傲。因改革开放而生、因改革开放而兴、因改革开放而强的深圳，其本身就是中国实现历史性变革和取得伟大成就的一个缩影，如图 0-1 和图 0-2 所示。

提起深圳，让人首先想到的是什么？是那个隐藏在老照片里面的“小渔村”，还是“时间就是金钱，效率就是生命”的标语，抑或是“来了就是深圳人”的那份开朗和豁达？对于深圳人来说，感触最深的其实是那个至今仍立在深圳街头的宣传牌——“坚持党的基本路线一百年不动摇。”“不坚持社会主义，不改革开放，不发展经济，不改善人民生活，只能是死路一条。”勇立潮头、敢为人先的深圳用特区精神在时代画卷上书写着深圳经验，举世瞩目的成就印证了改革开放是坚持和发展中国特色社会主义的必由之路。

作为中国改革开放的象征和旗帜，因改革而生的深圳特区已步入“不惑之年”；作为世界观察和读懂中国的“魅力之窗”，因开放而强的深圳特区仍是敢拼敢闯的“翩翩少年”。40 年来，深圳累计创造了 1 000 多项全国第一，持续为全国提供可复制的改革经验。从率先推出商事登记制度改革，到率先试水“民办公助”等模式的新型创新载体，再到率先探索“基层医疗集团"改革，深圳在促进经济发展、鼓励科技创新、改善公共服务等方面持续改革、不断创新，不仅改善了城市面貌和市民生活，还使改革开放融入深圳的城市血脉，成为蓬勃发展的内生动力。

在全民战疫(抗击新冠肺炎疫情)的过程中，深圳首推专属"健康码"，成为全国首个凭"码"出行的城市。作为全国最早推进疫后恢复工作的城市之一，深圳坚持疫情防控和复工复产"两手抓""两手硬"，在全球经济因新冠肺炎疫情遭受重创的背景下，2020 年上半年规模以上工业企业实现利润持续增长。深圳是一块始终充满活力、不断创造奇迹的热土，取胜之匙在于"坚持党的基本路线一百年不动摇"。

以经济建设为中心是兴国之要，四项基本原则是立国之本，改革开放是强国之路。没有改革开放，就没有深圳的今天，因改革开放而生的深圳义无反顾地扛起了先行示范区的使命担当。新时代有新使命，深圳已经从中国改革开放的"探路者"成长为新时代的示范区。

(资料来源:《光明日报》，2020 年 8 月 27 日，有改动。)

(a) 开发前的深圳蛇口老街 (1979 年 5 月 23 日摄)

(b) 高楼林立的深圳蛇口工业区 (2008 年 10 月 10 日摄)

图 0-1 改革开放前后的深圳蛇口

图 0-2 2015 年 7 月 27 日广东自贸区深圳前海蛇口片区

【思考与讨论】

请同学们结合以上案例，思考并讨论以下问题。

1. 请举例说明中华人民共和国的改革开放取得了哪些令世人瞩目的劳动成就。
2. 劳动在人类生活、国家建设和社会发展中体现了怎样的作用？

第一节 劳动教育的起点：劳动

劳动是人有意识地、自觉地改变环境、改变世界的实践活动，是人类社会赖以生存和发展的前提条件。劳动创造了历史，创造了人本身，创造着未来；劳动是改变人类社会的根本力量。

一、劳动的概念和要素

（一）劳动的概念

马克思认为，劳动是“人借以实现人和自然之间的物质变换的人类一般的生产活动”①，“劳动首先是任何自然之间的过程，是人以自身的活动来中介、调整和控制人和自然之间的物质变换的过程。人自身作为一种自然力与自然物质相对立。为了在对自身生活有用的形式上占有自然物质，人就使他身上的自然力——臂和腿、头和手运动起来。当他通过这种运动作用于他身外的自然并改变自然时，也就同时改变他自身的自然。他使自身的自然中蕴藏着的潜力发挥出来，并且使这种力的活动受他自己控制”。② 劳动是人使用特定的劳动资料，通过改变劳动对象，自觉地、能动地、社会化地活动，创造人自身需要的使用价值或效用。在持续不断地改变自然的过程中，人创造了自己；在劳动中，人的心智不断丰富发展，人显现出主体性、社会性和创造性。

总而言之，劳动是人的本质，是劳动创造了人本身，劳动创造了历史。劳动是人类社会赖以生存和发展的前提条件。劳动是改变人和人类历史的根本力量。

（二）劳动的要素

1. 劳动对象

劳动对象是劳动得以开展的物质基础和客观条件。自然界是人类天然的食物和劳动资料的来源。

2. 劳动工具

劳动工具即劳动资料，是“劳动者置于自己和劳动对象之间、用来把自己的活动传导到劳动对象上去的物或物的综合体”。③ 劳动工具是人肢体的延伸，使人保存和发展自身、改造世界的能力不断放大。恩格斯曾经提到，最古老的工具是些什么东西呢？是打猎的工具和捕鱼的工

---

① 马克思恩格斯选集：第 7 卷[M]. 北京：人民出版社，2009：923.
② 马克思恩格斯选集：第 5 卷[M]. 北京：人民出版社，2009：207-208.
③ 马克思恩格斯选集：第 5 卷[M]. 北京：人民出版社，2009：209.

具,而前者同时又是武器。劳动工具最初从自然界直接获得,这使劳动工具与劳动对象——如自然界的食物、石块、土地等——没有严格的区分。一部人类的史前史正是根据劳动工具划分的,如旧石器时代、新石器时代、青铜时代、黑铁时代等。劳动工具是劳动的产物,以工具标志历史,说明劳动创造历史,劳动创造人。

3. 劳动者

劳动者在劳动活动中,逐渐理解并掌握劳动资料的由来、性能、应用方式等经验、知识、理论、技能,形成劳动观念、协作方式、劳动规则,形成适合特定生存环境的劳动文化。劳动者在劳动活动中改进、迭代劳动工具,作用于劳动对象,创造劳动成果(包括物质成果和精神成果),推动劳动活动方式不断升级、人类文明形态持续演进。劳动的核心要素、劳动要素及其逻辑关系分别如图 0-3 和图 0-4 所示。

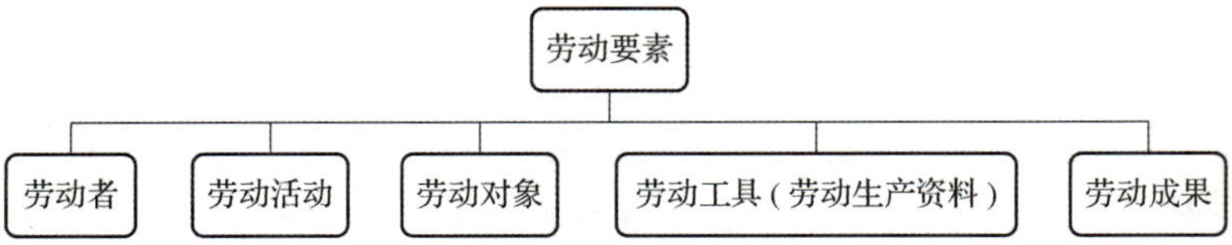

图 0-3　劳动的核心要素

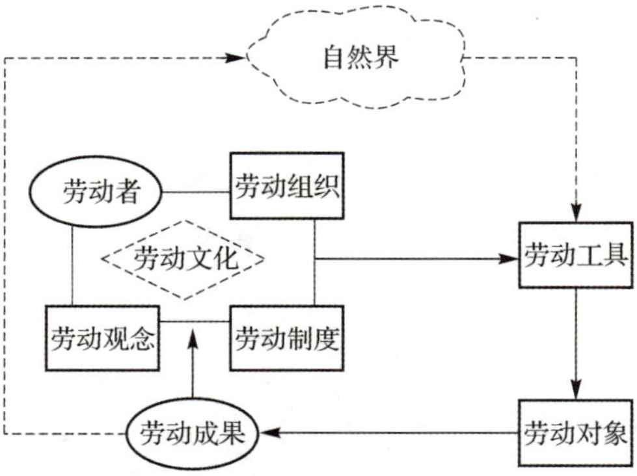

图 0-4　劳动要素及其逻辑关系

二、劳动的重要意义

(一) 劳动是人发展的基本条件

劳动是个人实现人生价值和享受美好生活的基本途径。早在 1846 年,马克思和恩格斯就在他们合著的《德意志意识形态》一书中指出:“人类从动物界分离了出来,其先决条件便是人们‘开始生产他们所必需的生活资料’,即从事生产劳动。”恩格斯在《劳动在从猿到人转变过程中的作用》中指出,劳动和自然界一起才是一切财富的源泉。自然界为劳动提供材料,劳动则把材料变为财富。但是劳动远不仅如此,劳动是整个人类生活的首要基本条件。它创造了人本身,每个人都离不开劳动,劳动创造美好生活。

最初,古猿成群地生活在树上。在长期的攀缘生活中,古猿学会了用上肢摘取果实,拿木棍或石块抵御野兽，这样就使手和足有了初步的分工。此后，由于气候和生存环境的变化，部分古猿被迫迁移到地面上生活。环境的改变使手需要从事越来越多和脚不同的工作，于是古猿在行走时就开始摆脱用手帮助的习惯，渐渐直立行走。直立行走是古猿应对环境变化的自然选择，是完成从猿到人的具有决定意义的一步。由于直立行走，手的解放为制造工具创造了前提。

劳动促进人的感觉器官和人脑发育，并呈现出互动性。恩格斯说："首先是劳动，然后是语言和劳动一起，成了两个最主要的推动力，在它们的影响下，猿脑就逐渐地过渡到人脑；后者和前者虽然十分相似，但是要大得多和完善得多。随着脑的进一步发育，脑的最密切的工具，即感觉器官，也进一步发育起来。正如语言的逐渐发展必然伴随着听觉器官的相应的完善化一样，脑的发育也总是伴随着感觉器官的完善化。""脑和为它服务的器官、越来越清楚的意识以及抽象能力和推理能力的发展，又反作用于劳动和语言，为这两者的进一步不断发展提供新的推动力。①""手不仅是劳动的器官，它还是劳动的产物。只是由于劳动，由于和日新月异的动作相适应，由于这样所引起的肌肉、韧带以及在更长时间内引起的骨骼的特别发展遗传下来，而且由于这些遗传下来的灵巧性以愈来愈新的方式运用于新的愈来愈复杂的动作，人的手才达到这样高度的完善……②"劳动促进手和脑的紧密结合、有机结合。在劳动中，人的思维能力、音节分明的语言能力、手的灵活性不断相互促进和发展，同时这些能力以生物基因和劳动文化的方式代代传承。

（二）劳动是推动人类社会进步的根本力量

人类的劳动是有意识、有思想的社会实践活动，创造了绚丽多彩的服饰、风味各异的饮食、雄伟壮丽的建筑、高效优质的交通交流工具等物质产品，还创造了浩如烟海的图书、震撼人心的影视、美妙动听的音乐等精神产品。劳动创造财富，创造文明，推动社会不断向前发展。劳动是社会发展的根本力量，在不同的历史阶段创造了不同的文明形态：原始文明、农业文明、工业文明和信息文明，如图 0-5 所示。

马克思从历史发展的角度，考量了不同历史时期居于主导地位的劳动要素，并揭示了不同劳动要素居主导地位时劳动者相应的存在状态，揭示了劳动推动人类社会进步的深层逻辑。在《1857—1858 年经济学手稿》中，马克思指出："人的依赖关系（起初完全是自然发生的），是最初的社会形态，在这种形态下，人的生产能力只是在狭隘的范围内和孤立的地点上发展着。以物的依赖性为基础的人的独立性，是第二大形态，在这种形态下，才形成普遍的社会物质变换，全面的关系，多方面的需求以及全面的能力的体系。建立在个人全面发展和他们共同的社会生产能力成为他们的社会财富这一基础上的自由个性，是第三个阶段。第二个阶段为第三个阶段创造条件。"③

伴随社会发展、文明进步，人与其置身的社会关系结成规模性、复杂性、互依性、主体性、开

① 恩格斯. 自然辩证法[M]. 北京：人民出版社，2018：307-309.

② 马克思恩格斯选集：第 3 卷[M]. 北京：人民出版社，2009：509-510.

③ 马克思恩格斯选集：第 46 卷[M]. 北京：人民出版社，2003：104.

放性不断提升的有机共同体。人的发展在经历"人的群体本位"和"以物的依赖性为基础"的异化阶段后，彼此都作为对方实现个人及共同体发展目标的条件，而不是被某种特殊的社会交往和物质符号定义、隔离，人得以实现全面自由发展。从总体来看，在人类历史的第一阶段，劳动者、劳动活动、劳动对象、劳动工具、劳动成果浑然一体，人是本真状态下的人；人类历史进入私有制阶段，劳动者与劳动对象、劳动工具等劳动要素分离，人逐渐被异化，成为单向度的人；人类历史进入社会主义社会，劳动工具（劳动资料）实现公有制，劳动者成为劳动活动的主人，结束了劳动者与其他劳动要素相分离的异化状态，实现了主体性的复归，如图 0-6 所示。

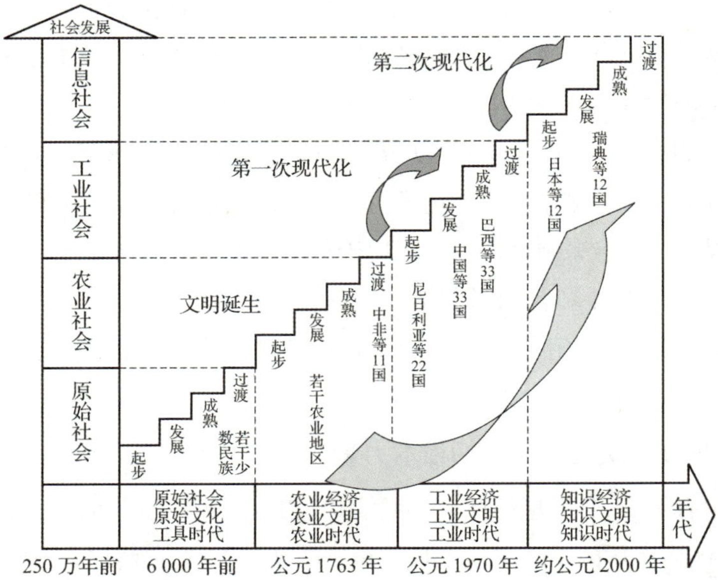

图 0-5 人类文明形态

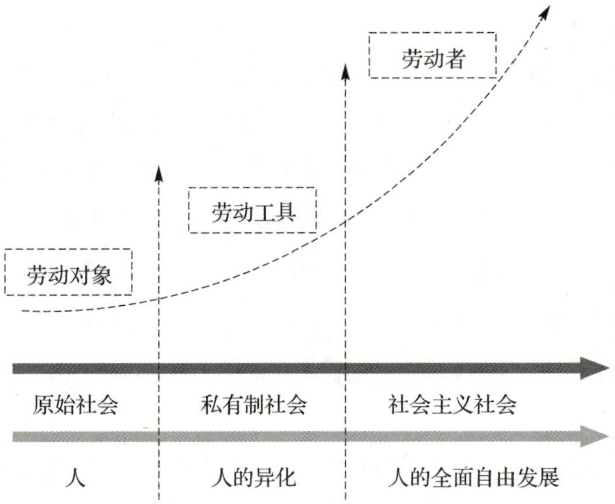

图 0-6 不同阶段居主导地位的劳动要素与人的状态

党的十九大报告指出:“中国特色社会主义是改革开放以来党的全部理论和实践的主题,是党和人民历尽千辛万苦、付出巨大代价取得的根本成就。”习近平总书记曾指出:“社会主义是干出来的,就是靠着我们工人阶级的拼搏精神,埋头苦干、真抓实干,我们才能够实现一个又一个的伟大目标,取得一个又一个的丰硕成果。”“社会主义是干出来的”伟大号召的目标指向是实现中华民族伟大复兴的中国梦,实现国家富强、民族振兴、人民幸福。习近平总书记在参观《复兴之路》展览时曾指出:“空谈误国,实干兴邦。我们这一代共产党人一定要承前启后、继往开来,把我们的党建设好,团结全体中华儿女把我们国家建设好,把我们民族发展好,继续朝着中华民族伟大复兴的目标奋勇前进。”一万年太久,只争朝夕!“实干兴邦”,就是通过“干”,不懈奋斗,集腋成裘、滴水穿石,奋力实现民族复兴这一美好憧憬和向往,为人类进步与发展贡献中国智慧、中国方案。

“社会主义是干出来的”伟大号召的实践是埋头苦干、真抓实干、科学巧干的结合。要苦干,面对任务、责任、各种困难,吃苦耐劳、不畏艰难。苦干,绝不是盲目苦熬,即不是被动、无奈和观望,而是适应环境、坚定意志、持之以恒。要实干,勤勤恳恳、踏踏实实,做事稳妥有序,不浮夸、不做作,既统筹发展、系统思考、战略谋划,也“踏石留印、抓铁有痕”。要巧干,能独辟蹊径、创新思维,运用科学的方法和工具干事,达到事半功倍之效。

古往今来,凡事成于真、兴于实,败于虚、毁于假。劳动最光荣,劳动最崇高,劳动最伟大,劳动最美丽。中华民族是一个勤劳、勇敢、奋斗的民族,在五千年的历史长河中创造了无比璀璨的文明,在实现伟大复兴的征程中付出了无比艰辛的代价,历经磨难而百折不挠、勇于奋起、敢于超越。在各个历史时期,中国人民都崇尚劳动美德,把个人理想、家庭幸福融入国家富强、民族复兴之中,创造了无数人间奇迹,描绘了最美建设画卷。

新中国成立70多年来,中国的发展建设取得了举世瞩目的历史性成就,中国人民收获了巨大的物质财富,更收获了宝贵的精神财富(图0-7)——“热爱祖国、无私奉献、自力更生、艰苦奋斗、大力协同、勇于攀登”的“两弹一星”精神,“宁可少活二十年,拼命也要拿下大油田”的铁人精神,“自力更生、艰苦奋斗”的大寨精神和“自力更生、艰苦创业、团结协作、无私奉献”的红旗渠精神,“艰苦创业、无私奉献、团结协作、勇于创新”的三线精神,“公而忘私、服务人民、甘当螺丝钉”的雷锋精神,“亲民爱民、科学求实、迎难而上、无私奉献”的焦裕禄精神,“生命至上、举国同心、舍生忘死、尊重科学、命运与共”的伟大抗疫精神,“上下同心、尽锐出战、精准务实、开拓创新、攻坚克难、不负人民”的脱贫攻坚精神……这些精神集中体现为爱国和创业。因为爱国,所以无私忘我、敢于牺牲;因为创业,所以迎难而上、勇攀高峰;因为爱国、创业,新中国的建设者才能超越苦难,走向辉煌。

实干兴邦

- 1957 年：万里长江第一桥，天堑变通途 —— 武汉长江大桥，新中国首座铁路、公路两用桥梁
- 1959 年：工业学大庆 —— 铁人精神、大庆经验，把“贫油国”的帽子丢到太平洋里去
- 1960 年：农业学大寨 —— 战天斗地、奋发有为、敢叫日月换新天
- 1960 年：“人工天河”红旗渠 —— 千军万马战太行，为有壮志多牺牲
- 1961 年：荒原变绿水青山 —— 塞罕坝林场人植树造林，改天换地
- 1965 年：备战备荒为人民 —— 好人好马上三线，艰苦创业、无私奉献、团结协作、敢于创新，铸就荆天棘地的“三线精神”
- 1960—1970 年：“两弹一星”横空出世
- 1975 年：杂交水稻，一颗种子改变中国 —— 吹尽黄沙始到金，杂交水稻在中国诞生，1980 年作为第一项农业专业技术转让给美国，造福世界
- 1985 年：“星火计划” —— 科技星火，燃遍中国农村大地
- 1986 年：“863 计划” —— 美国“星球大战计划”掀狂澜，“两弹元勋”上书中央，筑强国之基
- 1987 年：“丰收计划” —— 科技兴农
- 1988 年：“燎原计划” —— 培养农业技术人才，改换农村面貌
- 1990 年：浦东开发开放 —— 龙头崛起，牵动长江流域经济社会发展新飞跃
- 1994 年：“国家八七扶贫攻坚计划” —— 救济式扶贫转向开发式扶贫，力争 7 年基本解决农村 8 000 万贫困人口温饱问题
- 1996 年：大京九 —— 新中国铁路史上最曲折决策，动议至建成历时 38 年，规模最大、线路最长大干线，跨越 9 省市辐射 2 亿人，沿线百姓喻之为“脱贫致富发动机”
- 1998 年：众志成城战洪魔 —— 30 万人民子弟兵力挽狂澜，沧海横流，尽显英雄本色
- 1999 年：西部大开发 —— 实现全国各族人民共同繁荣
- 2002 年：大国重器“蛟龙”号启动研发 —— 20017 年完成试验性应用，远海大洋印刻中国深度，领跑深潜技术，迈向海洋强国
- 2005 年：告别 2600 年“皇粮国税” —— “农业税”自此退出历史，极大提高了农民的劳动生产积极性
- 2006 年：天路 —— 10 万多筑路劳动者历时 5 年艰苦奋战，世界上海拔最高、穿越冻土里程最长的高原铁路青藏铁路全线贯通
- 2012 年：太空穿针 —— 中国首个空间实验室“天宫一号”精准交会对接“神舟八号”，载人航天核心技术，自主创新、自我突破
- 2013 年：立下愚公志，精准扶贫 —— 脱贫攻坚“金钥匙”，山村命运改变折射新时代伟大征程，东西协作、对口支持、苦干实干
- 2020 年：决胜脱贫攻坚 —— 现行标准下 9 899 万农村贫困人口全部脱贫，区域性整体贫困得到解决，完成消除绝对贫困的艰巨任务，创造了又一个彪炳史册的人间奇迹

图 0-7　实干兴邦：新中国劳动者的主要建设成就

案例

南泥湾大生产运动

视频
南泥湾好风光

1941年，由于日本侵略军的疯狂进攻和扫荡，国民党顽固派的军事包围和经济封锁，解放区（中国共产党领导的抗日民主根据地）的财政经济发生了极为严重的困难。为了战胜困难，坚持抗日战争，1942年年底，中共中央提出了“发展经济，保障供给”的方针，号召解放区军民自力更生，克服困难，开展大生产运动。解放区军民在党中央和毛泽东的领导下，开展了南泥湾、槐树庄、大凤川等地的屯田大生产运动。

王震率领的三五九旅开赴南泥湾实行军垦屯田。经过3年奋战，在缺乏生产资金和生产工具的极端困难情况下，他们发扬自力更生、奋发图强的精神，把南泥湾变成了“陕北江南”，成为大生产运动的模范。陕甘宁边区和敌后抗日根据地的大生产运动健康发展，成就显著。大生产运动积累了经济建设的经验，培养了经济工作干部。

南泥湾位于延安城东南45千米处，在明清之际，这里水源充足，人烟稠密，土地肥沃。到了清朝同治时期，社会动荡导致这里成为杂草丛生、荆棘遍野、人迹稀少、野兽出没的“烂泥湾”。“南泥湾”之名由此而来。

在来南泥湾前，王震做足了心理准备。1941年3月初，他在誓师大会上带领全体官兵挥舞着拳头立下了“一把镢头一支枪，生产自救保中央”豪言壮语，命令“全体参加生产，不让一个人站在生产战线之外”“上至旅长，下至马夫、伙夫，一律参加生产”，率三五九旅雄赳赳气昂昂地开进方圆几十里（1里=500米）荒无人烟的南泥湾。

虽然战士们士气高涨，但困难是实实在在的。当时正值春寒料峭，寒风刺骨，战士们没有地方住，夜间只能用树枝搭草棚凑合过夜。王震心里清楚，要扎下根来，首先要解决吃和住的问题。在当时生产资金和生产工具都极度匮乏的情况下，他鼓励大家发扬自力更生、奋发图强的精神，和大家一起想办法：边开荒边抽出部分人突击打窑洞。粮食不够吃，各部队干部带头冒风雪，破冰涉水到远离驻地的县城背运粮食；没有油盐酱醋，就想办法打柴烧炭，然后拿到集市上和老百姓交换；为了改善伙食，战士们或者拾山货、挖野菜、找树皮、收野鸡蛋，或者扛枪打猎、下河摸鱼；没有农具，王震就和战士们一起，用弹片打制成耕地的犁、锄头等。

“花篮的花儿香，听我来唱一唱，唱呀一唱……”旋律优美的歌声、披荆斩棘的官兵、热火朝天的生产场面，在红红火火的开荒潮中，三五九旅用歌声和汗水唤醒了沉睡的土地，绘就了一幅“平川稻谷香，肥鸭满池塘，到处是庄稼，遍地是牛羊”的画面。

王震规定，从旅长到每个战士，无一例外，开荒种田，参加劳动生产。他身先士卒，率领部队掀起你追我赶的劳动竞赛。三五九旅一名叫李位的模范班长，在一次开荒竞赛中创造了日开荒三亩六分七厘（1亩=10分=100厘≈666.7平方米）的最高纪录。之后随着生产工具的改良和生产技术的提高，又涌现出了一名叫郝树才的战士，他以一天开荒四亩二分三厘的成绩被毛泽东亲切地称为“气死牛”。

陕甘宁边区和敌后抗日根据地的大生产运动科学创新、成效显著，农业和工商业产值迅速增长，人民生活负担减轻，军民的生活状况也得到了明显改善。毛泽东为南泥湾的题词“自己动手”“丰衣足食”(图 0-8)成为南泥湾精神的象征。

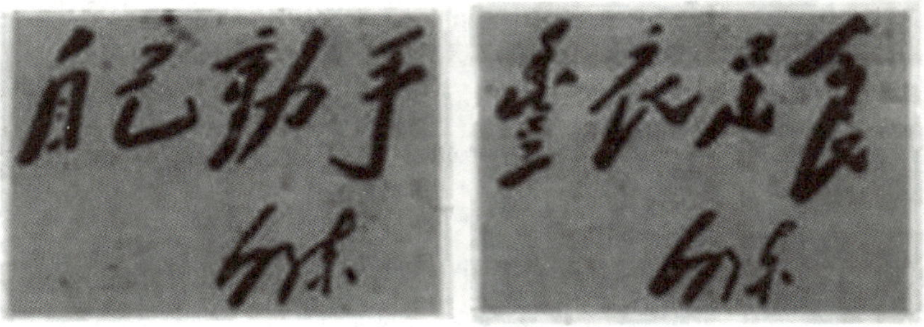

图 0-8　抗战时期南泥湾大生产运动的口号

第二节　新时代大学生劳动教育

党的十八大以来，习近平总书记将“坚持社会公平正义，排除阻碍劳动者参与发展、分享发展成果的障碍，努力让劳动者实现体面劳动、全面发展”作为施政目标之一，将“人民日益增长的美好生活需要和不平衡不充分的发展之间的矛盾”视为中国特色社会主义进入新时代后我国社会的主要矛盾，强调“坚持以人民为中心的发展思想，不断促进人的全面发展、全体人民共同富裕”。在中国进入互联网、数字经济时代后，习近平总书记向全社会发出号召，重视“德、智、体、美、劳”教育，不仅在当前中国所处的特殊历史背景下具有一般的人才培养教育意义，而且从长远来看也具有深远的社会文化意义。

一、新时代大学生劳动教育的目标

习近平总书记对广大青少年培养深厚的劳动情怀抱有殷切期待，强调劳动教育的必要性。“要在学生中弘扬劳动精神，教育引导学生崇尚劳动、尊重劳动，懂得劳动最光荣、劳动最崇高、劳动最伟大、劳动最美丽的道理，长大后能够辛勤劳动、诚实劳动、创造性劳动”；“要通过各种措施和方式，教育引导广大青少年牢固树立热爱劳动的思想、牢固养成热爱劳动的习惯，为祖国发展培养一代又一代勤于劳动、善于劳动的高素质劳动者”。

通过劳动教育，学生能够理解和形成马克思主义劳动观，牢固树立劳动最光荣、劳动最崇高、劳动最伟大、劳动最美丽的观念；体会劳动创造美好生活，体认劳动不分贵贱，热爱劳动，尊重普通劳动者，培养勤俭、奋斗、创新、奉献的劳动精神；具备满足生存和发展需要的基本劳动能力，形成良好的劳动习惯。

同时，使学生在树立崇高人生价值观的同时，清楚地认识到自身存在的问题。当代大学生的生活条件普遍优越，由于家庭、学校和社会层面劳动教育的普遍缺失，他们出现了心态浮躁、眼高手低、逃避困难、害怕挫折等一系列问题。大学生要清楚地认识到自身的问题，找到原因并积极改变，热爱劳动、辛勤劳动、诚实劳动、创造性劳动。

自古英雄出少年！“如果我们选择了最能为人类福利而劳动的职业，那么，重担就不能把我们压倒，因为这是为大家而献身；那时我们所感到的就不是可怜的、有限的、自私的乐趣，我们的幸福将属于千百万人，我们的事业将默默地、但是永恒发挥作用地存在下去，而面对我们的骨灰，高尚的人们将洒下热泪。”这段振奋人心、惊世骇俗的文字出自17岁的马克思撰写的名为《青年在选择职业时的考虑》的文章。当时，马克思适逢中学毕业，面临着是升学还是就业的去向选择问题。他身边的多数同学或希望成为诗人、科学家或哲学家，或者打算去当教士或牧师，或者希望过上资本家的奢华生活。而青年马克思并未将利己主义和个人幸福作为选择职业的价值标准，而把人生价值、职业选择融入对人类社会的认识中加以考虑。

风华正茂的青年时期往往是新发现、新创造、新知识涌现的时期。这几乎是一条普遍性的规律。青年大学生必须保持奋斗精神、奉献精神，把人生理想融入国家和民族的事业中，成为国家建设的有用之才、栋梁之材！

二、新时代大学生劳动教育的内涵

具有内在生命力的劳动教育是可以顶住种种不健康思想的侵蚀而使青年学生健康成长，并为建构更加公平正义的社会秩序做出贡献的。立足于劳动培养人的核心价值观，建构具有内在生命力的劳动教育正是今天加强劳动教育的当务之急。

具有内在生命力的劳动教育以在劳动中体知真善美为生命之根。劳动绝不只是谋生的手段。在马克思看来，在人与自然的关系上，劳动是人的本质力量对象化于客体的过程，它天生就具有认知上求真的意蕴；在人与社会的关系上，劳动产生于并丰富着人与人之间的社会关系，它自然就带有伦理上求善的意蕴；在人与自身的关系上，劳动不仅是个体获得物质生活资料的前提，更是确证自己的审美能力、创造能力和存在价值的主要手段，它本身就具有成人求美的意蕴。

苏霍姆林斯基认为，离开劳动不可能有真正的教育；如果学生只知享用由社会创造并提供给他们的那些物质和精神财富，就不可能产生真正的教育；只有当一个人认识到在劳动中有一种比获得满足物质需要的更重要的东西，即精神创造及自身才能和天资的发挥，只有在那时候，劳动才能成为快乐的源泉。

三、新时代大学生劳动教育的主要内容和基本特征

新时代劳动教育的内容主要包括日常生活劳动教育、生产劳动教育和服务性劳动教育三个方面。其中，日常生活劳动教育要让学生立足于个人生活事务处理，培养良好的生活习惯和卫生习惯，自立自强，树立劳动意识，培养劳动精神、审美品位；生产劳动教育要让学生体验工农业生产创造物质财富的过程，培养职业精神、劳模精神、工匠精神，增强产品质量意识，体会伟大出自平凡的劳动；服务性劳动教育要注重让学生利用所学知识、技能服务他人和社会，培养具有强健体魄和健康人格的合格公民，强化社会责任感。

新时代劳动教育具有三个基本特征：一是鲜明的思想性，强调劳动者是国家的主人，一切劳动和劳动者都应该得到鼓励与尊重，反对一切不劳而获、崇尚暴富、贪图享乐的错误思想；二是

突出的社会性，要求引导学生走向社会，认识社会，强化责任担当意识，体会社会主义社会平等、和谐的新型劳动关系；三是显著的实践性，以动手实践为主要方式，引导学生在认识世界的基础上学会建设世界和塑造自己，达到树德、增智、强体、育美的目的。

知识总结

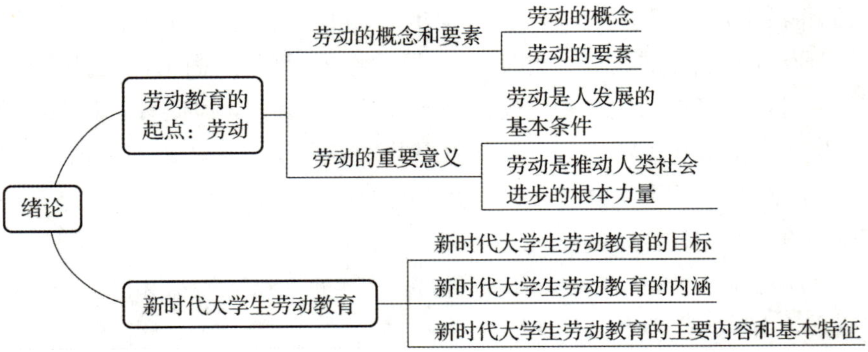

上篇

劳动理论

第一章　劳动创造文明

> 文明不是哪一个或哪几个民族的功劳，而是许多民族互相学习、共同创造的。
>
> ——吕叔湘，选自《〈文明与野蛮〉重印后记》

核心问题

1. 劳动创造了哪些不同形态的文明？
2. 在不同文明形态下，劳动创造了哪些文明成就？
3. 在劳动创造文明的历史进程中，不同形态的文明之间具有怎样的联系？

导引案例

"两弹一星"工程对中国的安全和发展的重大战略意义

研制原子弹、氢弹、人造地球卫星的决策是以毛泽东同志为核心的党的第一代中央领导集体于20世纪50年代陆续做出的。在抗美援朝期间，面对美国的核讹诈，党和国家领导人深刻认识到"只有掌握了最先进的科学，我们才能有巩固的国防"，并就发展原子武器、火箭等特种武器问题征询了有关科学家的意见。1955年年初的一次中央书记处扩大会议正式做出发展自己的原子能事业的决策，并为此争取到了苏联的援助。在1958年的军委扩大会议上，毛泽东同志指出："原子弹就是那么大的东西。没有那个东西，人家就说你不算数。那么好吧，我们就搞一点吧，搞一点原子弹、氢弹、洲际导弹，我看有十年工夫完全可能。"在同年的第八届全国人民代表大会第二次会议上，毛泽东同志提出"我们也要搞人造卫星"。

1960年6月，苏联突然单方面撕毁援助协定，撤走了在华全部专家，这一举动激发了我们独立自主造原子弹的决心。毛泽东同志号召："自己动手，从头做起来，准备用八年时间，拿出自己的原子弹！"我国科研工作者在经济落后、工业和科研基础薄弱，资金、设备极端困难的条件下，攻克了一个个技术难题，于1964年10月16日成功爆炸了第一颗原子弹，中国从此成为继美、苏、英、法之后世界上又一个自行研制原子弹并成功实施核爆炸的国家。1967年6月17日，我国第一颗氢弹在距地面2 900米处空爆试验成功。我国以最快的速度完成了从原子弹到氢弹这两个发展阶段的跨越。在同一时期，我国的导弹研制也取得了重要突破，先后成功发射了常规导弹和核导弹。

1970年4月24日，我国自行设计、制造的第一颗人造地球卫星"东方红一号"由"长征一号"运载火箭一次发射成功，开创了中国航天事业的新纪元，我国继苏联、美国、法国、日本之后正式进入太空时代。而且，“东方红一号”卫星在跟踪手段、信号传输形式和星上温控系统等技术方面均超过了苏、美等国首颗卫星的水平。作为纪念，自 2016 年起，我国将每年的 4 月 24 日设立为“中国航天日”。

在中华人民共和国 70 余年的历史上，“两弹一星”对中国的安全和发展具有重大战略意义。正如邓小平同志所指出的：“如果(20 世纪)60 年代以来中国没有原子弹、氢弹，没有发射卫星，中国就不能叫有重要影响的大国，就没有现在这样的国际地位。这些东西反映了一个民族的能力，也是一个民族、一个国家兴旺发达的标志。”“两弹一星”事业的开展不仅促进了中华人民共和国国防事业的发展，而且带动了科技事业的进步，培养了一批吃苦耐劳、勇于创新的科技队伍，增强了全国人民的自信心和自豪感，也孕育和形成了伟大的“两弹一星”精神。

（资料来源：《光明日报》，2019 年 4 月 29 日，有改动。）

【思考与讨论】

请同学们结合以上案例，思考并讨论以下问题：在人类通过劳动实践创造历史的过程中，什么样的劳动是真正有价值的劳动，即什么样的劳动才能捍卫人的生存和尊严、捍卫国家的安全和发展？

第一节 原始文明劳动成就概述

人们一般将文字出现以前的人类历史称为史前史，将史前社会形态称为原始社会。考古学家按照人类使用生产工具的性质把史前史分为旧石器时代和新石器时代两个阶段。旧石器是指打制的石器，新石器是指磨制的石器。原始社会是人类的童年时代，这一时期的人类以打制的石器为主要劳动工具，通过采集和狩猎等简单劳动来维持生活。同世界上其他国家一样，中国历史的第一个社会形态是原始社会。从重庆巫山人算起，中国原始社会的开端距今约 200 万年。

一、旧石器时代的劳动成就

1. 人工取火

旧石器时代早期的人类称为直立人，也称猿人，生活在距今 200 万—20 万年前。我国发现了许多直立人化石，其中比较重要的有巫山人、元谋人、北京人、山顶洞人等。我国境内已知最早的人类是巫山人。巫山人化石是 1985 年在重庆巫山县龙坪村龙骨坡发现的，巫山人生活在距今 214 万—201 万年前，属于旧石器时代早期。比巫山人稍晚的是距今 170 万年的元谋人。元谋人已经知道用火。在全世界的直立人中，北京人是最著名的，北京人生活在距今 71 万—23 万年前，以洞穴为家，不仅懂得用火，而且能保存火种，已经具备管理火的能力。

山顶洞人距今约 1.8 万年，已经掌握了磨光和钻孔技术，能用磨制的骨针缝制衣服，已经学会人工取火，靠采集、狩猎和捕鱼为生。

火的出现使人类摆脱了茹毛饮血的境况，开始食用熟食，缩短了食物的消化过程，可以汲取更丰富的营养，大大促进了人类体质的发展，增强了与自然抗争的能力。所以，火的使用在人类的发展史上具有划时代的伟大意义。我国古代有关燧人氏钻木取火的古史传说反映了这一伟大历史进步。

2. 弓箭的发明和使用

弓箭的发明和使用使狩猎技术与武器获得了飞跃性发展，给原始狩猎经济带来了新的生机。恩格斯曾高度评价弓箭的发明："弓箭对于蒙昧时代，正如铁剑对于野蛮时代和火器对于文明时代一样，乃是决定性的武器。"①

拓展阅读

"三皇五帝"与华夏文明

在5 000年的历史长河中，勤劳智慧的中国人民创造了辉煌的历史成就，铸就了灿烂的中华文明。在长期与自然共处的过程中，先民们还形成了丰富的劳动思想和劳动经验，反映了其对劳动的崇高礼赞。

在传统史学中，中国的历史自三皇五帝始。古人用"三皇五帝"统括了远古诸帝，用它表述人类社会历史的演进。其中有关燧人、伏羲和神农的"三皇"传说分别反映了旧石器时代晚期与新石器时代早期先人的劳动成就。

相传，燧人氏钻燧取火使人们懂得食用熟食，从而告别了茹毛饮血的时代。燧人氏钻燧取火属于人工取火。发明钻燧取火的前提是不仅要对火及其燃烧条件有充分的掌握，对木料质地有充分的认识，还要懂得磨、钻、锯等工艺。考古发现证明，在旧石器时代晚期人们发明了磨制、钻孔和锯的技术。因此，燧人氏钻燧取火的传说反映的应该是旧石器时代晚期在发明人工取火之后的社会生活。

传说中的伏羲文化，其主要特征除了"教民以猎"、结网捕鱼之外，还有"仰则观象于天，俯则观法于地，观鸟兽之文与地之宜，近取诸身，远取诸物，于是始作八卦"。"始作八卦"说明已出现原始、朴素的逻辑思维和辩证思维，而伏羲氏时代的渔猎经济已经不属于旧石器时代早期和中期较低级的渔猎经济，应与旧石器时代晚期较高级的渔猎经济相对应。

神农氏是华夏太古三皇之一，是汉族民间传说中的农业、医药及人类茶叶的发明者，他尝遍百草，教人医疗与农耕，被世人尊称为"药王""五谷王""神农大帝"等，是掌管医药和农业的神祇。

"三皇五帝"或许是一种特定的"文化象征"，但毫无疑问，他们都是伟大历史进步的一种具象概括，从中折射出先人对劳动的高度推崇，以及劳动在推动人类文明进步过程中所起的决定性作用。

① 马克思恩格斯选集：第4卷[M]. 北京：人民出版社，1995:20.

二、新石器时代的劳动成就

在旧石器时代末期，随着劳动技术的提高、生产活动的多样化、装饰品的出现、埋葬习俗的萌芽和抽象思维的发展，人类取得了多方面的进步。其中最值得关注的是，先民们在高级采集-狩猎经济中，依据自己对动植物生长规律的认识，开始尝试谷物的栽培和牲畜的驯养，由高级采集经济逐渐发展出农业和家畜饲养业，原始社会也由旧石器时代转型为新石器时代。

1. 农业的发明

在距今一万多年前，原始社会迎来了第一次大变革，进入了新石器时代。与旧石器时代打制石器、采集和狩猎相比较，新石器时代以使用磨制石器、制造陶器、出现农业、饲养家畜、修建村落等为特征，其中农业的发明是最根本的特征。农业的发明和定居部落的出现是世界上一切农业民族通向文明时代的共同起点。远古先民们在当时的采集和狩猎生活中开始对可食性植物进行有意识的培育，这种从采集植物过渡到培育植物的过程就是农业的起源。随着培育的农作物在食物中所占比重的增加，先民们就由以前只是从自然界直接获取食物的攫取经济发展到了生产经济。

随之而来的便是先民们走出山洞，定居于适合农业种植的平原与河谷地带，建造房屋和村落，培育谷物，栽培蔬菜，饲养家畜，烧陶纺织，进入农耕聚落生活。随着农业的起源，在中国的南方和北方都出现了一批新石器时代早期的农耕聚落。

拓展阅读

新石器时代早期的农耕聚落生活

考古工作者在河北武安磁山聚落遗址中发现了 88 个用来储存粮食的窖穴，根据其内粮食遗迹堆积体计算，粮食储量达 13 万余斤(1 斤＝500 克)。

在浙江余姚河姆渡聚落，其储存的稻谷也有 20 万斤以上。储存的这些粮食，再加上家畜饲养、狩猎、捕捞、采集等所补充的食物，足以保证一个 300 多人口聚落的全年需求。农业生产力的提高与粮食的储备为聚落生活的安定提供了保障。

稳定的社会生活使人们的精神生活得到了多方面的发展。

在距今 8 000 多年的河南舞阳贾湖遗址出土了 25 支用丹顶鹤的腿骨制作的骨笛。骨笛的孔数有五孔、六孔、七孔和八孔，其中七孔骨笛数量最多。经测定，这些骨笛不仅能够吹奏出完备的五声音阶，还能吹奏出六声和七声音阶，这在中国音乐史和乐器史上都是了不起的发明，昭示着劳动水平的巨大提升。

在新石器时代晚期，锄耕农业已成为社会生产的主流。为了适应锄耕农业的需要，精磨钻孔技术开始普遍使用于生产工具的制造，出现了更加厚重的大型磨光刀斧和磨制平扁的石铲，大大提高了砍伐树木、开拓荒地的效率。在农作物方面，黄河流域仍然以种粟类粮食作物为主，长江中下游一带则大量开辟水田，种植水稻。在农业进一步发展的基础上，畜牧业也开始繁盛。其间饲养的家畜种类增多，各地都饲养了成群的猪、狗，也有不少山羊、牛。有的地区的先民们还开始养马养鸡，浙江良渚的先民们饲养了相当数量的水牛。

2. 象形文字的发明

在原始社会时期，人类创造了象形文字，产生了原始宗教和图腾崇拜。象形文字又称表意文字，是最早产生的文字，它用文字的线条或笔画来勾画、表达物体的外形特征。埃及的象形文字、苏美尔文、古印度文和中国的甲骨文都是比较典型的象形文字。埃及的象形文字出现在约5 000年前，这种字书写很慢也很难看懂。现存最广为人知的象形文字是古埃及的圣书体，但更精确地说，圣书体应该属于一种意音文字。中国的象形文字是华夏民族智慧的结晶，也是最形象、演变至今保存最完好的一种文字。在大汶口文化的陶器上发现了10余种20多个图像文字。中国西南部纳西族所采用的东巴文和水族的水书是现存世上唯一仍使用的象形文字系统，还有可能存在的第三种仍在使用的象形文字系统——达巴文。

3. 金属的使用

到了新石器时代末期，随着劳动生产力水平的进一步提高，人类已经学会使用天然金属并开始制作纯铜器。但是纯铜的质地不如石器坚硬，不能完全取代石器，所以这一时期也称为金石并用时代。到了公元前3 000—前2 000年，人类学会了制造青铜，进入了青铜时代。公元前1 000年到公元初年，随着铁器的广泛使用，人类进入铁器时代。从金石并用时代到铁器时代是原始社会的解体时期，也是阶级社会形成的时期。世界各地阶级社会的出现几乎都和金属出现的时代相关。

第二节 农业文明劳动成就概述

农业文明，《辞海》将其释义为："建立在农业经济基础上，以农业发展为特征的人类社会文明形态。"

农业文明的主要特征为：以种植业与畜牧业为主；以自给自足的小农经济为基础，以家庭为主要生产单位；以人力、畜力、风力、水力等可再生能源为主要能源基础；土地是最主要的生产资料；文化传播方式以口头传播和人际传播为主，文化流动速度缓慢，受到时空和技术条件的限制。

在5 000年前，中国黄河流域出现了早期的农业文明；欧洲于公元前3 000年左右进入农业文明；到18世纪中叶，英国通过第一次工业革命率先结束农业文明，进入工业文明。

在农业文明状态下，人与自然呈现出相对和谐的状态。

农业是人类社会最早从事的经济活动。中国是世界上农业发生和发展较早的地区之一，这里诞生并发展了驰名中外的麦作农业和稻作农业。几千年来，农业生产和生活日臻成熟，成为华夏先民最重要的生产与生活方式；以农为本和以农立国升华为执政理念，成为千年以来恪守的基本原则；建立在农耕生活基础上的中华传统优秀文化的繁荣发展，奠定了中华民族文化自信的坚实基础。

这种基于单一而独特的农业发展上的中华优秀传统文化的高度发达，成为中华文明区别于世界其他文明的重要标志。其中，汉字、古代的著名水利工程和瓷器就是中国农耕文明的杰出代表，也是古代劳动人民的智慧结晶和伟大贡献。

一、汉字

图文
汉字的初创和形成

人类的语言经过许多年进化后出现了记录它的文字，文字出现的时间最多不超过 6 000 年。科学界一般将文字的出现作为界定文明的重要标志，通常把文字出现前的历史称为史前史，把文字出现后的历史称为人类文明史。国际上认可度较高的世界四大古代文明古国分别是古巴比伦（位于西亚）、古埃及（位于北非）、古印度（包括今印度、巴基斯坦等国，位于南亚）和中国。

图 1-1 甲骨文

文字的出现和使用使人类对信息的保存与传播取得了重大突破，极大地超越了时间和空间的局限，从而得以广泛流传和长期保存。中国的甲骨文（图 1-1）和古埃及的象形文字（圣书体）、苏美尔人的楔形文字和美洲印第安人的玛雅文字号称世界四大古文字，一直被后世称颂。

文字是人类走向文明的重要标志，有了文字，文明才得以记录、传承和发展。中国是世界古代四大文明中唯一发展至今从未中断的国家，其中一个重要原因就是我们拥有目前世界上唯一仍被广泛使用的表意文字体系——汉字。汉字是世界上最厚重的文字，从 5 000 年历史长河的源头走来，反映了中国人自古以来的生存环境、社会环境、物质生活、精神生活和情感生活，表现了中国人的劳动、风俗、习惯、思想、情感等。汉字是一种生生不息、历久弥新的文字，长期承担着数亿人用书面语交流思想的任务，是中华民族凝聚力和生命力的伟大源泉。因为有了汉字，我们才有了卷帙浩繁的史料、典籍，民族的记忆才得以延续，文化才得以传承、发扬光大。

汉字有字义之美、字容之美和艺术之美，书写汉字产生了世界一流的艺术家，它生发了篆刻、书法等独特的东方艺术。在当代，它又以多种创新性方式进入了计算机，从而被赋予了新的生命力，解决了现代化信息处理问题，成功迎接高科技的挑战，使汉语信息和东方文明顺利地传播到全世界。

汉字是中华文化的瑰宝，也是世界人民的共同财富。作为中国人，我们理应了解、学习、掌握汉字的演变过程及与汉字相关的文化知识。

汉字是中国古代劳动人民长期生活生产的实践产物，也是我国古代人民的伟大劳动成就。大约在公元前 21 世纪，汉字就已经发展到成熟阶段。世界上公认的自源的古典文字只有汉字并持续沿用至今，它几千年来记录和传承着博大精深的中华文化，是当今世界上唯一具有鲜活生命力的古典文字体系。作为古典文字的唯一标本，汉字无论对继承、发扬和传播中华文化，还是对认知和探索世界文明与语言文字发展的一般规律，其价值都是无与伦比的。

二、水利工程

传统中国以农业立国，农业在国民经济发展中具有决定性作用，水利为其发展的命脉。古语有“水利兴则天下定，天下定则人心稳，人心稳则国运昌”。

兴修水利不仅是中国古代农业社会的重要传统，还是中国古代农业社会的重要支持体系。农业对水资源的依赖最强，中国人喜欢用“水土”二字来指代环境和自然，也反映出农业与水利的重要性。《管子》中有："夫民之所生，衣与食也；食之所生，水与土也。"水与土是农业生产最基本的生产资料，二者缺一不可。

几千年来，勤劳勇敢的中国劳动人民坚持不懈地同江河湖海进行艰苦的斗争，修建了无数水利工程，涉及生活用水、农田灌溉、防洪排涝、漕运航运等诸多领域，体现了科学高超的设计水平，有力地促进了农业发展，泽被后世，影响深远。

1. 安丰塘

安丰塘[古名芍陂(Quèbēi)]，位于今安徽省淮南市寿县境内，距寿县古城南约 30 千米，始建于春秋楚庄王时期(公元前 613—前 591 年)，为楚令尹孙叔敖依当地独特地形所建，距今有 2 600 多年，是我国水利史上最早的大型陂塘灌溉工程，被誉为"世界塘中之冠"。

安丰塘与漳河渠、都江堰和郑国渠并称为我国古代著名的四大水利工程，被誉为"神州第一塘"，在灌溉、航运、屯田济军等方面起过重要作用，同时为后世大型陂塘水利工程的建设提供了宝贵经验。

2. 都江堰

都江堰位于今四川都江堰市西北，距成都市 56 千米，古时在都安县境，故称"都安堰"，宋元以后称"都江堰"。它是秦国蜀郡守李冰于秦昭王五十一年(公元前 256 年)修建的一座大型水利工程，是我国现存的最古老而且依旧在灌溉田地、造福百姓的伟大水利工程。它被誉为"世界水利文化的鼻祖"，是我国科技史上的一座丰碑。都江堰的创建是中国古代劳动人民智慧的结晶，开创了中国古代水利史上的新纪元，以不破坏自然环境为前提，变害为利，使人、地、水三者和谐统一，沿用至今，堪称奇观。

古代的成都平原水旱灾害十分严重，人民深受其苦。岷江是长江上游的一大支流，出岷山山脉，经成都平原西侧向南流去，对成都平原来说是地上悬河，每遇岷江洪水泛滥，成都平原都是汪洋一片；一遇旱灾，则赤地千里，颗粒无收。因此，秦昭王委任知天文、识地理的李冰为蜀郡郡守，下决心根治岷江水患，发展川西农业，造福成都平原人民。李冰父子带人访察水脉，因地制宜、因势利导，历经八年艰苦卓绝的努力，基本完成了都江堰的排灌水利工程，于是成都平原"沃野千里，号为陆海"(《华阳国志·蜀志》)，从此"水旱从人，不知饥馑"。

图 1-2 都江堰

都江堰工程主要由宝瓶口引流工程、鱼嘴分流堤和飞沙堰溢洪道三大工程组成(图 1-2)，具有灌溉、防洪、放水等多种功能。它"充分利用当地西北高、东南低的地理条件"，"根据江河出山口处特殊的地形、水脉、水势，乘势利导，无坝引水，自流灌溉，保证了防洪、灌溉、水运和社会用水综合效益的充分发挥"①。

3. 灵渠

灵渠位于今广西壮族自治区桂林兴安县，古称"秦凿渠""陡河""兴安运河"，是世界上最早的人工越脊运河。所谓"越脊"，是指要越过山脊，即过分水岭行船。秦始皇统一中国后，

① 董恺忱，范楚玉. 中国科学技术史：农学卷[M]. 北京：科学出版社，2000：325.

欲向南拓展疆域，但陆路崎险，无法跨越，加之水路不通，遂下令开凿灵渠。公元前 219 年，通过精密测算，史禄在桂北的兴安县开凿灵渠，并于公元前 214 年顺利凿成。

全长 30 多千米的灵渠充分展示了古代劳动人民巧夺天工的高度智慧。灵渠创造了最早的运河、最早的船闸、最坚固的滚水坝、最早的屯田文化等多项世界之最，工程设计科学，匠心独具，被誉为“世界古代水利建筑明珠”“与长城南北相呼应，同为世界之奇观”。

灵渠“通三江、贯五岭”，连接湘江和漓江，沟通了长江和珠江两大水系，构成了遍布华东、华南的水运网络，加强了南北的政治、经济、文化交流和民族融合，为巩固国家统一做出了重要贡献。自建成至今，灵渠经历了 2 000 多年的风雨沧桑，其间不断修缮，如今作为水上通道的功能已逐渐减弱，但其依旧发挥着农田灌溉、排洪泄洪的作用。

4. 京杭大运河

举世闻名的京杭大运河又称大运河、南北大运河，始掘于春秋时期（公元前 486 年），建成于隋朝，繁荣于唐宋，取直于元代，疏通于明清，前后共经历了 3 次较大规模的兴修，最后一次兴修完成后称作“京杭大运河”。京杭大运河是世界上开凿最早、里程最长、工程最大的古代运河，长为苏伊士运河（190 千米）的 9 倍、巴拿马运河（81.3 千米）的 22 倍，是几千年来劳动人民开河凿渠、治水、漕运智慧的结晶。

京杭大运河南起余杭（今杭州），北到涿郡（今北京），贯通海河、黄河、淮河、长江、钱塘江五大水系，主要水源为南四湖（今山东省微山县微山湖），全长约 1 794 千米，是中国仅次于长江的第二条“黄金水道”，价值堪比长城。京杭大运河由人工河道和部分河流、湖泊共同组成，全程分为通惠河、北运河、南运河、鲁运河、中运河、里运河、江南运河七段。

京杭大运河不仅显示了中国古代水运工程技术的卓越成就，而且留下了丰富的历史文化遗存，《宋史·河渠志》评价其有“半天下之财赋，悉由此路而进”的巨大作用。如今，京杭大运河又成为“南水北调”的主要通道之一，在新的时代将继续发挥它的作用。

5. 坎儿井

坎儿井时称“井渠”，在维吾尔语中称为“坎儿孜”。坎儿井是荒漠地区的特殊灌溉系统，普遍存在于我国新疆维吾尔自治区吐鲁番地区，总数达 1 100 多条，全长约 5 000 千米，是古代吐鲁番各族劳动人民“根据盆地地理条件、太阳辐射和大气环流的特点，经过长期生产实践创造出来的，是吐鲁番盆地利用地面坡度引用地下水的一种独具特色的地下水利工程”①。

坎儿井源于独特的绿洲文化，昭示了人与自然的和谐共生，体现了当地不同文化族群的认同建立和交流融合过程，发展到今天已经有两千多年的历史，与万里长城、京杭大运河并称为中国古代的三大建筑工程。

坎儿井是干旱地的劳动人民在漫长的历史发展中创造的一种地下水利工程，主要工作原理是：将春夏季节渗入地下的大量雨水、冰川及积雪融水利用山体的自然坡度引出地表进行灌溉，以满足沙漠地区的生产生活用水需求。不同地区的坎儿井在具体构造上均有不同的地域特点，一般而言，完整的坎儿井系统包括竖井、暗渠（地下渠道）、明渠（地面渠道）和涝坝（小型蓄水池）四个主要组成部分。在该工作原理下运转的坎儿井流量稳定，并且能保证井水自流灌溉。它是吐鲁番各族劳动人民与大自然做斗争，开发大西北，利用自然、改造自然的伟大创举和见证，是劳动人民集体智慧的结晶。

---

① 姚汉源. 中国水利发展史[M]. 上海：上海人民出版社，2005：246.

三、中国瓷器

中国是著名的陶瓷古国，在长达千年的时间里被称为“瓷国”，是瓷器的故乡，也是人类瓷文化的发源地，英文“China”同时是“瓷器”之意，瓷器曾经是古老中国的一张名片、最醒目的标志。中国瓷器是中国古代劳动人民的一项伟大发明，制瓷技艺取得了丰硕的成果，是人类物质文化中影响力最大的产品，其生产和使用曾一枝独秀地在世界上存在了 2 000 多年。中国瓷器经历了由陶器到瓷器、由青瓷到白瓷、从白瓷到彩瓷的发展历程，构成了中国瓷器绵延不断、持续进步的发展历程，到明清时期臻于顶峰。16—18 世纪，通过中欧海上贸易，中国瓷器大量进入欧洲，改变了欧洲人的某些生活习惯，同时影响了欧洲人的艺术和审美取向，更重要的是刺激了欧洲制瓷产业的形成和发展。18 世纪中后期，英国以工业革命为契机，引领瓷器制造业走上了工业化生产的道路。

瓷器是以瓷土或高岭土为胎，表、里均镀釉，经过 1 200 摄氏度以上的高温烧结而成。瓷器质地坚硬，音响清越，薄层半透明，不透水和空气。瓷器的前身是陶器，但陶器在实用性上有两大劣势：一是吸水性太强，二是不够坚硬耐用。于是，勤劳智慧的中国古代工匠在长期的陶器制作过程中发明了瓷器。瓷器轻便美观，易清洁收纳，是中国人最普通的日常生活器皿，瓷器的使用让中国劳动人民的生活品质有了质的飞跃。

1. 商周：原始青瓷的出现

我国早在商代已烧成原始瓷器，从陶器到商代晚期原始瓷器的出现经历了 3 000～5 000 年的时间。

瓷器正是因为釉的产生，完成了由陶向瓷的蜕变。传说，中国古代的工匠们在一次露天烧陶过程中，忽然飘进了一片落叶，在陶器表面形成了斑斑点点的、晶亮的釉滴，这一偶然现象让他们发现了草木灰的神奇：用草木灰为主要原料，配以适量黏土做成釉，涂刷在陶器的表面，入火焙烧后表面有光泽，滑润美丽，不易渗水，呈现出有别于陶器的一种特殊美。古人敏感地捕捉到这一现象，不断探索，有意识地选择那些耐高温的黏土原料烧制瓷器，着力表现釉色这一审美情趣，最终打破了古陶风范，形成了堪称瓷器鼻祖的原始青瓷。

商周时期原始瓷的质量尚不能尽如人意，原料淘洗不精，窑内往往未达到应有的温度，所以胎中常留有肉眼可见的不规则的孔洞；白度也不够，没有透光性；有吸水性；釉层很薄，釉胎结合差，容易剥落。

从整体水平看，原始瓷还没有达到真正瓷器的标准。又因为它们的釉是用石灰石和黏土配制的，以黏土所含铁质为呈色剂，在不同的窑氛和温度中呈现出青黄、灰绿等颜色，陶瓷史上统称为青釉，所以原始瓷器又可以称作原始青瓷。

2. 汉晋六朝：走向成熟

至汉代，原始青瓷已向早期青瓷过渡。“瓷”字最早见于西汉邹阳的《酒赋》，表明此时已经有了瓷器的概念。浙江上虞小仙坛东汉晚期窑址出土的瓷片通过化验，当年瓷胎的烧成温度在 1 300 摄氏度以上，吸水率极低，透光性很好，胎与釉结合良好，无剥落现象，亦无纹片。凡此种种均可视为早期青瓷已然烧制成功的标志，这一成果得来不易，技术的进步需要经验的不断积累，这就是原始青瓷经历漫长的时间才发展成早期青瓷的原因。

成熟的青瓷一经问世，就因其坚固耐用、古朴典雅而得到人们的喜爱。考古工作者曾在浙江的上虞、宁波等地发现了东汉青瓷窑址，青瓷器形有各种规格的罐子、直颈瓶、双铺首壶、五管瓶、五联罐等。这些青瓷色泽纯正，润泽碧绿，纹路缤纷，纹饰的原型或来自天上，或来自水中，无不洋溢着生机勃勃的自然美。中国传统瓷绘艺术正是从青瓷起步的，智慧的古代劳动人民早已把青色嵌入了人类的精神世界。

在汉晋六朝时期，南方的青瓷工艺发展迅速，形成了以越窑为中心的发达区，并辐射至周边湘、鄂、赣、闽的南方青瓷文化圈。各地瓷窑密集，产量颇丰，并随着海外贸易远销至朝鲜、日本、越南、马来西亚、印度尼西亚和泰国等地区。例如，绍兴出土的吴永安三年(260 年)青瓷魂瓶就很有代表性，其顶部为五联罐，下面为崇楼双阙，周围塑出奏乐的人物、觅食的鸟雀等，通体施以不甚匀净的青釉。朝鲜距离瓷业发达的浙江较近，在朝鲜半岛发现的六朝青瓷较多。日本有一件类似于东汉晚期五联罐造型的青瓷"须惠器"；奈良法隆寺还藏有一件越窑青瓷四系盘口壶，壶底墨书"佛高九寸"，壶内放置丁香香料，这件南朝青瓷可能是唐代留学中国的日本僧人作为盛装丁香的容器带回日本的，被认为是"最古老的中国陶瓷传世品"。东南亚国家出土的陶瓷器多为广东、湖南、福建窑场的产品。

在大约同一时期，北方地区出土的青瓷器与南方的青瓷器相比有很大区别：胎质有粗有细，色灰白，整体不如南方越窑产品细腻。器型均为日常生活用器，如碗、盘、杯、钵、高足盘、壶、瓶、盆、罐、砚台等，没有对应的窑口。目前发现的窑址多为北齐晚期，并且主要集中在冀南豫北。西魏、北周地区的瓷业很不发达。

北方瓷业率先烧制出白瓷。白瓷的出现是中国瓷器发展史上的重要事件，它不仅引领了后世瓷业的发展方向，还是彩绘瓷器的基础。目前发现的最早的白瓷器是河南安阳北齐武平六年(575 年)的范粹墓出土的白瓷碗、杯、三系罐、四系罐、长颈瓶等。这些白瓷器的品质虽然与现代白瓷相差甚远，白色呈乳浊泛青，但其意义深远。

3. 唐代：南青北白

以越窑为首的南方青瓷引领了中国瓷业几百年，到唐代形成了一个新的格局，陶瓷学界称为"南青北白"，即南方继续大量出产青瓷，浙江越窑、瓯窑、婺州窑，湖南长沙窑、岳州窑，四川邛窑，江西洪州窑及安徽、福建、广东、广西等广大南方地区都有不同规模的青瓷窑场，越窑的秘色瓷成为南方青瓷的领军品牌。北方则开始大量烧制白瓷产品，邢窑成为代表性的窑场，白瓷开始挑战青瓷的传统地位。以越窑为主的南方青瓷和以邢窑、定窑为主的北方白瓷形成了唐代瓷业"南青北白"局面。更为重要的是，南北瓷器风格的不同使全国逐步形成了青瓷和白瓷并驾齐驱的格局，一白一青遥相呼应。可以说，唐代是真正步入瓷器的时代。

图文
南青北白

4. 宋代：百花竞放

宋代是我国瓷业发展史上的一个繁荣期。目前全国发现的宋代瓷器窑址遍及 130 多个县市，可以用"遍地开花，区域特色"来形容宋代的瓷器生产。根据产品特点，宋代瓷器大致可以分为以白瓷为特色的定窑系，以青瓷为特色的耀州窑系、龙泉窑系，以白地黑花为特色的磁州窑系，以"窑变釉"为特色的钧窑系，以青白瓷为特色的景德镇窑系等，每个窑系都有自己的核心窑场，各具特色，其中官窑、哥窑、汝窑、定窑、钧窑习惯上被称作五大名窑，但官窑和哥窑的窑址目前尚未发现。

图文
百花竞放

宋代瓷业有两大显著特征：一是瓷器行业前所未有地壮大，形成了许多名窑名品；二是开创了陶瓷美学新境界，瓷器重釉色的质感、沉静素雅，如芙蓉出水，给人一种宁静、含蓄、圆融的理性之美，充分体现了中国古代劳动人民的精神追求与审美取向。

5. 元代：青花独秀

元代统治中国仅持续了 90 多年，在经济上重视农业、手工业和海外贸易，在瓷器生产上一方面延续前代的生产和销售，如磁州窑、龙泉窑、钧窑和德化窑等；另一方面，逐步形成了以政府及区域需求为特色的生产方式。例如，政府在景德镇设置浮梁瓷局，掌管瓷器烧制，专门烧制官府用瓷，促进了景德镇瓷业的迅猛发展，出现了高温枢府釉、釉下青花、釉里红、蓝釉和红釉等创新品种，使瓷器烧造更加精致、细腻与繁复。景德镇逐渐成为全国的制瓷中心，而全国烧制精品瓷器的窑场数量越来越少，大部分窑场生产民用粗瓷，形成精与繁、粗与简各持的两极分化局面。

元代以前的瓷器多为单色釉。元时钧窑有了很大创新，一方面，钧瓷的釉是一种特殊的二液分相釉，钧瓷可以显现出深湛的蓝色；另一方面，钧瓷可以呈现出红色。起初，窑工对如何能烧出红色颇感不易掌握，故称为“窑变”，还产生了“钧窑挂红，价值连城”的谚语。后来经过不断的探索和试验，可以成功地制作出人们期望的釉色，因而钧瓷更加五光十色，“色斑或浓或淡，或如玫瑰海棠，或如驴肺马肝，或如晚霞一片”。

图 1-3　元青花

为了满足人们对瓷器色彩的进一步追求，我国在元代烧制出了传世的青花瓷器，如图 1-3 所示。青花是釉下彩绘瓷器，用含钴的色料在瓷胎上绘出花纹，再上透明的白釉，成品为白地蓝花。元代生产青花瓷器的主要地点是景德镇，其瓷胎采用瓷石加高岭土的混合配方，三氧化二铝的含量可达 20.24%，窑温可以提到更高，并减少变形。所用青料是进口的苏勃泥青（苏麻离青），这种青料中含铁量特高，呈色鲜艳，但在色浓处往往有褐黑色的结晶斑点闪烁如铅，摸之有凹陷不平之感，人们用浓淡不同的色料绘出有深浅层次的青花，如蓝色的水墨画，颇耐观赏。

元代在烧青花瓷器的同时，又烧成了以氧化铜为呈色剂的釉下彩之釉里红，它是元代景德镇窑的重要创造。将青花和釉里红结合在一起就成为斗彩，也称为“逗彩”，按照景德镇方言，“逗”是凑在一起的意思。这种技术完成于明成化年间，它为以后彩瓷的发展开拓了道路，明嘉靖、万历年间烧成的五彩瓷器就是在斗彩的基础上发展起来的。

6. 明清：登峰造极

明初社会稳定、城市繁荣，人民生活相对富裕，增加了对手工业产品的需求。到了 16 世纪，资本主义因素有了进一步发展，重要的手工业如纺织、冶铁、采煤、印刷和瓷器制造业等进入工场手工业发展时期。

明代景德镇以丰富的自然资源、良好的交通条件和娴熟的制瓷技艺在国内外市场需要的刺激下成为全国的制瓷中心。景德镇除继续生产高温青花、釉里红、单色釉瓷器外，还创烧了青花五彩、斗彩等品种。精美的洪武釉里红、永宣青花、成化斗彩和嘉靖万历五彩器成为流传后世的绝品。明代宋应星在《天工开物》中记载：“合并数郡，不敌江西饶郡产……若夫中华四裔驰名，猎取者皆饶郡浮梁景德镇之产也。”

在明代晚期，景德镇御窑厂处于停烧状态，但民窑蓬勃发展起来。青花瓷器绘制奔放，多反映市井和文人生活，构图简洁，充满了质朴的艺术风格，成就了晚明特色瓷器。

在清朝前中期，特别是康雍乾三朝，社会经济繁荣。中国瓷器的生产在这个时期达到了历史最高峰。

康熙皇帝在位 61 年，他喜欢瓷器，并喜好西洋科技、艺术，促进了瓷胎画珐琅的创烧，这对粉彩瓷器的创造有直接影响。康熙朝青花瓷生产量大质精，胎白质坚，色泽鲜艳，装饰题材丰富，以山水、人物故事纹为主，纹饰描绘层次分明，有“青花五彩”的美誉。雍正朝制瓷精益求精，并派唐英为督窑官，生产出许多精美瓷器和仿古瓷等，粉彩瓷器成为当时彩瓷的主流产品，造型多样，器型端庄典雅，纹饰丰富，常见山水、人物、花草、花鸟、虫蝶等，施彩柔丽，清新淡雅。乾隆皇帝对瓷器十分狂热，景德镇瓷器的生产达到登峰造极的境界，瓷器烧造品种丰富，装饰华丽，纹饰繁缛，令人赞叹！除继续生产青花瓷外，彩瓷如粉彩、斗彩、珐琅彩更加精益求精。仿古瓷无论是在造型上还是在釉质上都达到最高水平。同时还仿烧了各种手工艺品及惟妙惟肖的象生瓷等。康熙、雍正、乾隆时期的制瓷工艺代表了中国制瓷业的最高水平。

自嘉庆朝以后，受科学技术发展水平限制和国际环境影响，中国制瓷工艺一度衰落，欧洲却后来居上，引领瓷器制造业走上了工业化生产的道路，但由中国首创且独领风骚两千年的中国瓷器，作为中国古代劳动人民的伟大创造，将永远闪耀于世界瓷坛。

第三节 工业文明劳动成就概述

人类文明经历了约百万年的发展，进化到近300年以来的工业文明，这是人类劳动的伟大贡献，也是历史发展的伟大飞跃。工业文明成就了高度工业化的发展模式，创造了史无前例的丰富的物质世界、高度发达的科学技术和不朽的艺术成就，人类社会的经济、政治、文化、社会结构等都发生了翻天覆地的变化。

工业文明是与先前的农耕文明相比较，从生产方式和经济发展模式进步的角度来认识文明的，未来学家托夫勒称其为“第二次文明浪潮”，它贯穿着“劳动方式最优化、劳动分工精细化、劳动节奏同步化、劳动组织集中化、生产规模化和经济集权化”①六大基本原则。

工业文明的主要特征是：“以工业经济为主体，以规模化机器生产和社会化劳动分工为基础，以加工制造业为主要产业形态，以煤炭、石油、天然气等不可再生资源为能源基础，科学与技术理性地成为工业社会的主导精神，广播、电视以及新闻出版业的出现使文化传播的范围和效率日益扩大。”②

工业文明从根本上改变了物质财富的生产方式。以机器代替人力、以大规模的工厂生产代替个体工场手工生产，不仅改变了生产过程的社会结合形式，而且从根本上变革了劳动工具本身，在生产力和生产关系方面均发生了巨大的变革。新技术的产生、完善和推广应用为资本主义生产方式最终战胜封建主义生产方式奠定了基础，使人类历史进入了一个全新的时期。18世纪中叶，英国率先通过第一次工业革命进入工业社会，在1770—1840年的70年中，英国工业的平均劳动生产率提高了20倍。难怪恩格斯说：“资产阶级在不到100年的统治中所创造的生产力，比过去一切世代创造的全部生产力还要多，还要大。③”

---

① 夏征农. 大辞海·文化新闻出版卷：网络版[M]. 上海：上海辞书出版社，2015.

② 同上。

③ 马克思恩格斯选集：第一卷[M]. 北京：人民出版社，2009：36.

一、第一次工业革命

1. 棉纺织技术的发展

工业革命始于英国棉纺织业。1700 年，英国国会通过法令，禁止棉织品进口，导致棉织品价格上涨，从而刺激了本国棉纺织业的发展。棉纺织业作为新兴的生产部门，受旧传统、旧行规的束缚和限制少得多，比较容易采用新技术。1733 年，纺织工人凯伊发明了飞梭，提高了织布工效；1764 年，织工哈格里沃斯发明了手摇纺纱机，即珍妮纺纱机（图 1-4）；1768 年，理发师阿克莱特制成水力纺纱机，大大提高了纺纱的效率；1771 年，阿克莱特开办了英国第一家纺织工厂；1779 年，纺纱工人克伦普顿综合珍妮纺纱机和水力纺纱机的优点发明了骡机（意为综合机），骡机经过不断改进后可以同时纺三四百个纱锭；1785 年，卡特莱特发明了动力织布机，与棉纺织业相关的净棉、梳棉、漂白、整染等行业也相继实现了机械化。

图 1-4　珍妮纺纱机

2. 蒸汽机的发明

人类在很早就开始寻找解放自己的动力，水力长期扮演着“解放者”的角色，但水力作为自然力容易受到地理、环境和季节的限制。以蒸汽机为代表的机械力的使用使人类进一步丰富了解放自身的方式，同时在交往方式、劳动方式、产业结构等方面产生了巨大影响。

拓展阅读

瓦特与蒸汽动力

1765 年，格拉斯哥大学的仪器修理工瓦特对矿山用的蒸汽抽水机进行改进，研制成单向蒸汽机，又于 1782 年试制成功双向蒸汽机。蒸汽机是工业革命时期最重要的技术突破，它的发明是人类几千年知识和劳动实践经验积累的裂变，它的使用结束了人类几千年来对畜力、风力和水力等低效能源的依赖。不久，人类开始开发深藏在地层中的化石矿物燃料——石油和天然气，将煤炭等化石能源转化成机械能，为各行各业提供了更强大的动力，从而大幅度提升了社会生产效率。因此，蒸汽机的发明及广泛使用成为第一次工业革命的标志，毫无疑问，这是一项极其伟大的劳动创造，造福了全人类。

自 1785 年起，蒸汽机开始应用于棉纺织工厂，瓦特改进蒸汽机带来的新动力让纺织品生产效率出现大飞跃，“1785—1850 年，英国棉织品产量从 4 000 万码增至 20 亿码，提高了大约 50 倍；1800 年，棉织品出口占全英国出口总值的 25%；1828 年，棉织品出口额达 1 900 镑，占英国出口总值的 50%”①，棉织品增长速度惊人，带来的利润更加可观。自此以后，英国凭借技术革新带来的高效率垄断了棉织品的世界市场。

至 1830 年，英国整个棉纺织工业已基本完成了从工场手工业到以蒸汽机为动力的机械化大生产的转变。瓦特的创造性工作使蒸汽机迅速发展，也使原来只能抽水的机械成为可以普遍为各行业提供动力的蒸汽机。在其后的 20 多年内（从 1766 年到 1789 年），冶炼、纺织、机器制造等行业因蒸汽机的广泛应用，生产效率得到明显提升。瓦特的蒸汽机比较

① 夏东. 棉纺织业成为英国工业革命起点原因探究[J]. 合作经济与科技，2013(2).

笨重，不易搬运。不久，英国工程师特里维西克和美国的奥利弗·埃文斯分别研制出较小较轻的高压蒸汽机，使蒸汽机成为普遍适用的高效率动力机，紧接着，各种新式机器进入各工业部门，冶铁业、煤炭业和交通运输业先后发生了技术革命。

3. 交通工具的变革

蒸汽机的推广和大规模使用同时引起了交通工具的变革。从 1770 年起，法国和美国的一些发明者开始不断试验以蒸汽机作为船的动力，世界上第一艘成功的商用轮船是由美国人罗伯特·富尔顿发明的，其被世人誉为“轮船之父”。

在海上交通工具发生变革的同时，陆路交通工具也随之发生变化。在蒸汽机出现之前，欧洲已经有了“铁路”——用马拉着车在铁路上奔跑。在瓦特发明蒸汽机后，人们就开始研究用蒸汽机作为牵引动力。以机械动力为牵引力的真正意义上的铁路的诞生引发了一场世界性的交通运输革命，并且改变了整个世界的产业链。铁路是近代工业文明的产物，铁路的修筑反过来促进了工业文明的发展。1840 年，世界铁路营运里程只有 0.8 万千米，到 1870 年达到 21 万千米，1913 年达到 110 万千米，欧美等地的各主要工业发达国家先后建成各自的铁路网。1869 年，有数万华人参加修建的横贯美国东西的铁路建成，它不仅推进了西部大开发和统一，而且对于美国建立起现代资本主义制度发挥了不可替代的作用。

拓展阅读

工业革命时期交通工具的变革

在工业革命时期，人类利用能源方式的进一步发展引发了交通工具的变革，使交通运输效率大幅提升。

1803 年，富尔顿制造出了一艘蒸汽机轮船，在巴黎塞纳河上试航，但意外导致试航失败；1807 年，富尔顿制造的“克莱蒙特”号轮船在纽约州的哈德逊河下水，它以瓦特式蒸汽机为动力，航速达每小时 6 千米，行驶了 240 千米，成功抵达奥尔巴尼。不久，“克莱蒙特”号轮船作为哈德逊河上的定期班轮，执行往返于纽约和奥尔巴尼的运输任务，成为一种新型的海上交通工具。1819 年，第一艘汽轮横渡大西洋成功。1833 年，“皇家威廉”号轮船从加拿大新斯科舍行驶到英国，从此开启了轮船的远航事业。1838 年，“天狼星”号和“大西方”号轮船朝相反方向成功穿越大西洋到达目的地，行驶时间比当时最快的帆船节省了一半。到 1850 年，轮船已在运送旅客和邮件方面超越帆船，承担远洋航行任务，并开始成功争夺国际货运市场。此后，越来越多的巨型轮船被制造出来，到 20 世纪初，人类进入远洋运输时代。

陆路交通工具也发生了变化。1804 年，英国工程师特列维茨克设计的世界上第一台铁路蒸汽机车试运行，该机车负荷只有 15 吨，速度仅为 8 千米/时，其成果在当时未被推广，此后有几名工程师对蒸汽机车做出了改进。1814 年，英格兰人史蒂文森在继承前人成果的基础上设计出了他的第一台蒸汽机车，并试运行成功。史蒂文森的火车头拖着 6 节装煤的货车和 21 节客车车厢，以每小时 15 千米的平均车速前进，此举开拓了陆地交通运输的新纪元，人类交通进入了“铁路时代”。作为世界公认的火车发明人，史蒂文森被誉为“铁路机车之父”，随后英国迅速掀起一股兴建铁路的热潮。1825 年，英国建成了长 13 千米的世界上第一条铁路，并开始定时的客货商业运行。到 1838 年，英国已拥有 500 英里（1 英里≈1.609 千米）铁路，1850 年拥有 6 600 英里铁路，至 1870 年拥有 15 500 英里铁路。1840 年以后，欧洲大陆和美国也相继开始铁路建设。

工业革命既改变了生产技术和劳动工具，也改变了产业结构。经过工业革命，纺织、冶金、煤炭、机器制造和交通运输成为英国工业的五大基本部门，到 1830 年，工业收入已经超过农业收入，到 1850 年，英国城市人口超过农村人口。英国是世界上第一个完成工业化的国家，工业革命让英国从一个传统的农业经济国家一跃成为处于垄断地位的“世界工场”，继而成为称霸世界的“日不落帝国”。工业革命自开始至完成，大致经历了 100 年的时间，影响范围扩展到西欧、东欧、北美和亚洲。继英国之后，法国、德国、美国、俄罗斯、日本等国先后出现了工业革命的高潮，它标志着新的世界一体化高潮的到来。

二、第二次工业革命

随着第一次工业革命和资本主义的扩张与迅速发展，19 世纪时自然科学的研究工作取得了一系列重大突破，从而引发了新技术革命。新技术革命的成果广泛运用于工业生产，约在 19 世纪六七十年代到 20 世纪初发生了人类历史上的第二次工业革命。

第二次工业革命以电力的发明和广泛应用为显著特点，其影响远比第一次工业革命更为广泛深远，在工业生产领域内部引起了巨大的变革，极大地推动了生产力的发展。发电机、电动机的发明和推广使用使世界进入了电气时代，内燃机、汽车和飞机的发明引发了新的交通运输革命，炼钢技术的提高使世界进入了钢铁时代，这些构成了第二次工业革命的主要内容。第二次工业革命具有以下特点和成就。

1. 科学引领

在第一次工业革命时期，许多技术发明源于哈格里沃斯和瓦特这些工匠，他们并不一定具备深厚的科学理论知识，只是在长期的劳动实践中获得了丰富的劳动经验，因而这一时期的科学理论和技术尚未做到紧密结合。而步入电气时代，科学家走在了工程师的前面，科学理论和实验走在了技术创新的前面，科学成为推动生产力发展的重要前提：法拉第在电磁学方面的发现成为发电机和电动机发明的直接理论基础；内燃机虽然经过多名工程师的技术改进最终研发成功，但其理论基础是物理学家卡诺奠定的。

2. 全面工业化

如果说第一次工业革命揭开了资本主义工业化的序幕，第二次工业革命则将工业化推进到一个新阶段。在第一次工业革命中，工业化的重点是：在以纺织工业为代表的轻工业部门，用机器代替手工生产，实现了手工工场向机械化工厂的过渡。

在第二次工业革命中，工业化的重点是重工业，钢铁、煤炭、机械等工业部门获得了巨大发展，并出现了石油、电气、化工、汽车等新型的工业部门。

3. 欧美工业化国家的全面崛起

第一次工业革命首先发生在英国，重要的新机器和新技术主要是英国发明的。在英国的带动下，美国和欧洲一些国家陆续开始了工业革命，但进程相对缓慢。

第二次工业革命则几乎同时发生在几个先进的资本主义国家，特别是德国和美国，在第二次工业革命中异军突起，这在很大程度上归功于这两个国家经济制度的创新机制，它们吸收了现代化的思想精髓，运用最新的科技成果，大力发展电力、化工、石油、电器、汽车等新兴产业。

德国与美国在第二次工业革命中起了主导作用，前沿科学理论及技术创新的成果遥遥领先于很多老牌工业化国家，如德国发明了发电机、内燃机及汽车等，美国发明了电报、电话、电灯、交流电动机等，并且美国最先普及了电力、电报、电话及汽车。

19世纪下半叶，新兴的技术和生产方法传播到欧洲以外的国家，首先是1868年明治维新以后的日本。

4. 以电力和能源变革为核心驱动力

电力的广泛使用使人类进入“电气时代”，化石燃料作为新能源逐渐成为整个产业结构的基础。因此，这次工业革命覆盖了第一次工业革命，可以被称作化石燃料驱动的工业革命。

电力对于人类来说是一种新兴的、前所未有的能源，所谓电力革命，是指新兴的电能作为一种主要的能量形式开始支配社会生活的方方面面。电能的突出优点在于，它是一种易于传输的工业动力，同时是极为有效的信息载体。因此，电力革命主要体现在动力传输与信息传输两个方面。与动力传输系统相关联，出现了发电机、电动机、远距离高压输电网、照明电灯和电影；与信息传输相关联，出现了电报、电话和无线电通信，这些划时代的伟大发明让人类的生活变得更加光明和美好。

历史上的每次工业革命都是人类认知能力和改造自然能力的飞跃，并最终通过运用科学技术提升生产效率来实现。工业革命的产生往往与当时社会的政治、经济、科学技术、文化教育、自然资源等条件密切相关。有一些国家由于具备了一些特别突出的因素，因而有机会走在其他国家的前面，在新一轮工业革命中起主导作用。生产力的迅猛发展改变了社会结构和世界形势，企业的规模越来越大，生产和资本的集中促成了垄断组织的形成。资产阶级掌握了先进的生产力，实力日益壮大，最终确立了对世界的统治地位。

第四节 现代科技文明劳动成就概述

现代科技文明兴起于20世纪四五十年代，以原子能、电子计算机、航天技术和生物工程的发明与应用为主要标志，涉及信息、新能源、新材料、生物、空间技术和海洋等诸多领域，这次革命发端于美国，随后遍及全球。

在现代科技革命的大力推动下，西方发达国家进入了经济大发展时期，即所谓的经济高速增长时期，经济全球化也进入了一个新的发展阶段，西方发达国家开始从工业社会向信息社会转变。信息社会是指信息在社会发展中占主导地位、以信息化为特征的人类社会文明形态，它与现代科技革命同步产生。

信息社会的主要特征是：以知识阶层为生产力主体，以信息流通作为社会联系的基本机制；现代通信技术和自动控制技术飞速发展，数字技术和网络技术的出现带来了传统媒体的变革，新媒体相继出现，如数字杂志、数字报纸、数字广播、移动电视、网络等；文化传播超越时空限制，即时性和双向互动性特征显著。

信息技术的开发和广泛应用成为社会与经济发展的重要推动力和重要生产要素，它改变了人们的生产、工作和生活方式。迄今为止，新技术革命还在深入，它已经显示出的力量正在深刻改变世界面貌和人类的物质与精神生活，极大地影响世界文明的未来。

一、核技术

20 世纪初的物理学革命使现代科学空前大发展，经典物理学和数学中许多一向被视为天经地义的基本原理接连受到怀疑和重新审视。在相对论提出和量子力学创立之后，又提出了粒子理论、概率论等学科理论，核物理学、半导体物理学和超导物理学，数学中的拓扑学和微分几何学、模糊数学等分支学科，以及天体物理学、海洋地质学、高分子化学、遗传学、生命科学等新兴学科，科学革命的巨大成就为新技术革命提供了理论基础，科学与技术的结合更加紧密。

1. 第一颗原子弹的发明

第一颗原子弹的研制与其他重大发明一样，是许多科学家共同劳动的结晶。

1895 年，德国科学家威廉·伦琴发现了阴电荷“X 射线”。

1902 年，法国科学家比埃尔·居里和玛丽·居里夫妇发现了放射性元素镭。

1905 年，科学巨人阿尔伯特·爱因斯坦相对论的提出和量子力学的确立，为揭示原子内部的运动规律提供了强大的理论武器。爱因斯坦根据狭义相对论推论出了能量和质量关系的转换公式，即能量等于质量乘以光速的平方（$E=mc^2$），从而预见到原子核的裂变将释放出比普通化学大百万倍的原子能。

1911 年，英国物理学家欧内斯特·卢瑟福发现了放射性物体的活动规律，揭示了原子的“真面目”。

1938 年 3 月，德国物理学家奥托·哈恩和弗里茨·斯特拉斯曼成功地进行了用中子轰击铀原子核的实验，终于出现了物理学界期待已久的裂变反应。

1938 年 12 月，意大利科学家恩里科·费米因在用中子的撞击产生新辐射物质的试验中发现了核裂变反应而获得诺贝尔奖。

1939 年 1 月，迈特纳在哥本哈根的实验证实，每裂变一个原子可以放出大约 2 亿电子伏的能量，如果能把铀控制利用，在理论上，其爆炸力等于炸药（TNT）的 2 000 万倍。

1939 年 1 月 25 日，在费米的指导下，美国哥伦比亚大学实验室用回旋加速器进行的铀裂变试验证实了迈特纳的实验结果。

所有这一切科学上的重大发现为研制原子弹创造了有利条件。

铀裂变的伟大发现震惊了美国科学界。核物理学家早已了解原子的结构，并且知道原子裂变在理论上是可能的。从原子核裂变中获得无比巨大能量的实验已获突破，哪个国家能够首先把它转为实用，就有可能制造出一种威力无比的新型炸弹。巧合的是，裂变反应正好在第二次世界大战的导火线已经点燃的时候试验成功。那些遭受希特勒迫害而从欧洲移居美国的科学家对原子能在军事上应用的可能性及其对世界政治力量对比的影响最敏感，他们担心，如果纳粹德国首先拥有这种新型炸弹，希特勒就有可能统治世界或者毁灭世界，而且种种迹象证明德国已经远远走在世界前面。

经过一些科学家的奔走努力，美国的罗斯福总统最终采纳了爱因斯坦的建议，支持研究原子弹工作，并下令成立铀顾问委员会。1940 年 6 月，华盛顿卡内基学会主席万尼瓦尔·布什说服罗斯福总统建立由国防部门、各大学和私营企业的代表组成的国防研究委员会，原子弹的研制工作便在这个委员会的指导下进行，它通过与有关大学的实验室订立合同的办法，同时执行16项有关原子能的研究计划。太平洋战争爆发后，美国政府决定大量拨款，利用一切必要的资源加快研制原子弹的步伐。

拓展阅读

曼哈顿计划

1942年8月11日，美国制订了研制原子弹的“曼哈顿计划”。该计划确立了两条原则：一是造出的原子弹供给美国军队，尽可能快地结束战争；二是赶在德国人前面造出原子弹。在美国总统的直接关注下，“曼哈顿工程”把科学、工业、军事三方面组织在一起，杜邦、梅隆、洛克菲勒财团都承担了任务，尤其是杜邦公司建造了大型反应堆和分离钚的工厂。许多院校，如哥伦比亚大学、芝加哥大学、加利福尼亚大学等参加了研制工作。整个工程动员了空前规模的人力、物力和财力，政府和私人公司投资20多亿美元，调动15万名科技人员，动员了50多万人，耗费了全国电力生产的1/3，仅田纳西橡树岭一座生产浓缩铀的工厂，其耗电量就几乎等于全纽约市的耗电量。整个工程还集中了理论物理、实验技术、数学、辐射化学、冶金、爆炸工程、精密测量等各方面的专家，进行了大规模的、有组织的协同工作。“曼哈顿计划”集中了美国和西欧最优秀的科学家，联合起来同德国竞争，实行了极端严格的保密制度和新闻检查制度，严格到甚至连当时的副总统杜鲁门和国务院最高级的官员事前也毫不知情。

1943年，美国在新墨西哥州的洛斯阿拉莫斯建立了原子弹研制中心，其领导人是著名的奥本海默博士。制造原子弹本身的工作于当年春天开始，经过两年多日夜奋战，于1945年7月12日，一颗试验性原子弹开始进行最后装配，7月16日早晨5:30在新墨西哥州距阿拉莫戈多50多英里的一片沙漠地带爆炸成功。美国充分调动本国庞大的工业和经济资源，联合欧美最优秀的科学家，利用美国远在敌人轰炸机航程之外的有利地理条件，终于成功地抢在纳粹德国之前赶制出第一颗原子弹。

得益于极端严格的保密制度，德国人对美国研制原子弹的情况一无所知。1942年6月23日，德国军需部长施佩尔把制造原子弹的可能性告诉希特勒，希特勒对此态度冷淡。在原子能研究方面，德国没有全面的指导和统一的目标，各单位之间缺乏协调和合作。所以直到1944年年底，德国在原子能研究方面仍停留在实验室阶段，比美国落后两年。欧洲甚至世界的历史因此得到改写。

2. 氢弹的发明

1949年8月29日，苏联首次试爆原子弹成功。美国为了维持其核垄断地位，杜鲁门总统在一片反对声中下令制造氢弹。1952年11月1日，美国首爆氢弹，当量约为1 000万吨，其威力相当于投在广岛的原子弹的600倍，实验场地——位于西太平洋上的名为“爱纽维特克”的环礁中的一个小岛当即消失了。1953年8月12日，苏联第一颗氢弹成功爆炸。1957年5月15日，英国也拥有了自己的氢弹。随后几个核大国又研制成功能飞跃数千千米乃至上万千米的运载火箭。原子弹、氢弹与远程运载火箭相结合，构成了战略核武器，人类从此被笼罩在核毁灭的阴云下。

第二次世界大战后，核技术除了军用以外，也开始民用。1954 年，苏联建成了 5 千千瓦和 3 万千瓦的原子能发电站，英国第一号原子电站于 1956 年 10 月开始运转。1957 年美国建成了发电量为 6 万千瓦的原子电站。1958 年，苏联第一艘核动力破冰船“列宁号”起锚远航；1962 年，美国建成了第一艘核动力货轮“萨瓦纳”号。20 世纪 60 年代后，核电站完全进入实用阶段。到 20 世纪末，全球已有近 500 座核电站。

3. 中国核技术发展

中国人的原子弹梦想可以追溯到中华民国政府时期。美国在日本广岛和长崎投下的两颗原子弹爆炸威力震惊全球，当时的国民政府也为之心动，遂于 1946 年派出人员赴美专门考察和学习，朱光亚就是其中之一。但此后的国民政府已然风雨飘摇，加上美国的反对与遏制，国民政府的原子弹梦想最终破灭。

视频

佳片有约——钱学森

在中华人民共和国成立之初，由于客观条件的限制（人力和财力短缺），百废待兴，研制原子弹并没有立即进入决策者的视野，但并不意味着中央高层没有在这方面做准备，恰恰相反，中华人民共和国从成立之初就运筹帷幄。准备工作是从两个方面着手的：一是成立有关原子能的科学研究机构；二是开展地质工作，寻找原料——铀矿。

1950 年 5 月，我国正式成立了原子能研究所，由钱三强任所长。钱三强在周恩来总理的支持下广纳原子能科技人才，先后请彭桓武和王淦昌做自己的副手。钱三强还亲自给海外留学人员写公开信，诚邀广大留学生回国效力。在建所之初短短几年的时间里，从国外回来到研究所工作的科学家有金星南、郭挺章、肖健、邓稼先、朱洪元、胡宁、杨澄中、陈奕爱、戴传曾、杨承宗、张文裕等；从国内其他单位调入的科学家有金建中、忻贤杰、黄祖洽、肖振喜、王树芬、陆祖荫、李德平、叶铭汉、于敏等。总的来说，作为中国原子能科学技术研究的大本营，原子能研究所在中华人民共和国原子弹的研制中发挥了特殊作用，原子弹研制工程中的骨干力量大部分是从该所抽调而来的。

当时的地质部由著名地质学家李四光任部长。地质部一项重要的工作就是寻找、开采铀矿。这一工作在起步时是很艰难的，但从 1955 年起，铀矿的探测与开采工作取得了重大进展。

1955 年年初，我国正式启动原子弹研制工程，在中央的支持下，陆续从中科院和全国各地区各部门选调了郭永怀、程开甲、陈能宽、龙文光等 105 名中高级科研人员加入攻克原子弹技术难关的队伍。同时，将原子能研究所的王淦昌、彭桓武等一批高级研究人员调到核武器研究院。这些科研人员与先期参加原子弹研制工作的朱光亚、邓稼先等人构成了中国原子弹研制工作的骨干力量。钱三强在原子弹研制中“起到了别人起不到的作用”。

视频

钱学森访谈

在毛泽东主席“要大力协同做好这件工作”的总动员令下，在中央专委的有力领导下，中国的原子弹研制工程在 1963 年至 1964 年上半年迎来了丰收。从 1963 年 3 月开始，原子弹研制大军开始移师青海金银滩，在那里制备第一颗原子弹，并进行原子弹原理实验。同时，中央决定将“596”作为第一颗原子弹的代号。1964 年 10 月 16 日 15 时，中国在新疆罗布泊地区成功爆炸了第一颗原子弹。试验结果表明，我国第一颗原子弹的设计和制造水平超过了美、苏、英、法四国第一颗原子弹的水平。

在第一颗原子弹爆炸成功后，毛泽东主席明确指出，“原子弹要有，氢弹也要快”；从 1964 年 10 月起，在完成原子弹的研制工作后，核武器研究所抽出 1/3 的理论研究人员全面开展氢弹的理论研究。1965 年 1 月，原子能研究所先期进行氢弹研究的黄祖洽、于敏等 31 人全部调到核武器研究所，集中力量从原理、结构、材料等多方面广泛开展研究。1967 年 6 月 17 日 8 时 20 分，由轰-6 甲型飞机空投的我国第一颗氢弹爆炸成功，从第一颗原子弹试验到第一颗氢弹试验，美国用了 8 年零 6 个月，苏联用了 4 年，英国用了 4 年零 7 个月，法国用了 8 年零 6 个月，我国用了 2 年零 8 个月，中国的核技术跨入全球先进行列。

二、空间技术

20 世纪中叶，在自然科学、工程技术、社会科学和思维科学相互渗透与交融的基础上，产生了系统论、控制论和信息论，为新科技革命的到来奠定了重要的理论基础。人类对客观世界认识的新发展催生了许多新的科技领域。天体物理、大气物理、等离子物理、地球物理、材料物理和化学反应动力学的发展推动了空间技术的产生与发展。

视频

hi 火星

（一）世界主要国家空间技术发展

在第二次世界大战结束不久，两极格局中的苏联开始着手研究洲际弹道导弹和运载火箭。苏联调集全国的资源和技术力量，特别是集中了一些权威的专家，保证导弹与火箭研制工作的同时进行。

1953 年 11 月，苏联在日内瓦世界和平大会上宣布“制造人造地球卫星是完全可能的”，这就预示了苏联要研制人造地球卫星及它的运载工具。

1957 年 10 月 4 日，苏联成功发射了世界上第一颗人造地球卫星“斯普特尼克 1 号”，开创了人类航天史的新纪元。

1958 年 1 月 31 日，美国“探险家 1 号”人造卫星发射成功。

1961 年 4 月 12 日，苏联宇航员加加林乘坐苏联第一艘载人宇宙飞船“东方号”进入太空，在离地 330 千米的高空飞行了 108 分钟，即绕地球飞行一圈后按计划安全返回地面，飞行时间虽然短暂，但它开辟了人类通向宇宙的道路。为了纪念这一划时代的成就，4 月 12 日被命名为“航空航天国际纪念日”。

1962 年 2 月 20 日，美国首个载人飞船“友谊 7 号”升空。

1969 年 7 月 16 日，“阿波罗 11 号”宇宙飞船降落在月球表面，将宇航员阿姆斯特朗、奥尔德林送上月球。

1981 年，美国研制的全球首架航天飞机“哥伦比亚”号进行了太空飞行。

1986 年 2 月 20 日，苏联“和平号”空间站发射升空，这是世界上第一个长期有航天员的长久性空间站。在服役期间，“和平号”空间站共绕地球飞行 8 万多圈，行程 35 亿千米。

（二）中国空间技术发展

1. 导弹

1956 年 10 月 18 日，我国第一个导弹研究机构——国防部第五研究院正式成立，由刚从美国回来不久的著名火箭专家钱学森任院长，把研制导弹和火箭技术作为我国高科技的一个主攻方向。1960 年 11 月 5 日，用国产燃料成功发射了第一枚仿制导弹，于是中国有了自己的近程导弹。1964 年 6 月 29 日，我国第一个自行设计的中近程火箭发射成功，揭开了我国导弹、火箭发展历史上新的一页。

2. 人造卫星

1965 年 9 月，中国科学院开始组建人造卫星设计院，正式实施我国第一颗人造卫星工程研制计划。为了保证第一颗卫星发射需要，在全国疆域内建立了相应的观测网、信息传递系统和计算机控制中心。

1966 年，我国第一颗人造卫星被命名为“东方红一号”，运载火箭命名为“长征一号”。

1970 年 4 月 2 日，周恩来召开会议听取“东方红一号”卫星和“长征一号”火箭情况汇报。4 月23 日，毛泽东批准发射第一颗人造地球卫星。

1970 年 4 月 24 日，我国第一颗人造卫星“东方红一号”发射成功。“东方红一号”为多面球体，重 173 千克，飞行轨道为近地点 439 千米、远地点 2 384 千米、轨道平面和地球赤道平面为倾角 68.44°的近地椭圆轨道，绕行地球一圈周期为 114 分钟。它的成功发射使中国成为继苏、美、法、日之后世界上第五个独立自主发射人造卫星的国家，揭开了中国航天活动的序幕，宣告了中国航天技术新时代的到来。

进入 21 世纪，中国航天技术进入高速发展阶段，“神舟五号”“神舟七号”和“神舟九号”载人飞船发射成功，中国成为继苏、美后第三个有能力独立自主地将人送上太空，并进行太空行走、顺利完成与空间实验室对接的国家。2016 年 8 月 16 日 1 时 40 分，我国“墨子号”量子科学实验卫星成功发射升空，标志着我国空间科学研究又迈出了重要一步。

3. 导航系统

北斗卫星导航系统（图 1-5）是中国自行研制的全球卫星导航系统，由 35 颗北斗导航卫星组成，可在全球范围内全天候为各类用户提供高精度、高可靠定位、导航、授时服务，并具备短报文通信能力。北斗卫星导航系统已在多个领域得到广泛应用，并发挥重要作用，主要包括导弹、军用飞机、直升机、船舶和汽车等。

视频
5 分钟了解中国北斗

图 1-5　北斗卫星导航系统

目前的北斗导航系统拥有两项重大改进，首先是道路规划时间大幅缩短，从之前的 30 秒降至 3 秒；其次是定位精度的提升，现阶段已经可以判断车辆是在主路行驶还是在辅路行驶。北斗卫星导航系统在提供 1～2 米级别精准定位的同时，在定位精度上超越了美国 GPS，成为精度仅次于欧洲 Galileo 系统的定位导航系统。

近年来，随着中国卫星导航产业的快速发展，以及北斗卫星导航系统的渗透率不断提升，北斗全产业链均得到了全面发展，并已初具规模。

4. 月球探测器

“嫦娥一号”是中国自主研制并发射的首个月球探测器，于 2007 年 10 月 24 日发射升空。这也是中国发射的第一个地外软着陆探测器和巡视器（月球车），还是“阿波罗计划”结束后重返月球的第一个软着陆探测器。

2020 年 11 月 24 日 4 时 30 分，中国在文昌航天发射场用“长征五号”遥五运载火箭成功发射探月工程“嫦娥五号”探测器，火箭飞行约 2 200 秒后顺利将探测器送入预定轨道，开启了中国首次地外天体采样返回之旅。12 月 1 日 23 时许，“嫦娥五号”探测器成功在月球正面预选着陆区着陆，并传回着陆影像图，成为中国第三个成功实施月面软着陆的探测器。

三、电子计算机技术

以科学技术的发展和应用为标志，从 18 世纪以来的两百多年，人类经历了三次工业革命。

蒸汽机的发明标志着第一次工业革命的兴起，电的发现与应用掀起了第二次工业革命的浪潮，电子计算机的诞生则拉开了第三次工业革命的序幕。19 世纪末 20 世纪初，信息传播载体从原来的书籍报纸向广播电视迁移，人类远距离沟通方式主要通过电报、电话实现，信息传播效率快速提升。进入 20 世纪中后期，计算机及互联网带来的信息革命使人类的知识实现了数字化及虚拟化，互联网开启了知识共享新时代，社会出现信息大爆炸，人类的认知能力出现了第五次飞跃。

实际上，人类很早就有利用机器辅助计算的意识，但是早期的都是功能极其简单的机械计算设备，与今天功能复杂的电子计算机不可同日而语。大约在东汉时期，中国人发明了算盘；约在 1643 年，法国的帕斯卡设计出了机械式加法器；1812 年，英国的巴贝奇研制出了第一台数据处理差分机；1938 年，德国的朱斯研制了电磁式计算机；1944 年，美国哈佛大学的阿肯教授研制了自动程序控制计算机“马克 1 号”；1946 年，世界第一台电子计算机“ENIAC(埃尼阿克)”在美国宾夕法尼亚大学宣告诞生，标志着计算机时代的到来。

拓展阅读

电子计算的发展历程

ENIAC 于 1946 年 2 月交付使用，它由 17 468 个电子管、60 000 个电阻器、10 000 个电容器和 6 000 个开关组成，重达 30 吨，占地 160 平方米，耗电 174 千瓦，耗资 45 万美元。尽管这台 ENIAC 计算机每秒只能运行 5 000 次加法运算，但是它是人类历史上第一台实用数字电子计算机，无论是运算速度、精度还是可靠性，都是当时任何机械式或电动式计算机无法望其项背的。

比较戏剧性的是，本为战争需要而研制的 ENIAC 计算机在“千呼万唤始出来”时，第二次世界大战已经结束了。1949 年，美籍匈牙利科学家冯·诺依曼主持制成“电子离散变量自动计算机”，1952 年又主持研制出 IBM701 机，1954 年研制成功 IBM650 机，这是第一代计算机。1959 年，菲尔克公司制造出晶体管计算机，这是第二代计算机。1964 年，IBM 公司制成 360 系列计算机，首次使用集成电路，这是第三代计算机。第四代计算机为超大规模的集成电路计算机，巨型机和为数众多的微型机几乎同时出现。1980 年，全世界计算机数量已经超过 1 亿台，广泛应用于数控机床和制造汽车、仪器的企业。为了超过 IBM 公司的计算机，20 世纪 80 年代，日本率先大力开发使用超大规模集成电路、具有人工智能的第五代和以人脑功能为模型的第六代神经计算机。

新一代计算机的主要标志已经不是硬件而是软件，软件开发导致知识经济的出现。迄今电子计算机的发展已经在经济、法律、教育、哲学等各个领域产生了广泛而深刻的影响，带动人类社会步入“信息时代”，新兴的信息产业成为经济增长的主要生长点。

四、互联网技术

联合国相关研究表明，互联网的部署是当前全球经济增长和持续复苏的重要驱动力之一，也是未来数十年中最关键的经济驱动力。互联网是未来信息社会经济发展的主要基础设施和战略资源。进入 21 世纪之后，很多国家将宽带网络列为和水、电、气、公路一样重要的公共基础设施，如日本、韩国将宽带网络视为“立国之本”，美国、英国、新加坡和澳大利亚的宽带网络战略开展得如火如荼。

当今美国信息产业发达，为美国经济社会的发展做出了巨大贡献。1993 年，克林顿政府启动全美“信息高速公路”计划。毫无疑问，这个计划已经获得了超出预期的效果，它推动互联网飞速发展。互联网带来了比工业革命更为深刻的影响，人类由工业社会逐步迈入信息社会。21 世纪初，一种基于互联网的计算方式，即“云计算”开始流行，正推动人类由网络数据时代进入“云时代”。云计算是世界各大搜索引擎及浏览器数据收集、处理的核心计算方式，解决了单台计算机无法处理大数据的难题。

信息技术和网络经济的发展把世界联为一体，使资本、技术、知识和信息在全球极其迅速地流通与交流。互联网已融入人们的日常生活，成为人们工作和生活中不可缺少的工具，而且空前地改变了人类思维的方式。

拓展阅读

美国“信息高速公路”计划

1992 年，克林顿在其总统竞选文件《复兴美国的设想》中强调指出：“20 世纪 50 年代在全美建立的高速公路网，使美国在此后的 20 年取得了前所未有的发展。为了使美国再度繁荣，就要建设 21 世纪的‘道路’，它将使美国人得到就业机会，将使美国经济高速增长。”1993 年 9 月，克林顿政府正式推出跨世纪的“国家信息基础设施”(National Information Infrastructure，NII)工程计划，即“信息高速公路”计划。其内容是：计划用 20 年时间，投资 2 000 亿～4 000 亿美元，建造遍布全国的信息基础设施，从而推动计算机科技和通信技术的飞速发展，服务范围包括教育、卫生、娱乐、商业、金融和科研等机构及家庭，使所有美国人方便地共享海量的信息资源。

美国“信息高速公路”计划抓住了当时全球技术发展趋势的核心，极富远见，因此该计划一经出台，立即引起世界各国政府的重视和响应，各国竞相效仿，纷纷推出本国的信息高速公路计划，于是在 20 世纪 90 年代末全球掀起了一股高速网络建设热潮。

“1995—1998 年，美国经济增长源于信息技术及相关产业的贡献率高达 35%。到 2001 年，信息产业对经济增长的贡献率远远超过制造业、钢铁业与汽车业这三大产业贡献率的总和，成为美国经济持续增长的‘火车头’。尤其是计算机软件业，自 20 世纪 90 年代以来，每年都在以 12%的速度迅速增长，比美国经济增长率要高出四五倍。”①雅虎、亚马逊、谷歌、eBay 等美国互联网巨头企业大部分诞生于这一时期，硅谷也发展成为全球科技及互联网产业的中心，凝聚了全球最顶尖的科技人才及风险资本。随着劳动生产率的迅速提高和美国经济的持续增长，美国国际竞争力在 20 世纪 90 年代也得到了快速提升。瑞士洛桑国际管理发展学院(IMD)统计的数字显示，“美国于 1994 年在世界竞争力排行榜上重新夺冠，至 2002 年仍继续保持世界第一的领先地位”。

---

① 金乐琴. 1995 年以来美国劳动生产率加速增长的原因[J]. 经济理论与经济管理，2007(8).

知识总结

- 劳动创造文明
  - 原始文明劳动成就概述
    - 旧石器时代的劳动成就
      - 人工取火
      - 弓箭的发明和使用
    - 新石器时代的劳动成就
      - 农业的发明
      - 象形文字的发明
      - 金属的使用
  - 农业文明劳动成就概述
    - 汉字
    - 水利工程
      - 安丰塘
      - 都江堰
      - 灵渠
      - 京杭大运河
      - 坎儿井
    - 中国瓷器
      - 商周：原始青瓷的出现
      - 汉晋六朝：走向成熟
      - 唐代：南青北白
      - 宋代：百花竞放
      - 元代：青花独秀
      - 明清：登峰造极
  - 工业文明劳动成就概述
    - 第一次工业革命
      - 棉纺织技术的发展
      - 蒸汽机的发明
      - 交通工具的变革
    - 第二次工业革命
      - 科学引领
      - 全面工业化
      - 欧美工业化国家的全面崛起
      - 以电力和能源变革为核心驱动力
  - 现代科技文明劳动成就概述
    - 核技术
      - 第一颗原子弹的发明
      - 氢弹的发明
      - 中国核技术发展
    - 空间技术
      - 世界主要国家空间技术发展
      - 中国空间技术发展
    - 电子计算机技术
    - 互联网技术

第二章　中国文化中的劳动

在人的生活中最主要的是劳动训练。没有劳动就不可能有正常的人的生活。

——卢梭，选自《教育史讲义》

核心问题

1. 中国历史典籍所体现的劳动是怎样的？
2. 中国民俗文化和劳动是如何相伴相生的？
3. 中国艺术文化中蕴含了哪些劳动元素？

导引案例

七夕，中华传统文化的“高光时刻”

“银烛秋光冷画屏，轻罗小扇扑流萤。”这是柔情似水的七夕，这是佳期如梦的七夕，这是一个有关爱与暖的传统节日。在商家眼里，这是中国情人节；在社区眼里，这是中国家庭节；在学者眼里，这是中国民俗节……这个传承千年的“乞巧节”“女儿节”“双星节”绵延着中国农耕文化中最温柔与最浪漫的那一页。

2006 年，七夕节被国务院列入第一批国家级非物质文化遗产名录。此后，“牛郎织女”的传说列入第二批国家级非物质文化遗产名录。2018 年，为了推进中华优秀传统文化创新性发展，文化和旅游部非遗司首次在山东、广东、甘肃三地统筹开展七夕节体验式活动。

回首望去，早在西汉时期，牛郎织女便由星名变成了男耕女织的神话人物，并且被注入节日内涵之中。《淮南子》《风俗通》中出现了“乌鸦填河桥而渡织女”和“织女七夕当渡河，使鹊为桥”的传说。民间随之产生了七夕夜外出看牛郎织女相会的活动，宫廷中亦有“穿七孔针”“跳于阗舞”之俗。自此以后，七夕节越发温婉动人，承载文化、演变传统，成为民族心理认同的一部分。

它是创造之节。《西京杂记》中有：“汉彩女常以七月七日穿七孔针于开襟楼，人俱习之。”在我国广东及香港地区等，人们过七夕节仍保留着“乞巧”的核心传统。乞巧的本意便在于创造与创新。中华民族勤则不匮、自强不息，在节日文化中都洋溢着推动生产力与社会进步之美。

它是婚恋之节。“在天愿作比翼鸟，在地愿为连理枝”“两情若是久长时，又岂在朝朝暮慕”，这是中华民族最淳朴而真挚的爱情观。牛郎织女的故事传扬的是忠贞与坚守。举案齐眉、家和事兴，千百年来，这恰恰是中华民族婚恋家庭观的核心要素。

更重要的是，七夕节传承了中华传统文化中“圆满”“和合”的精髓。这是粗放却质朴的中华民族价值观与世界观，它贯穿于中华传统文化的所有领域和全部历程——祭拜祈福里“天人合一”的宇宙观、爱情悲剧中“和而不同”的社会观、民俗活动中“人心和善”的道德观……沉淀为文化的“初心”，培厚为民族的根本。

（资料来源：光明网，2019 年 8 月 6 日，有改动。）

【思考与讨论】

请同学们结合以上案例，思考并讨论以下问题。

1. 查阅、体会并吟诵有关“乞巧”的中国古诗词。
2. 七夕节体现了中国传统文化中怎样的劳动观念、劳动情感和劳动方式？

第一节 典籍中的劳动

中华民族是一个勤劳勇敢的民族。中国的历史典籍在某种程度上是一部劳动者之歌，存有大量描绘劳动生产的文字，记录了很多欢快愉悦的劳动场面，其中古朴而美丽的诗句诉说着古代劳动人民对美好生活的热情与向往，体现了崇尚劳动精神和以劳为美的劳动情怀。

一、《诗经》与劳动

我国第一部诗歌总集《诗经》记录了丰富多彩的劳动生活和劳动场景。“诗三百，一言以蔽之，思无邪”，即《诗经》所表达出来的思想没有邪念，质朴纯正。就其特点来说，孔子认为其“温柔敦厚”，即可以育人，让人形成良好的品格修养。

以诗说史是我国的历史传统，如司马迁考察殷周至春秋时期的历史所用的很多素材取自《诗经》。古代史官曾普遍有“采风（诗）以观政”的共识，孔子也认为“诗可以观”，《诗经》反映的确实是“全面的社会生活”①。

1. 热爱劳动，以劳为乐

自古以来，我国先民具有热爱劳动的优秀品质，他们将劳动视为人生最大的快乐，在辛勤的劳动过程中创造快乐，《诗经》中有很多描写欢快愉悦的劳动场面的内容。

《周南·芣苢》描述了一群女子在田野间采摘芣苢时的欢快心情：“采采芣苢，薄言采之。采

① 闻一多. 文学的历史动向[M]. 北京：生活·读书·新知三联书店，1982：202.

采芣苢，薄言有之。采采芣苢，薄言掇之。采采芣苢，薄言捋之。采采芣苢，薄言袺之。采采芣苢，薄言襭之。”这首诗记录了妇女们采集车前子的过程，通过这一系列的动作让人们看到了劳动人民的勤劳。

2. 崇尚劳动，以劳为美

美是人类最永恒的追求。自古我国先民崇尚劳动之美，他们将劳动和审美融为一体，创造了以劳动和劳动者为美的审美观。

《齐风·鸡鸣》中有趣的夫妻对话在温馨中藏着对工作、对勤劳品质的尊重：“鸡既鸣矣，朝既盈矣。匪鸡则鸣，苍蝇之声。东方明矣，朝既昌矣。匪东方则明，月出之光。虫飞薨薨，甘与子同梦。会且归矣，无庶予子憎。”

《魏风·十亩之间》勾画出一派清新恬淡的田园风光，抒写了采桑女轻松愉快的劳动心情，一幅唯美的桑园晚归图展现在我们面前：“十亩之间兮，桑者闲闲兮。行与子还兮。十亩之外兮，桑者泄泄兮。行与子逝兮。”通过此诗，我们不仅看到了诗人笔下劳动人民自在劳动的景象，更感受到了劳动人民单纯质朴的生活状态和心性。

《周颂·良耜》勾画出了一幅难忘的农家乐图：“畟畟良耜，俶载南亩。播厥百谷，实函斯活。或来瞻女，载筐及莒，其饟伊黍。其笠伊纠，其镈斯赵，以薅荼蓼。荼蓼朽止，黍稷茂止。获之挃挃，积之栗栗。其崇如墉，其比如栉。以开百室，百室盈止，妇子宁止。杀时犉牡，有捄其角。以似以续，续古之人。”当春日到来的时候，男人们手扶耒耜在南亩深翻土地，尖利的犁头发出了快速前进的嚓嚓声，他们把各种农作物的种子撒入土中，让它们孕育、发芽、生长。在他们劳动后感到饥饿时，家中的妇女、孩子挑着方筐圆筐，给他们送来了香气腾腾的黄米饭。在炎夏耘苗之时，烈日当空，农民们头戴用草绳编织的斗笠，除草的锄头刺入土中，把荼、蓼等杂草统统锄掉。收割庄稼发出的声音悦耳动听，给劳动者送饭的人们无不充满着喜悦之情。可见，我国古代劳动人民已经有了一种最干净、最淳朴的劳动价值观。

《豳风·七月》：“七月流火，九月授衣。一之日觱发，二之日栗烈。无衣无褐，何以卒岁？三之日于耜，四之日举趾。同我妇子，馌彼南亩，田畯至喜！”这描写了农夫一年四季的劳动生活，是一幅场面热烈的农耕图。

一首首最早的劳动诗在厚重的历史中体现了远古人类的辛劳、快乐和渴盼。

3. 以不劳而获为耻

《诗经》也展现了超出劳动人民身体负荷的艰苦劳动和对剥削者不劳而获的控诉。

《魏风·伐檀》是一首关于劳动的不朽诗篇。该诗描述了一群伐木者砍檀树造车时联想到统治者不种庄稼、不打猎，却占有这些劳动果实的愤怒之情，遂你一言我一语地发出了责问的呼声：“坎坎伐檀兮，置之河之干兮。河水清且涟猗。不稼不穑，胡取禾三百廛兮？不狩不猎，胡瞻尔庭有县貆兮？彼君子兮，不素餐兮！坎坎伐辐兮，置之河之侧兮。河水清且直猗。不稼不穑，胡取禾三百亿兮？不狩不猎，胡瞻尔庭有县特兮？彼君子兮，不素食兮！坎坎伐轮兮，置之河之漘兮。河水清且沦猗。不稼不穑，胡取禾三百囷兮？不狩不猎，胡瞻尔庭有县鹑兮？彼君子兮，不素飧兮！”

《魏风·伐檀》主要记述了伐木者的劳动，写出了奴隶伐檀树造车的劳动场景，但是伐木者的辛苦劳动换来的却不是自己安逸的生活，所谓的君子却可以不劳而获，痛斥了奴隶主的不稼不穑和坐享其成，强烈地反映出当时劳动人民对统治者的怨恨。伐木者在把亲手砍下的檀树运到河边的时候，面对微波荡漾的清澈水流不由得赞叹不已，大自然的美令人赏心悦目，也给这些伐木者带来了暂时的轻松与欢愉，然而这只是刹那间的感受而已。由于他们身负沉重压迫与剥削的枷锁，又很自然地从河水自由自在地流动联想到自己成天从事繁重的劳动，没有一点儿自由，从而激起了他们心中的不平。《魏风·伐檀》一诗运用了对比的手法，反映了社会的不平等，一些人辛勤劳动却食不果腹，另一些人不种不猎却过着优裕的生活。

拓展阅读

小雅·无羊

谁谓尔无羊？三百维群。谁谓尔无牛？九十其犉。
尔羊来思，其角濈濈。尔牛来思，其耳湿湿。
或降于阿，或饮于池，或寝或讹。尔牧来思，何蓑何笠，或负其餱。
三十维物，尔牲则具。
尔牧来思，以薪以蒸，以雌以雄。尔羊来思，矜矜兢兢，不骞不崩。
麾之以肱，毕来既升。
牧人乃梦，众维鱼矣，旐维旟矣，大人占之；
众维鱼矣，实维丰年；旐维旟矣，室家溱溱。

国风·齐风·还

子之还兮，遭我乎猺之间兮。
并驱从两肩兮，揖我谓我儇兮。
子之茂兮，遭我乎猺之道兮。
并驱从两牡兮，揖我谓我好兮。
子之昌兮，遭我乎猺之阳兮。
并驱从两狼兮，揖我谓我臧兮。

国风·齐风·卢令

卢令令，其人美且仁。
卢重环，其人美且鬈。
卢重镅，其人美且偲。

国风·周南·关雎

关关雎鸠，在河之洲。
窈窕淑女，君子好逑。
参差荇菜，左右流之。

> 窈窕淑女，寤寐求之。
> 求之不得，寤寐思服。
> 悠哉悠哉，辗转反侧。
> 参差荇菜，左右采之。
> 窈窕淑女，琴瑟友之。
> 参差荇菜，左右芼之。
> 窈窕淑女，钟鼓乐之。

二、《尚书》与劳动

《尚书》是儒家重要的核心经典之一，是中国第一部上古历史文献和部分追述古代事迹著作的汇编，记录和反映了华夏先民对自然、社会和人生的认知，相传为孔子编撰。其中反映的崇尚劳动、珍视劳动、"克勤于邦，克俭于家"理念开了中国古代劳动文化之先河。

《尧典》是《尚书》的首篇，被称为"中华文明第一典"，用了很大篇幅记述了尧为了发展生产而制定历法的故事。"历象日月星辰，敬授民时"，即制定历法的目的是让百姓能够按照时令更科学地从事生产活动。《舜典》记述农业生产必须依照时令科学安排，并将依照科学规律安排生产放在治国理政之首："食哉惟时！柔远能迩，惇德允元，而难任人，蛮夷率服。"

《夏书・禹贡》记述了大禹治水成功的原因主要是遵从了自然规律，由此使农业发展、贸易通行和社会安定；提倡敬重生产规律，主张进行科学劳动，体现了崇尚劳动和珍视劳动果实的价值观。

《商书・洪范》在讲述"五行"时讲"稼穑作甘"，将"可种植庄稼的土"与"甜味"联系起来；在讲述"八政"时，将"管理粮食"作为第一要务，明确将"富"作为"五福"的重要内容，将"贫"作为"六极"的重要内容，充分表现了对劳动和劳动果实的尊崇，教导子孙要爱惜粮食。

《虞书・大禹谟》记述了禹在辅助舜时二人关于治国理政的一段对话。其中，舜赞扬禹"克勤于邦，克俭于家，不自满假，惟汝贤"，即称颂禹勤劳于国、节俭于家的美德。

《周书・周官》记述了周成王在巡视和征讨诸侯回到王都丰邑后，督导、整顿官员时的教导——"功崇惟志，业广惟勤。惟克果断，乃罔后艰。位不期骄，禄不期侈。恭俭惟德，无载尔伪"，明确倡导热爱劳动的勤俭之风。

三、管子的劳动思想

管子（前 723 年—前 645 年），名夷吾，字仲，春秋时期颍上（今安徽省颍上县）人，我国古代著名的政治家、军事家、道法家，曾被齐桓公任用为相，辅佐齐桓公称霸。其思想集中体现于《管子》一书，该书约成于战国至秦汉时期，其体系庞杂，内容博大精深，是中国先秦时期政治家治国、平天下的大经大法。

管仲主张君主应亲身示范劳作，犁田垦地，开发草土。《管子・轻重甲第八十》记载："今君躬犁垦田，耕发草土，得其谷矣。"

管仲肯定劳动者的历史功绩，高度重视农业和农事生产，主张通过发展农业实现富国强兵，指出：“夫富国多粟生于农，故先王贵之……民事农则田垦，田垦则粟多，粟多则国富。国富者兵强，兵强者战胜，战胜者地广。”管仲认为应及时开垦和耕作国家的土地，发展农业，消除荒芜，提醒统治者重视农事，认为只有发展耕织农事，才能从根本上解决社会的安定和发展问题，若农事不兴，即使没有战争，国家也会从内部垮掉。

管仲主张尊重农业生产规律，按照农时进行农事活动，这样才能提高粮食产量，《管子·轻重甲第八十》中记载：“今为国有地牧民者，务在四时，守在仓廪。”《管子·乘马》中记载：“时之处事精矣，不可藏而舍也。故曰：‘今日不为，明日忘货，昔之日已往而不来矣。’”

管仲主张实行分户经营，实施“均地分利”政策。为了调动农民的生产积极性，他强调国家应与民分利，藏富于民：“得人之道，莫如利之”，“民恶忧劳，我佚乐之；民恶贫贱，我富贵之；民恶危坠，我存安之；民恶绝灭，我生育之”，并由此得出结论：“凡治国之道，必先富民。民富则易治也，民贫则难治也。”管仲将富民作为治国理政的根本举措，《牧民》中记载：“国多财，则远者来，地辟举，则民留处；仓廪实，则知礼节；衣食足，则知荣辱。”（指国家财力充足，远方的人们就能自动迁来；荒地开发得好，本国的人民才能安心留住。粮食富裕，人们就知道礼节；衣食丰足，人们就懂得荣辱）“圣人之所以为圣人者，善分民也。圣人不能分民，则犹百姓也。于己不足，安得名圣！是故，有事则用，无事则归之于民，唯圣人为善托业于民。民之生也，辟则愚，闭则类。上为一，下为二。”即圣人之所以不同于百姓，就是因为他善于分利于民，国家有事就取之于民，无事就藏富于民。

四、孔子的劳动思想

孔子（公元前 551 年—前 479 年），名丘，字仲尼，鲁国陬邑（今山东曲阜市）人，中国古代思想家、政治家、教育家，儒家学派创始人。孔子生前不知其父是谁，自幼从事过多种“贱业”：“吾少也贱，故多能鄙事。”孔子学会了很多下层劳动者具有的技艺，而且对“农事”较为熟悉。他曾做过鲁国的司空。辞官后，孔子致力于教育事业，主张有教无类、因材施教，开中国私人讲学之先河，被后人奉为万世师表，对中国和世界都产生了深刻的影响。

孔子重视农业生产在国家社会经济中的地位。《论语·颜渊》中记载：“子贡问政。子曰：‘足食，足兵，民信之矣。’子贡曰：‘必不得已而去，于斯三者何先？’曰：‘去兵。’子贡曰：‘必不得已而去，于斯二者何先？’曰：‘去食。自古皆有死，民无信不立。’”这段文字指出了粮食生产的重要性。为了方便农业生产，孔子极力建议统治阶级“使民以时”，主张改周历以行夏历，作为治理国家的重要举措。夏历即农历，是按照农业生产规律编制的二十四节气，便于农业生产。

孔子主张尊重农业生产规律，改进劳动生产工具。《礼记·中庸》中提出的“万物并育而不相害，道并行而不相悖”和“致中和，天地位焉，万物育焉”的思想反映了孔子重视按照农牧业规律进行生产，反对竭泽而渔、覆巢毁卵的违反科学的生产方式。《论语·卫灵公》中记载：“子贡问为仁。子曰：‘工欲善其事，必先利其器。居是邦也，事其大夫之贤者，友其士之仁者。’”这是孔子以此做比喻，明确指出了劳动工具在生产中的重要性。

孔子主张提高劳动者的文化素质，突出表现在孔子有教无类的教育观，主张出身贫贱者同样应当享有受教育权。例如，他的弟子南宫适、司马牛、子贡等来自贵族或富裕家庭，子张、原宪、卜商、冉雍、颜回等来自卑贱家庭，他对他们一视同仁，有教无类。《荀子·法行篇》中记载："南郭惠子问于子贡曰：'夫子之门何其杂也？'子贡曰：'君子正身以俟，欲来者不距，欲去者不止。且夫良医之门多病人，檃栝之侧多枉木，是以杂也。'"这些文字记载说明孔子收徒不拘一格、无论贵贱。

孔子崇尚节俭的高贵品质。《论语·子罕》中记载，孔子主张在葬礼上以黑丝绸代替麻布制作的礼帽，原因是这样做比较节省，将简约作为一种值得肯定和倡导的生活态度。《论语·八佾》中记载："林放问礼之本。子曰：'大哉问！礼，与其奢也，宁俭；丧，与其易也，宁戚。'"也就是说，在"礼"这个重大而根本的问题上，孔子主张与其奢侈，不如节俭；在丧事这个问题上，与其仪式上治办周备，不如真正的哀伤，将节俭提升到了礼教的实质与核心的高度。

孔子倡导统治者过节俭的生活，减轻浪费，以此减轻劳动人民的经济负担，并明确提出"节用而爱人""君子忧道不忧贫"。他指出，君子追求的是人生理想，而不是生活富足，认真耕田自然会得到食物，认真学习自然会得到俸禄，认为君子即使受穷，也应不改初衷。孔子还反对苛政暴敛，《礼记·檀弓下》中就有记载："孔子过泰山侧，有妇人哭于墓者而哀。夫子式而听之，使子路问之，曰：'子之哭也，壹似重有忧者。'而曰：'然。昔者，吾舅死于虎，吾夫又死焉，今吾子又死焉。'夫子曰：'何为不去也？'曰：'无苛政。'"

孔子主张统治者厚施薄敛，藏富于民。藏富于民是为了保护和调动劳动者的生产积极性，平民百姓用度足，自然会投入生产和扩大再生产，国家的税源就会扩大，用度自然不会枯竭。相反，如果奉行竭泽而渔式的提高税收的办法，劳动者就会失去投入生产和扩大再生产的积极性，无异于雪上加霜，势必会导致经济衰退，税源枯竭。《论语·季氏》中记载："丘也闻有国有家者，不患寡而患不均，不患贫而患不安。盖均无贫，和无寡，安无倾。夫如是，故远人不服，则修文德以来之。既来之，则安之。"孔子同时提出"不患寡而患不均"，目的是防止分配上的两极分化，实现"均无贫"，因为只有实现了"均无贫"，平民百姓才具有生产和扩大再生产的积极性与能力。

五、墨子的劳动思想

墨子（约公元前468年—前376年），名翟，春秋末年战国初年宋国人，中国古代思想家、教育家、科学家和军事家，墨家学派的创始人和最重要的代表人物，年少时做过牧童、学过木工，是当时的能工巧匠。他的思想学说后收录于《墨子》一书，反映了当时下层劳动者，尤其是农民和手工业者的心声与利益。

墨子崇尚劳动，主张通过节约劳动力和劳动时间来发展生产，增加社会财富。他提出"背周道而用夏政"，推崇辛勤治水的夏禹，赞颂夏禹"兴天下之利，除天下之害""日夜不休，以自苦为极"的劳动作风，崇尚"饥者得食，寒者得衣，老者得息"[①]的劳动价值观。墨子提出"节用"，主张应在吃、穿、住、行方面厉行节约，吃穿住行只要满足基本生活需要就可以，不必要铺张浪费，极力反对统治者奢侈无度的生活作风；而且认为节俭在治国理政中具有重要作用，指出统治者若

① 选自《墨子·节用》。

能从实用的角度出发制止浪费，即使在对内不增加民众劳苦、对外不实施掠夺的情况下，也可以使财富加倍增长。例如，食不必“极五味之调、芬香之和”，也不必“致远国珍怪异物”，只要能吃饱，强健身体和耳聪目明即可；衣服只要冬天能够御寒，夏天足以御暑（故圣人之为衣服，适身体，和肌肤，而足矣①）就可以了；房屋只要冬天能够避风寒，夏天足以避暑避雨即可。因此，墨子主张“去无用之费”，提出了非乐、节葬、非攻的主张。

墨子主张亲民，极力呼吁改善劳动者的生活，认为“民有三患，饥者不得食，寒者不得衣，劳者不得息，三者，民之巨患也”②。他极力主张通过厉行节约来发展生产，认为封建统治者夺取百姓的“衣食”是不可取的，劝告统治者不要给人民增加过多负担，指出封建统治者的严酷剥削是民众困苦的根源，呼吁封建统治阶级应多做有利于改善百姓生活的事情，如“利人乎即为，不利人乎即止”“诸加费不加于民利者，圣王弗为”③。

第二节 民俗中的劳动

民俗是在劳动生产中产生的，其类型与劳动生产相适应。它的变迁与人类社会的发展进程紧密相连，反映了人类文明发展的历程。民俗包含了整个民间的物质、精神生活与文化。

中国的民俗事象与农耕文明有着密切的联系，现实的劳动生产生活是各类民俗形成的前提和基础，而民俗的演化和传承是劳动生产生活变迁的最好体现。

一、民俗概述

视频
手植古柏 根系九州

1. 民俗的概念

民俗即“民间风俗，指一个国家或民族为广大民众所创造、享用和传承的生活文化。民俗是人民群众在社会生活中世代传承、相沿成习的生活模式，它是一个社会群体在语言、行为和心理上的集体习惯。民俗的内容包括物质生产民俗、物质生活民俗、社会组织民俗、岁时节日民俗、人生仪礼、民间信仰、民间科学技术、民间口头文学、民间语言、民间艺术、民间游戏娱乐等”④。

2. 民俗的特征

民俗表现出的文化事象具有以下一些特征。

（1）世代传承，并对现实生活继续产生影响。

① 选自《墨子·节用》。
② 选自《墨子·非乐上》。
③ 同①。
④ 陈勤建. 中国民俗[M]. 北京：中国民间文艺出版社，1989：2.

(2) 相对稳定。

(3) 表现在人们的日常行为、口头和心理上。

(4) 具有传统文化内涵。

传统的中国以农立国，农民作为社会人口的主要组成部分和国家经济的主导力量，他们在土地上讨生存，同时在土地上建立了尊严和自信，苦在其中，亦乐在其中。农业和土地是农民生活资料的源泉，在漫长的农耕文明中，劳动人民发明并且不断更新劳动工具，培育了新的作物，制定了一系列作业制度，创作了农事诗、农谚，形成了一整套农事习俗，构成了农耕文化的积淀和表达。国务院在2006年6月公布的“第一批国家级非物质文化遗产代表作名录”就把“二十四节气”列入其中，并把相关的民俗作为重要的文化遗产来保护。

二、二十四节气与农业生产劳动

农业生产的特点是靠天吃饭，土里刨食，以年为期。一方面，风霜雨雪，旱涝寒热是千变万化的，人们难以精确地把握其具体的变化规律；另一方面，智慧的古代劳动人民在长期的劳动生产实践中逐渐意识到：环境的变化是周期性的，是有规律可循的，人们可以大致掌握、顺应其变化规律，更好地安排劳动生产，于是在卖力干活之外还要预测、筹划、安排，在春种秋收之外还要春祈秋报，这就有了春种夏长秋收冬藏之举，进而产生了“二十四节气”之说。

农历二十四节气是中国古代劳动人民通过观察太阳的周期运动，认知一年中时令、气候、物候等方面变化规律所形成的知识体系和社会实践；是中国传统历法体系及其相关实践活动的重要组成部分；是劳动人民在长期的劳动生产实践中通过对太阳、天象的不断观察而开创出的独特传统历法；是中华优秀传统文化中不可多得的瑰宝，上至风雨雷电，下至芸芸众生，包罗万象。同时，经过劳动人民的不断探索、分析和总结，二十四节气的划分逐渐变得科学和丰富，在距今两千多年的秦汉时期，二十四节气已经形成了完整的体系，并一直沿用至今。

农历二十四节气是中国古代劳动人民思想智慧的结晶，是宝贵的农业科学遗产，更是中国人认“时”、用“时”的宝贵实践，代表了中国人独有的思考问题、解决问题的方式。它对于指导国家经济建设、农业生产、日常生活等都具有重要意义。在国际气象界，这一时间认知体系被誉为“中国的第五大发明”。

农历二十四节气是干支历中表示季节、物候、气候变化及确立“十二月建”的特定节令，它最初是以北斗星的斗柄指向来确定，斗柄绕东、南、西、北旋转一圈为一周期，谓之一“岁”；每个旋转周期始于立春，终于大寒。现行的“二十四节气”采用的是“定气法”划分，即每个节气分别对应地球在黄道上每运行15°所到达的一定位置；智慧的中华民族祖先把地球绕太阳运转一周的360°均等地划分成24份，每等份为15°，每15°为一个节气，两个节气之间均相隔15天左右（略有微小的差异），全年即24个节气。太阳垂直照射赤道时被定为“黄经零度”（360°），即春分点，从这里出发，每前进15°就是一个节气，依次为清明、谷雨、立夏、小满……最后回到“黄经零度”的春分，周而复始。每个季节有6个节气，即“春雨惊春清谷天，夏满芒夏暑相连。秋处露秋寒霜降，冬雪雪冬小大寒”，每个节气在农历中的时间也是相对固定的，“节气歌”的后4句就反映了这一特点。“上半年来六廿一，下半年来八廿三。每月两节日期定，最多相差一二天”，即上半年节气多集中于6日及21日前后，而下半年节气多集中于8日及23日前后，最多相差一两天。二十四节气的命名反映了季节、物候现象和气候变化。反映四季变化的节气有立春、春分、立夏、夏至、立秋、秋分、立冬、冬至8个节气。其中，立春、立夏、立秋、立冬齐称“四立”，表示四季开始的意思。反映温度变化的节气有小暑、大暑、处暑、小寒和大寒。反映天气现象的节气有雨水、谷雨、白露、寒露、霜降、小雪和大雪。反映物候现象的节气有惊蛰、清明、小满和芒种。二十四节气千年流传不绝，至今仍在影响和指导人们的生活。

拓展阅读

二十四节气对人们生活的指导

立春为二十四节气之首，由此而后，草木复苏，万物始生，春天到来。“一年之计在于春”，在三千多年前的周朝就有迎“春”仪式，天子率三公九卿、诸侯大夫去祭拜居住在东方的芒神，祈求风调雨顺、人寿年丰。雨水后，降雨增多，桃花、梨花含苞，草地、树梢多了一丝绿意，忙碌的春耕开始了。“惊蛰至，雷声起”，正如其名中的“惊”，雷声“轰轰轰”，冬眠的小动物全被春雷震醒，大地回暖，土壤解冻，可以开始春耕了；春分这一天昼夜平分，气候适中，寓意公平，古人会在这一天校对度量衡器具。此外，在每年的这一天，无论男女老少，都“童心未泯”地玩着同样一个游戏：让圆滚滚的鸡蛋立起来。这个看似简单又高难度的游戏延续了数千年。清明时节，我国大部分地区气候温暖，草木萌茂，人们开始忙于春耕春种。江南有农谚这样形容清明：“清明谷雨两相连，浸种耕种莫迟延”“种树造林，莫过清明”。谷雨是春季最后一个节气，降水明显增加，雨水促使农作物生长发育，有“雨生百谷”之说。南方要采谷雨茶，传说它可以清火、明目，还能辟邪；北方要吃香椿，以提高免疫力。

立夏之后，万物生长繁茂。在小满时节，一些夏熟作物的籽粒开始饱满，“立夏小满正栽秧”，小满正是插水稻的季节，而农民最重要的就是保证稻田里的水充足，“小满不满，干断田坎”；芒种很忙，既有大麦、小麦等抢着收割，又有晚谷、黍、稷等夏播作物忙着播种，是一年中农事最繁忙的季节。在小暑时节，“万瓦鳞鳞若火龙，日车不动汗珠融”，小暑的标志是出梅、入伏，过后就是三伏天。但是，小暑也是个硕果累累的日子，农民劳作半年终于可以尝到新稻谷了。大暑是一年中最热的时候，极端天气(如旱、涝、风灾)十分频繁。因此，农民们要看准时机抢收抢种，抗旱排涝。

立秋是秋季的第一个节气，也预示着丰收的开始。处暑中的“处”含有躲藏、终止之意，“处暑”表示炎热的暑天结束，气温逐渐下降。白露时天气渐转凉，会在清晨时分发现地面和树叶上有许多露珠，这是夜晚水汽凝结在上面。在白露期间，气温下降快，湿度大，白天气温高，夜间温度已达成霜条件。在秋分时节，我国大部分地区已经转凉，气温也一天天下降。在寒露时节，天气渐渐变冷，秋天收获的作物进入最后的成熟期。霜降是初霜出现、天气更冷的意思，这是秋季的最后一个节气，是甘薯、棉花等作物收获的时节。

立冬即冬季自此开始。汉族民间以冬至为冬季之始，需进补以度过严冬的食物。小雪后，气温急剧下降，天气变得干燥；大雪，顾名思义，雪量大。到了这个时段，天会降大雪，甚至暴雪，而冻雨(雨凇)、雾凇等特殊气候现象也成为该时节的独特景观。在冬至这天，北半球白昼最短，此后逐渐变长。民间有从冬至日开始“数九”的习俗，宫廷从周代起有祭祀活动。小寒标志着进入一年中最寒冷的日子，事实上，小寒是一年中气温最低的节气。大寒是最后一个节气，是天气寒冷到极点的意思，大寒过后，春天就不远了，岁月就这样一年年周而复始，交替更迭。

中国的节气和节气文化历经秦汉以来70多个王朝的兴衰更替，无数次社会转型，社会和科学技术的巨大变革与发展，一直延续着，久盛不衰，魅力不减。在农耕社会，二十四节气是人们日常生活的指南针，围绕二十四节气总结出来的很多农事谚语成为农民代代相传的“秘诀”，围绕二十四节气形成的很多信仰仪式和民俗活动一直滋润着人们的心灵。二十四节气是科学而实用的文化遗产，它不仅是中华民族祖先的“农事历”，还是当代社会按照自然规律安排农业生产、安排城乡生活、进行减灾防灾的时序根据。二十四节气深深植根于中国文化的土壤，它不仅是一种时序符号，更蕴含着中国人的宇宙观、自然观和生命观。

拓展阅读

流传千载的农谚

农谚是指以描述农业生产经验为内容的谚语。它流传久远，是世代农业劳动生产经验的积累和体现，内容涉及农、林、牧、副、渔等各类农事活动，将一些涉及的现象、知识、技术和管理经验的农谚收集如下，以便更好地展现民俗与生产劳动之间的“亲密”与“互相成就”。

1. 天上鱼鳞斑，晒谷不用翻。
2. 雷打立春节，惊蛰雨不歇；雷打惊蛰后，低地好种豆。
3. 庄稼一枝花，全靠粪当家。
4. 要想青山绿水，就得时常种树。
5. 一年之计在于春，一生之计在于勤。
6. 纺车就是摇钱树，天天摇着自然富。
7. 花开满树红，劳动最光荣。
8. 冷天不冻下力汉，黄土不亏勤劳人。
9. 肥田长稻，瘦田长草。
10. 不是靠天吃饭，全靠两手动弹。
11. 男勤耕，女勤织，足衣又足食。
12. 劳动好，生活才会幸福；水草好，牛羊才会肥壮。
13. 肥料是土地的宝贝，汗水是丰收的蜜汁。
14. 地是宝中宝，没它活不了。
15. 犁得深，耙得匀，土里长出金和银。

16. 种瓜得瓜，种豆得豆，多种多收，不种不收。
17. 选好一粒种，增产千粒粮。
18. 宁愿饿断肠，不能吃种粮。
19. 庄稼一日不收，管理一日不休。
20. 秧苗下田，一天三看。
21. 玉米要好，勤拿灰包。
22. 粪是庄稼宝，攒粪如攒金。
23. 有产无产靠水，增多增少靠肥。
24. 修渠如修仓，积水如积粮。
25. 春雨贵如油，一滴不让流。
26. 水利修好，不怕旱涝。
27. 战场要有新武器，种地要有好农具。
28. 过了“惊蛰”节，春耕无停歇。

【思考与讨论】

阅读以上这些农谚，并发掘自己家乡的农谚，分享给大家。

三、农耕民俗中的劳动

农耕民俗是指农业生产的过程、操作方式和技术，以及为了祈愿或者庆祝丰收而举行的仪式活动，具有季节性和周期性的特点。中国是一个农业大国，农耕民俗自然就成为最具普遍意义的民俗现象，也是其他民间文化事象产生的前提和基础。

农业生产周期长，程序十分复杂，田间管理所呈现出来的民俗事象非常丰富。“鞭春牛”是一年中农业生产的第一项民俗活动。鞭春牛又称打春或鞭春，是旧时流行全国的习俗。其仪式过程大概是这样的：在立春的前一天，先将泥塑的春牛送至城郊的先农坛，或在先农坛举行迎春仪式后将春牛抬回地方行政官署。在立春这一天，官绅都要事先沐浴洁身，更换素净的衣服，不坐轿、不骑马，步行到祭坛前或官署前，和当地民众聚集在一起。等到“春官”报告立春时辰已到，扮成“芒神”的行政长官用“春鞭”抽打泥塑的春牛，意思是打去春牛的懒惰，让它勤奋耕地，使庄稼获得丰收。在春牛被打烂后，人们争抢碎土，据说将其扔进田里就可以获得丰收。后来，泥塑的春牛变成了纸牛，鞭子抽下去，立即皮开肉绽，牛肚子里事先装入的五谷便散落一地，这象征着“五谷丰登，谷流满地”。鞭春牛更有积极意义的是，用“芒神”来打“泥牛”或“纸牛”，可以吸引更多农民观看，这就起到了更广泛的宣传作用，使他们及时知道春天的到来，农事即将开始，要开始备耕生产了。北方还盛行添仓节，仓节是专门祈求全年的收获装满仓的日子，一般是正月二十五，有的在正月十九、二十、二十三、二十四。一些地区把正月二十五定为老添仓，寓秋粮丰收；把正月二十前后的一天（通常是十九）定为小添仓，寓夏粮丰收。

四、中国传统节日习俗

“山中无历日，寒暑不知年”，人类在生产力极其低下的情况下是无所谓节日的，节日是人类社会发展到一定阶段的产物。历经千百年岁月沧桑，它既是中国人长期不懈地探索自然规律的产物，包含着大量科学的天文、气象和物候知识，也是中华文明的哲学思想、审美意识和道德伦理在民俗风情上的集中体现。中国传统节日作为一种行为层面的传统文化，根植于中国农耕文化，在长期的传承过程中，通过对天人、群己、义利等关系的约定形成了自身独特的内涵。它既体现了人与自然的关系，又反映了现实的人与人的联系，在社会发展进程中具有非凡的意义。

图文

话说我们的节日

中国传统节日是农业文明的缩影，是古代劳动人民追求天人和谐统一的产物。农耕文明是由农民在长期的农业生产中形成的一种适应农业生产、生活需要的国家制度、礼俗制度、风俗文化等的文化集合。

在漫长的历史进程中，传统节日结合了中国儒、释、道各家文化，将各类祭祀、信仰、民俗融为一体，是世界上存在的最广泛的文化集成。中国是世界上最早步入农耕文明的古国之一。远在上古时期，中国的先人在长期的农耕生活中认识到：种族要生存、繁衍，庄稼要有好收成，就必须“靠天吃饭”，“国之大事在农”，观察和掌握天象（日月星辰的变化）、物象（动植物随季节而生的变化）和气象（寒暑雨雪等气候的变化）及其规律，顺应天地运行的节奏和气候变化的秩序，来合理地计划和安排农业生产及日常生活。

中国传统节日正是从时序上来体现一年四季春夏秋冬的更迭演进，以至中国人一直有“四时八庆”的说法。

春季，万物复苏，大地回春，从严寒中走来的春节、元宵节、清明节等节日相继成为春季节日的序列：在新的一年到来之际，人们阖家团聚、拜年庆贺、杀猪宰羊、祭祀祖先，祈求新的一年无灾无病、风调雨顺，同时准备以饱满的热情投入农耕播种。

夏季，云彩最活跃、最生动，端午节又不期而遇，人们佩艾采药、驱邪避毒、裹粽竞渡，以期安度酷夏、消除邪秽。

秋季，秋高气爽、丹桂飘香，秋天的一景一物往往会触发人的深沉怀念，这是个丰收的季节。七夕节、中元节、中秋节、重阳节等接踵而至。沉浸在丰收的喜悦中的人们以多种方式庆贺丰收、祭奠亡灵、祈福纳祥。

冬季，空气清冽流动，季节安静，光照绵延不息，瑞雪飘飞，腊八节、小年、除夕是对它最好的迎候。

四时节庆和谐有序、错落有致，集中体现了人与自然的共生共荣，表达了全国各族人民应时而作、张弛有度的自然生活节律和独特的审美心理。中国的每个传统节日都体现了对生命的热爱和对健康的渴望，人们通过传统节日追求丰收富裕、平安和顺、生活美满、欢乐吉祥、健康长寿等共同的理想和愿望。

拓展阅读

拓展一 春节的习俗

(1) 扫尘。腊月二十四，掸尘扫房子。据《吕氏春秋》记载，我国在尧舜时就有春节扫尘的风俗。按民间的说法，因“尘”与“陈”谐音，新春扫尘有“除陈布新”的含义。

(2) 贴春联。写春联、贴春联也是中华民族传统节日中的重要休闲方式。春联也称门对、春贴、对联、对子、桃符等。“一元复始，万象更新”“三阳开泰，四喜临门”“春回大地，福满人间”“处处春光好，家家气象新”“岁岁平安夜，家家如意春”“天增岁月人增寿，春满乾坤福满门”“人寿年丰家家乐，国泰民安处处春”“福禄寿三星共照，天地人一体同春”等，均是民间历年喜爱的春联代表作。

(3) 剪窗花，写“福”字。为了迎新春，我们的祖先还喜欢精心设计，在窗户上贴上剪好的红彤彤的窗花；将写好的“福”字倒过来贴在屋门、墙壁、门楣上，表示“幸福已到”“福气已到”。民间还将“福”字做成各种图案，有寿星、寿桃、鲤鱼跃龙门、五谷丰登、龙凤呈祥等。

(4) 贴春节年画。年画是我国一种古老的民间艺术与年文化的标志性遗产，喜庆吉祥是年画的主题。除传统年画三个重要产地苏州桃花坞、天津杨柳青和山东潍坊杨家埠外，著名的还有四川绵竹、河北武强、河南朱仙镇、山西平阳、陕西凤翔等著名年画产地和流传地。民间年画还是历史传说、民间故事的有效载体。

(5) 放爆竹。中国民间有“开门爆竹”一说。爆竹是中国特产，亦称“炮仗”“鞭炮”。其起源很早，至今已有2 000多年的历史。宋代范成大有诗《爆竹行》:“一声两声百鬼惊，三声四声鬼巢倾。十声百声神道宁，八方上下皆和平”，道出了新春爆竹的神奇之声、吉祥之意。湖南浏阳，广东佛山、东莞，江西宜春、萍乡，浙江温州等地是我国著名的爆竹之乡。

【思考与讨论】

1. 日常生活中有哪些蕴含劳动元素的休闲活动?

2. 有学者研究指出，如今越来越多的长假已凸显出人们休闲的盲目性，常常表现为休息日增多，但休闲方式和休闲内容缺少科学性，国人需树立正确的娱乐休闲观。请结合你所了解的时下休闲方式，谈谈对以上研究观点的认识。

拓展二 黎明即起，洒扫庭除

朱柏庐治家格言

《朱子家训》中的首句便是:“黎明即起，洒扫庭除，要内外整洁。既昏便息，关锁门户，必亲自检点。”社会发展，世事变迁。读古人书，要做到不泥古、知变通，在充分汲取精华的同时，用新时代的视角去解读，正心诚意去领悟。

现在，一些大学生黎明未必即起，既昏也未必便息。规律的作息时间、规整的生活空间可以让大学生浮躁的内心变得安宁。从作息洒扫到学习习惯，道理是一样的。大学生应在晚上睡觉前整理明日所需物品，回顾当日所学并有所思所感；即日，提前到达教室，清理教室、课桌，摆放课上要用的书籍文具，平静心绪。只有有序做事，规律生活，大学生才能保证有良好的身心状态和学习状态。

“除”是一个常用字，它的基本意思就是去掉、解除、消除、去除。其还有两个含义：一是分、切分，“除法”就是切分法；二是“台阶”。大多数人认为，清洁仅仅是辅助性劳动，不是要紧的工作。

但是对一个人或组织来说，扫除力是一种很重要的能力，它不仅是一种生活习惯、工作习惯，更是一种精神生活习惯。当忙碌的时候，我们常常想到的是做加法，很少想到做减法，以致我们不断地增加任务，书桌上不断增加各种各样的东西。事实上，一个人能够做的事情、能够关注的事情是相当有限的，如果不创造有价值的东西，让负价值的东西等占据了我们的日常空间和思维空间，我们就会陷入一种低效率、低效果的状态。

人类文明一方面是创造价值的过程，另一方面是去掉负价值的过程。

【思考与讨论】

请同学们根据以上内容，思考中国传统节日中的什么节日与“扫除”有关。为什么在中国传统文化中如此重视“扫除”？“扫除”在现代社会中是否具有价值？如果你的答案是肯定的，请思考并讨论“扫除”的现代价值。

劳动的成果包括物质成果、精神成果及人的能力发展等，劳动中内含有创造性及发展性的休闲成分。休闲活动的自由性、意义性体现出人的多样化自我发展、自我实现的方式，自工业社会以来，劳动被异化成纯粹的生产活动，劳动中的休闲成分消失了，恢复劳动的创造及发展功能，使休闲与劳动合理整合是我们的时代任务。①

第三节 艺术中的劳动

人民是历史的创造者，是时代的雕塑者。一切优秀文艺工作者的艺术生命都源于人民，一切优秀文艺创作都是为了人民。广大文艺工作者要坚持以强烈的现实主义精神和浪漫主义情怀，观照人民的生活、命运、情感，表达人民的心愿、心情、心声，立志于创作出在人民中传之久远的精品力作。一切有抱负、有追求的文艺工作者都应该追随人民脚步，走出象牙塔，阅尽大千世界，让自己的心永远随着

图文

罗幻：与“泥土”对话的人

① 谢秀华. 劳动、休闲与人的发展[J]. 现代妇女(理论版)，2015(4)：7.

人民的心而跳动。要始终把人民的冷暖和幸福放在心中，把人民的喜怒哀乐倾注在自己的笔端，讴歌奋斗人生，刻画最美人物。要对生活素材进行判断，弘扬正能量，用文艺的力量温暖人、鼓舞人、启迪人，引导人们提升思想认识、文化修养、审美水准、道德水平，激励人们永葆积极向上的乐观心态和进取精神。①

一、绘画中的劳动之美

古今大量的美术作品展示了劳动和劳动者之美。

在中外美术史上，以劳动者为主题的著名绘画有《捣练图》(图 2-1)、《愚公移山》(图 2-2)、《父亲》(图 2-3)、《伏尔加河上的纤夫》、《纺织女》、《播种者》等，以劳动收获为主题的美术作品不计其数，彰显劳动中蕴含的积极向上、鼓舞人心的力量。这些伟大的美术作品不仅是对劳动的某个细节或瞬间的刻画，更是一种对生命意义的体验和对发现与创造过程的讴歌。

图文

绘画中的劳动之美

拓展阅读

拓展一 《捣练图》

唐代张萱的《捣练图》是一幅表现妇女劳动场景的仕女画，也是家喻户晓的宫廷画代表作，现藏于美国波士顿博物馆。

为什么这幅画作会成为中国古代宫廷画的代表作?

首先，画作本身展现了古代中国重要的生产技艺——丝绸制作。画面的第一部分是右边的四人用木杵捣练；第二部分是中间的两人进行拼缝；第三部分是一人扇炉火，另外四人熨烫丝绸，还有一个淘气的小女孩在女性长辈拉扯的丝绸下窜动。

捣和练是两道处理丝织品的工序。古人发现把蚕茧放在微开的水中一煮，胶化开了，丝就能抽出来了。但是丝上还附着很多胶，粘有灰尘和杂质，这称为生丝。生丝要经过进一步处理才能变成熟丝，熟丝柔软、光滑，具有垂坠感，而且能够染上各种漂亮的颜色。处理生丝的过程称为练丝。首先要把生丝放在碱性的草木灰水里浸泡，然后用木杵，也就是大棒子捶打，晒干，再浸泡、捶打、晒干，这个过程要重复数次。多余的丝胶和杂质就慢慢脱落了，丝也变得白净、柔软和有光泽。

其次，《捣练图》在技巧、材质运用等方面具有至高的地位。

《捣练图》属于工笔重彩类，大多画在绢上，用于宫廷画的绢要经过种种复杂的处理(古人至唐初作画用生绢，至盛唐开始把绢放入热水中煮过，褪掉部分丝胶，再于其上撒研磨细碎的贝壳粉，然后用木槌将贝壳粉槌到丝缝中，经过这样的操作处理，绢的绘画表现力便大大提升了)。而且这类画作要“三矾九染”，以表现明亮鲜艳的色彩。《捣练图》从画里向外透着一种亮亮的色泽，衬得画上的颜色格外明亮，人物也显得更加优雅。宫廷里准备做画

---

① 习近平 2016 年 11 月 30 日出席中国文联第十次全国代表大会、中国作协第九次全国代表大会时的讲话。

用的绢有特殊而细致的要求。

图 2-1 《捣练图》

拓展二 《愚公移山》

《愚公移山》作于1940年，时值中国人民抗日的危急时刻，画家意在以形象生动的艺术语言来表达抗日民众的决心和毅力，鼓舞人民大众去争取最后的胜利。此时，南京、武汉、广州相继沦陷，局势紧张，物资匮乏，徐悲鸿奔走于香港、新加坡等地，举办画展募集资金，捐给祖国以赈济灾民。

1939年至1940年，应印度诗人泰戈尔之邀，徐悲鸿赴印度举办画展宣传抗日。在这期间，他创作了不少油画写生，但最重要的成果是《愚公移山》。这幅名画取自中国古代的神话传说，描绘了愚公率众人开山挖路的劳动场面。徐悲鸿重以宏大的气势、震人心魄的力量来传达一个伟大民族的决心和毅力。

就空间布局而言，他作了数十幅小稿，反复修改，最终以从右至左、从前往后的格局展开画面。画面右端的几个高大健壮、魁梧结实的壮年男子手持钉耙奋力砸向黑土。其姿势、表情不一，或瞠目，或呐喊，或蹲地，或挺腹，然动作均呈蓄力待发之状，有雷霆万钧之势。这群呈弧形分布的人物占据画面的大部分空间，人物顶天立地，有撑破画面之感。根据构图需要，左侧画面的人物排列较为松散，人物或高或低，树丛小景置于其间。一个挑筐大汉和一个倚锄老者背对观众，加强了空间的纵深感，拉开了与右侧画面中紧张劳作者之间的距离，使人产生右半部是前线、左半部是后方的感觉。老翁似乎正在语重心长地对下一代人叙述自己的愿望和信心，描绘着未来的美好景象。

这组人物神情自然逼真，姿态生动自如。背景青山横卧，高天淡远。

在绘画笔法和色彩方面，这幅画充分体现了徐悲鸿先生在中国传统技法和西方传统技法方面所具有的深厚功底。

中国传统绘画中的白描勾勒手法被运用于人物外形轮廓、衣纹处理和树草等植物的表现上；而西方传统绘画强调的透视关系、解剖比例、明暗关系等在构图、人物动态、肌肉表现方面发挥得淋漓尽致。在人物造型方面，他借用了不少印度男性形象进行中国画创作，这是徐悲鸿的首创，也是这幅作品另一个颇为独特之处。

可以说，徐悲鸿在这幅作品中将中西两大传统技法有机地融会贯通，独创了“中西合璧”的写实艺术风格。

图 2-2 《愚公移山》

拓展三 《父亲》

在中国当代艺术创作中，歌颂劳动、歌颂劳动者题材的作品数不胜数，作品中的劳动者大多数朴实自然，凸显劳动者内在的光辉，正如罗中立创作的《父亲》。

在画作中，阳光下有一名头裹白布、手端旧碗的老父亲，黝黑的脸庞满是岁月的风霜，那深深的褶皱仿佛刀刻一般，也映出深深的笑意，让人感受到一种“天下父亲”的共鸣。“父亲”那突出的眉弓、凹陷的眼睛、高挺的鼻梁、宽厚的鼻翼、半张的嘴、干裂的唇、肤色与茶水的颜色形成呼应，这一切似乎表明这位老人刚刚经历过一阵辛苦的劳作，口干舌燥，正端着水想喝，却目光注视前方，仿佛关注着正在走入他视野的陌生人。“父亲”勤劳、朴实，用粗糙的大手辛勤劳作，任劳任怨，撑起一个家庭。

画作淋漓尽致地体现了历经沧桑、一生劳作，却永远对生活充满希望的普通劳动者的坚强，这也是中华民族百折不挠、坚韧不屈的脊梁。

图 2-3 《父亲》

二、建筑中的劳动之美

建筑常常被称为凝固的艺术，它蕴含着人类对自然的认知、适应和改造的方式，也蕴含了建造过程中的意蕴之美、思维之美、技艺之美和造型之美。

中国是一个地形多样、民族众多、历史悠久、文化深厚的国家，在这片土地上逐渐孕育出来的传统建筑自然形成其独特而连贯的体系，呈现出丰富多彩的面貌。中国建筑并非单一中心的扩张，而是由不同地域建筑整合而成的多样统一的复合体。

中国建筑以土、木为主。大体上可以认为，北方建筑（以黄河中游为主）用土，南方建筑（以长江流域为主）用木。“土木”合称是汉语中“建筑”的古老表达，在一定程度上象征着中国文化的南北统一。早期北方建筑常采用穴居和半穴居的方式，随着生产力的提高，穴居和半穴居逐渐被地面式土木建筑取代。南方气候潮湿，为了避水防潮，人们多采用巢居的方式，逐步发展为干阑式建筑。

中国建筑空间外部形态的基本特征是平面舒展，这在很大程度上可以被看成华夏先民顺应自然、依恋土地的心理反映。中国建筑空间外部形态的另一个特征是封闭性，即长城封闭着国家，城墙封闭着城市，坊墙封闭着邻里，院墙封闭着住宅。它反映了中国人在生活习俗及行为心理方面的特点——内向谨饬，而非外向张扬。

中国传统建筑是一个成熟完善的体系，有很强的生命力。林徽因在《论中国建筑之几个特征》中说：“中国建筑为东方最显著的独立系统；渊源深远，而演进程序简纯，历代继承，线索不紊……即在世界东西各建筑派系中，相较起来，也是个极特殊的直贯系统……独有中国建筑经历极长久之时间，流布甚广大的地面，而在其最盛期中或在其后代繁衍期中，诸重要建筑物，均始终不脱其原始面目，保存其固有主要结构部分及布置规模，虽则同时在艺术工程方面，又皆无可置议的进化至极高程度。”

在中国，对建筑的要求更贴近文学、艺术或者音乐、戏剧。中国建筑注重人在运动中的感受，试图让人在近距离、在行进的过程中感受建筑、景物的变换，像一幕一幕的戏剧或一节一节的乐曲。例如，苏州留园中有一处临水的亭子，仅能容纳一人入座，但它的匾额上写着“与谁同坐轩”（图 2-4），其名出自苏轼被贬后的诗句“与谁同坐，明月清风我”。它忽然让人穿越时间的洪流，感受到诗人不愿同流合污，只愿与明月清风同坐的气节。苏州网师园中的一副“风风雨雨暖暖寒寒处处寻寻觅觅，莺莺燕燕花花叶叶卿卿暮暮朝朝”对联也能让人感受到四季的轮回和爱情的永恒。中国是一个有诗意的国度，将建筑、院落、园林用门、廊、桥、路组合出独特的空间段落。中国自古就很重视建筑和环境的关系。传统文化以农耕为主导，农耕受制于天时地利，顺应环境便显得十分重要。

图 2-4　苏州留园的“与谁同坐轩”

相比较而言，在西方，古典建筑被归为美术，被称为“造型艺术”，着重创造静止的形体美，追求远距离观看的震撼，与现代建筑要求的视觉效果基本相同，于是造就了诸多形体高大、体量感极强的建筑。

拓展阅读

拓展一　探秘中国古代木构建筑

应县木塔建于辽清宁二年（宋至和三年，1056 年），是中国现存最高、最古的一座木构塔式建筑。2016 年，应县木塔被吉尼斯世界纪录认定为世界最高木塔。

图文
《营造法式》

木构建筑常常屹立百年、千年不倒，毫不逊色于欧洲石材建筑，秘密是什么呢？

北宋徽宗和哲宗时期皇家的总建筑工程师李诫所著的《营造法式》曾一度失传，后由梁思成先生重新发现，并解读出唐宋古建筑的核心秘密——标准化，也称为模件化。

一座唐宋木建筑可能有成千上万个木质的构件，但是这些构件总有几个标准形式。木构建筑的标准化不只是一种建筑技术，更是一种思维方式，体现了古人的智慧。这种智慧的核心优势就是能够解决做大型项目的两个普遍难题：组织和效率。

柳宗元的《梓人传》中描绘了古代建筑施工的现场。施工现场好比一场交响音乐会。梓人站在中间指挥，工地上所有工匠都面向他站着，遵从梓人的指挥调度。那么，梓人指挥工匠靠什么？靠“度材”，也就是按照木材特定的比例协调、分配和组织建造。《营造法式》中的“凡构屋之制，皆以材为祖”说的也是这个意思。所以，这里的“材”就是标准材。它的比例关系是这些木建筑施工技术的核心密码。一座建筑中即使有成百上千个部件，不管形状、大小如何变化，标准材的比例都是一样的。

这种标准化设计有一个明显的好处，就是建筑的整体尺寸不管是横宽（面阔）、进深、高度，还是屋顶的坡度，都是标准材的倍数或分数。所以，一栋木建筑不管结构多复杂，其实都很简单明了。

斗和拱不仅有装饰的作用，而且是建筑结构的关键部件。斗和拱都是标准材，斗和拱的比例都是固定的，所以不管斗和拱如何拼接，它的截面始终都是一样的。这样，不管斗和拱的组合如何变化，它总体的长、宽很容易推算出来，梓人就能很容易地把握建筑的整体设计了。这个道理放在整个建筑中也一样。有了这种化繁为简的思维，梓人就可以胸有成竹地把整个施工队组织起来。

所以，不管是整体建筑还是部分建筑，尺寸都是标准材的倍数或分数。这不仅使古人能够胸有成竹地指挥调度，更能使整个建造过程高效推进。

【思考与讨论】

结合以上案例，请同学们联系实际思考并讨论，中国古代建筑技艺中所蕴含的标准化（模件化）思维对你的生活和学习有什么启发。

拓展二 港珠澳大桥彰显中国奋斗精神

港珠澳大桥(图 2-5)横跨东西、飞架三地,历时九载终成“超级工程”,总长约 55 千米,集桥、岛、隧于一体,是世界上最长的跨海大桥,拥有 120 年的设计使用寿命,东接香港,西接广东珠海和澳门。

穿越港珠澳大桥

图 2-5 港珠澳大桥

南宋的政治家、文学家文天祥曾有“惶恐滩头说惶恐,零丁洋里叹零丁”的著名诗句。如今,共和国的建设者们汇众智、聚众力,百折不挠、不懈奋斗,用心血和汗水实现了港珠澳三地“珠联璧合”的梦想。

十几年来,中国建设者以“走钢丝”的慎重和专注,经受了无数没有先例的考验,交出了令人满意的答卷。中国建设者追求卓越、力求完美,将港珠澳大桥打造成为世纪工程、景观地标的共同追求,成就了港珠澳大桥这个中国桥梁界的丰碑和旗帜。

逢山开路、遇水架桥,这是一个国家的奋斗精神。施工水域每天有 4 000 艘船只航行,台风、大雾、强对流天气使每年的有效作业时间只有 200 天左右。面对防洪、防风、海事、航空限高等各种复杂建设难题,全国各地的建设精英们夙兴夜寐,顺境不骄、逆境不馁,以“功成必定有我”的责任感、自豪感,竖起中国桥梁的高峰,再度刷新了世人对中国工程的印象。

港珠澳大桥是科技工程,也是人心工程。大桥每个节点的进展、每次攻关、每次创新都蕴含着可经受历史考验的中国工匠精神。在高温、高湿、高盐的环境下,一线建筑工人舍身忘我,以“每一次都是第一次”的初衷焊牢每条缝隙,拧紧每颗螺丝,筑平每寸混凝土路面,在日复一日、年复一年的劳作中将大桥平地拔起。

【思考与讨论】

请同学们进一步查阅相关文献资料,梳理中国历史上还有哪些桥梁建设的重大成就。思考这其中蕴藏了劳动成就本身及其创造者怎样的美。

拓展三 十大建筑的今与昔

为了迎接建立中华人民共和国10周年，1958年，中央政府决定在首都建设十大建筑：人民大会堂、中国历史博物馆与中国革命博物馆、中国人民革命军事博物馆、民族文化馆、民族饭店、钓鱼台国宾馆、华侨大厦、北京火车站、全国农业展览馆、北京工人体育场。十大建筑的建造集中了全国的人力、物力、财力及智力，当时除了组织北京的34个设计单位之外，上海、南京、广州等地的30多位建筑专家进京共同进行建筑方案创作，工人、市民也都提出了自己的建议，人们对各项工程先后提出了400个方案。根据周总理提出“古今中外，皆为我用”的原则，工程普遍采取边设计、边备料、边施工的模式。在统一指挥，各环节紧密配合，建筑界夜以继日的努力下(图2-6)，人们在10个月内完成了十大建筑从设计到竣工的全过程。十大建筑以不可思议的速度建成竣工，可谓史无前例，成为中外城市建筑史上的一个奇迹。

当时建筑师的创作自由大体上得到了保证，十大建筑呈现出百花齐放的态势：人民大会堂采用略加改造的西洋古典式，军事博物馆模仿苏联制式，民族文化宫(图2-7)注重中国传统建筑的创新，全国农业展览馆则毫不避讳地采用曾遭批判的大屋顶模式。

其中，民族文化宫体现了党和国家的民族政策，是中国56个兄弟民族平等、团结、进步、繁荣的象征。整个建筑造型别致、富丽、宏伟、壮观，具有独特的中国民族风格。首层门厅的“四幅六米多长、二米多宽的汉白玉浮雕，雕塑着在我国和平、友爱、团结的大家庭里，过着幸福美满生活的各族人民的形象”。民族文化宫曾被英国出版的《世界建筑史》列为中华人民共和国第一宫，1999年被国际建筑师协会第二届大会选为“当代中国建筑艺术精品之一”。

民族饭店(图2-8)和民族文化宫是两个位置临近、用途不同，但有一定联系的独立建筑。民族饭店在20世纪50年代末堪称中国“五星级”饭店，在建筑技术上是北京第一个采用预制配式钢筋混凝土框架结构体系的高层建筑。民族文化宫和民族饭店是国庆十周年的重点项目，它们的兴建集中体现了中华人民共和国建国之初建筑业的成就，是设计水平、技术水平和施工组织管理水平迅速提高的结果。

申办2008年奥运会成功以后，北京的城市建设进入高速发展期。全球建筑师云集北京，参与争夺重大项目的方案竞赛，随着一座座大厦的标新立异，北京几乎成了先锋建筑师的试验场。2009年，北京评出了新十大建筑，按得票高低的排序依次是首都机场3号航站楼、国家体育场、国家大剧院、北京南站、国家游泳中心、首都博物馆、北京电视中心、国家图书馆(二期)、北京新保利大厦、国家体育馆。这其中，一座由中国建筑师独立设计，两座由中国建筑师主导设计，其余七座为欧美日建筑师的作品。

图 2-6 人民群众积极投入人民大会堂建设

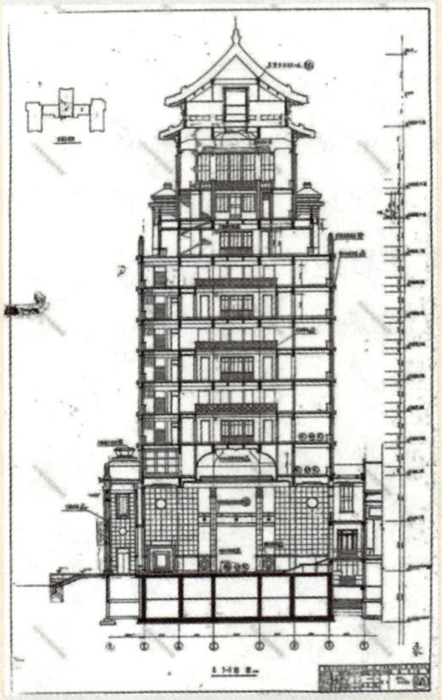

图 2-7 民族文化宫塔楼建筑剖面图

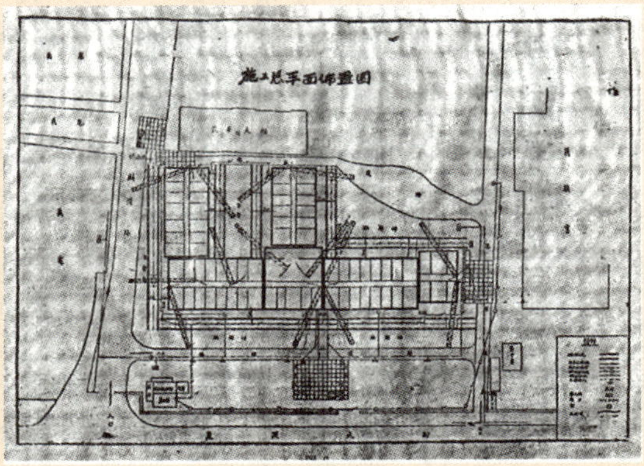

图 2-8 民族饭店施工总平面图

【思考与讨论】

请查阅“老十大建筑”资料与“新十大建筑”资料，对比分析在不同时代背景下建造的“十大建筑”分别体现了怎样的建筑文化内涵。

三、音乐中的劳动之美

视频

《国际歌》

在音乐的王国里，劳动之美也随着音符有节律的跳动流淌而出，带人进入神圣美好的精神殿堂。在中华人民共和国成立后，歌颂劳动之美的音乐作品不断涌现。

《咱们工人有力量》热情激昂，有力量的旋律共同塑造了一种气势磅礴的美丽，正是这激动人心的歌词鼓舞着千千万万劳动者奋力前行。

1947年夏天，著名音乐家马可来到黑龙江佳木斯的一个大型工厂采风。一直以来，马可都想为翻身解放了的工人们写一首歌，终于，工厂里熊熊燃烧的炉火、轰鸣的机器声和工人们热火朝天的劳动干劲触发了他的创作灵感，便有了今天广为传唱的《咱们工人有力量》。

咱们工人有力量，嘿！咱们工人有力量！每天每日工作忙，嘿！每天每日工作忙，盖成了高楼大厦，修起了铁路煤矿，改造得世界变呀么变了样！……

视频
新时代唱响——《咱们工人有力量》

《我为祖国献石油》淋漓尽致地唱出了石油工人投身祖国建设的豪迈。

锦绣河山美如画
祖国建设跨骏马
我当个石油工人多荣耀
头戴铝盔走天涯
头顶天山鹅毛雪
面对戈壁大风沙
嘉陵江边迎朝阳
昆仑山下送晚霞
天不怕 地不怕
风雪雷电任随它
我为祖国献石油
哪里有石油
哪里就是我的家

视频
音乐之美《愚公移山》

视频
中国有故事——《咱们工人有力量》

在石油工业发展进程中，这首歌曲已成为石油工人心灵的写照，激励着一代代石油人投身祖国石油工业建设，用天不怕、地不怕的壮志豪情谱写出一曲曲撼天地、泣鬼神的感人乐章。

《在希望的田野上》是一首歌唱祖国繁荣富强的歌曲。这首歌充满了乡土气息，歌词朴实、流畅上口、曲调优美，通过对家乡充满希望的田野的赞美，抒发了劳动人民对美好生活的赞美，歌颂了新生活，歌颂了新时代。歌词把希望和未来巧妙地结合起来，既歌颂了改革开放以后的新变化、新面貌，又憧憬着富裕、兴旺、幸福的未来。

《幸福在哪里》激发了人们对未来的无限憧憬，歌曲热情向上、充满了正能量，堪称经典之作。

幸福在哪里
朋友我告诉你
它不在柳荫下
也不在温室里
它在辛勤的工作中
它在艰苦的劳动里
啊！幸福就在你晶莹的汗水里……

《春天的故事》唱响了神州大地，荡起了滚滚春潮。歌曲中提到了一位老人，他就是中国改革开放的总设计师邓小平。党的十一届三中全会之后，邓小平开创性地提出建设经济特区的设想，有力地推动了我国的经济发展和对外开放进程。

《不忘初心》情深意长，催人奋进。这首歌的歌词中有三句话可以说是全篇的关键："万水千山不忘来时路"，指出了一个不记得来路的民族是没有出路的民族，歌词开门见山地点出要牢记从何而来和为何而去；"你是我的一切我的全部"，指出要牢记人民的恩情，要回报人民，回报养育我们的这片沃土；"万水千山，最美中国道路"，指出长征是人类精神和意志的伟大远征，也是党领导红军寻求民族复兴的伟大进军。

视频
音乐之美《众人划桨开大船》

案例

蒙古族弓弦乐器

蒙古族的音乐艺术是一个历史悠久、蕴大涵深的伟大艺术宝库。其悠久的历史可以追溯到红山文化时期，集历代草原游牧音乐之大成，是草原音乐积淀的硕果，与秦汉时代的匈奴文化有着千丝万缕的联系。从魏晋南北朝时期开始，蒙古民族逐渐走上历史舞台，在此后的 1 000 多年里不断发展、创造，形成了独具特色的草原音乐艺术，影响遍布世界。蒙古族音乐之所以能够在世界艺术宝库中独树一帜，很重要的一个原因是其音乐的特殊载体，即弓弦乐器（图 2-9 和图 2-10）及用心制作这些弓弦乐器的民间匠人（图 2-11）。

马头琴是蒙古族人民喜爱的弓弦乐器，追踪溯源，从胡琴谈起。无论是马头琴还是其他蒙古族弓弦乐器，在蒙古语中统称为胡尔。"胡尔"一词最早的蒙古文字记载出现在《蒙古秘史》中，类似于汉语中弓弦乐器的统称——胡琴。胡琴也称为忽雷，最早始于唐代汉文典籍，泛指我国北方少数民族地区或西域的乐器。

潮尔是蒙古族独有的一种马尾弓弦乐器，据说元代时就在北方草原上广为流传，并成为宫廷音乐的主要演奏乐器之一。当时在庆典、婚宴、那达、乌力格尔（说书）、英雄史诗说唱中都有潮尔的伴奏。潮尔多为琴手就地取材、自制自用，故用料和规格尺寸很不一致。它音色浑厚而柔和又略带低沉，形制和形态比马头琴更加古老。蒙古族过着世代逐水草而居的游牧生活。骏马不仅是牧人生活的伴侣，还是交通的工具、战争的轻骑。因此，骏马在蒙古人的心目中是有灵性的朋友，是意志和力量、勇敢和战斗、胜利和荣誉的象征。自远古以来，逐渐形成的各部族、部落的图腾崇拜的物式，如龙、狮、鹿、螭等，在人们的观念中越来越遥远，随之淡漠，所以，牧人也越来越愿意把骏马与潮尔联系在一起。

马头琴因琴杆上端有马头而得名，蒙古语称其为莫林胡尔，历史较短，是潮尔革新的产物。自 20 世纪 50 年代以来，在传统小马头琴的基础上，改革制成中马头琴、大马头琴和低音马头琴等多种乐器。马头琴由共鸣箱、琴头、琴杆、弦轴、琴马、琴弦和琴弓等部分组成，共鸣箱呈正梯形，两弦、琴箱的正背面用牛皮或羊皮等，在音色上仍保持柔和、浑厚、深沉的特色，深受蒙古人民喜爱。

随着潮尔的琴身由剜木为槽、浑然一体逐步向拆卸方便、音箱与琴杆分离组合的转移，潮尔与马头琴的琴首也逐渐统一为马头。

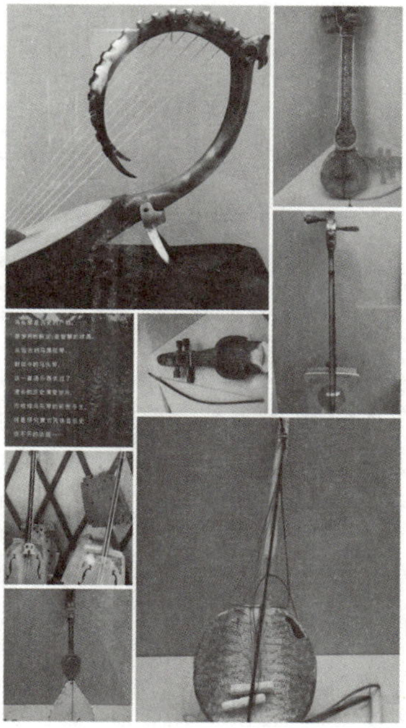

图 2-9　蒙古族弓弦乐器

图 2-10　弹奏弓弦乐器

图 2-11　匠心之作

四、舞蹈中的劳动之美

作为古老的艺术形式之一，舞蹈与人类的生产生活息息相关。自古以来，劳动就是舞蹈所表现的重要主题之一，有人甚至认为舞蹈最初就可能源于人们的生产劳动，人们通过协调、灵活、富有节奏感与表现力的肢体动作来表现劳动的情景和对劳动者的赞美。

案例

《采茶舞曲》

在2016年9月G20杭州峰会期间，我国作为主办国，为世界来宾奉献了一台国际一流的文艺演出——《醉意是杭州》。其中，《采茶舞曲》是灵动梦幻的节目之一。在西湖最美的夜色中，一群姑娘身穿彩衣，腰系绣花围裙，手持茶篮，口唱《十二月采茶歌》，载歌载舞，一路上山坡、走小路，整个采茶舞以跳跃活泼的乐曲和轻盈优美的舞姿展现了风和日丽的茶香与采茶女采茶时的生动情景。

我国是一个多民族国家，许多民族都有表现各自生产生活劳动特点的舞蹈。如汉族的秧歌、推小车，蒙古族的木马舞、筷子舞，赫哲族的捕鱼舞……它们风格各异，千姿百态，但都表现了日常生产生活中劳动的特点。丰富多彩的劳动之舞是对劳动最真诚、最质朴的赞颂。

人类的历史就是劳动的历史，劳动就像时间海洋里的一艘巨轮，虽历尽惊涛骇浪却永远向前。正是劳动承载着这艘巨轮，人类才从荒蛮走向文明，所有的历史古迹、文化艺术都是这艘巨轮沿途激起的朵朵浪花，劳动创造历史与文明，劳动也将成就我们的美好人生。

【思考与讨论】

在阅读以上案例后，请同学们思考并分享所知道的蕴含了劳动之美的绘画、音乐等艺术作品，以及在完成这些作品的过程中那些动人的劳动故事。

知识总结

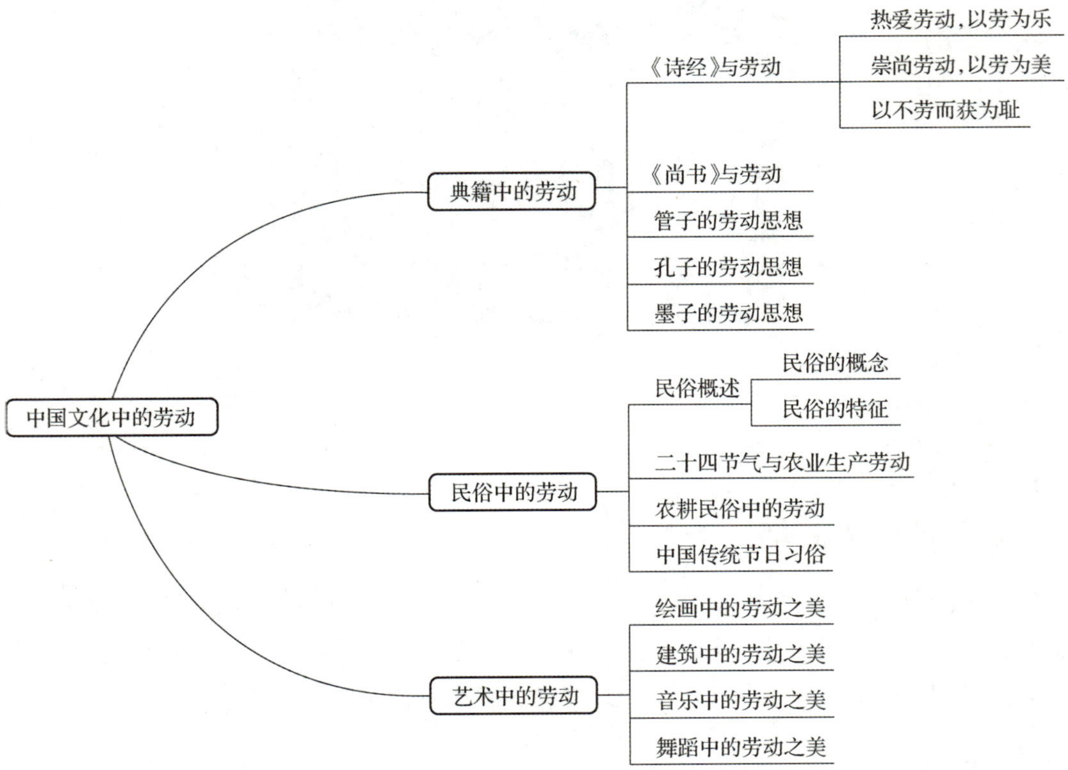

第三章　劳动奉献与志愿服务

任何时候都不要忘记，你生活在人们中间。任何时候都要记住，同你一起劳动的人，他们都有各自的忧虑、牵挂、思想和感受，各自的喜怒哀乐。要学会尊重每一个同你一起生活和劳动的人。

——苏霍姆林斯基，选自《育人三部曲》

一个人的价值，应当看他贡献什么，而不应当看他取得什么。

——爱因斯坦，选自《纪念爱因斯坦译文集》

核心问题

1. 志愿服务精神的内涵和志愿服务的原则是什么？
2. 志愿服务精神的时代特征是什么？
3. 该如何践行志愿服务精神，携手共建美好生活？

导引案例

我愿播撒志愿服务的种子，让更多的人成为志愿者

报道志愿者故事，最终自己成为志愿者；拍摄公益节目，最终自己发起组织公益基金……从观察者到参与者，再到践行者，17 年来，中央广播电视总台央视社会与法频道制片人吴卉累计参加志愿服务超过 1.8 万小时。她制作的全国首档以志愿服务为主题的大型真人秀《社区英雄》感动了亿万观众，有力推动了志愿服务的普及。她说：“我愿播撒志愿服务的种子，让更多的人成为志愿者。”

吴卉最初与志愿者的接触是在 2003 年。那年，她采访共青团中央组织的大学生志愿服务西部计划，接触了很多自愿赴西部偏远艰苦地区从事支教工作的大学生。大学生们热情、善良、奉献的精神风貌让她深受触动。“大家互相都不认识，但是为了一个共同的理想和目标携手同行，这种感觉让我觉得温暖。”吴卉说。

“志愿服务真的不可或缺！”这是吴卉从一场重大变故中得到的体悟。2012 年春节，大年初九，凌晨 4 时，父亲心脏病突发，慌乱的吴卉只能打物业电话求救，小区保安马上来帮忙。尽管最终父亲还是走了，但在人生最无助的时候有人伸出援手，吴卉感恩不已，同时有点儿遗憾，“如果社区里有个随时能为老人提供公益服务的机构就好了”……

“社区是居民的家园，是最能体现爱与温暖的地方。如果做一档以社区公益为主题的

节目，一定可以大大推动全社会对志愿者和志愿服务的了解。”吴卉说，根据多年从事法治报道和社会报道积累的经验，她深深地感到我们这个社会特别需要人与人之间的相互信任、相互关爱。“北大社会学系教授张静说，志愿服务最能体现一个社会的文明程度，她的话坚定了我制作《社区英雄》的决心。”

怎么做才能让节目既好看又凸显志愿精神？

吴卉和同事们决定：把节目设计成挑战与对战模式，每期节目有两名公益项目发起人作为“社区英雄”接受挑战，用7天时间邀请上千名志愿者进行一场盛大的舞蹈，用各具创意的造型表达公益理念，赢得公益金支持。在演播室现场，他们将接受嘉宾提问和评判，由200名青年志愿者投票决定“公益奖励金”的归属。节目中的“公益奖励金”由公益基金会现场发放。

“1 000人同时跳舞，任务艰巨到难以想象。‘社区英雄’要一家一家去敲门，能行吗？我当时心存疑虑。”吴卉说，“但是一想到如果每个人能影响6个人，一共能影响6 000人；这6 000人就更能理解志愿者、理解公益精神，我们的节目就没白做。”

第一期节目，吴卉和同事们要从1 000名候选者中筛选出100名挑战者，节目组再将其分成四五个小组，对100人进行面访，深入交谈，拍摄视频资料，撰写调研报告，研究初选视频，将人数筛选至20人；然后十几个摄制组每组用6个机位跟踪拍摄7天，剪辑15天，至此，外拍过程告一段落；现场录制环节才刚刚开始……

“辛苦是辛苦，但和志愿者们在一起的日子都是甜的。”吴卉说。

8年来，节目共拍摄了90个社区公益项目，制作了16期公益人物纪录片，创作了84场千人舞蹈，联合19家公益基金会，有近12万名社区居民直接参与公益活动。自播出以来，节目观众触及量超过10亿人次，新媒体转载量达到1 300万次以上。

“志愿服务让我找到了人生的价值，我相信自己是在做一件特别有意义的事。退休后，我还要继续做志愿者。”在采访结束时，吴卉对记者说：“当你不知道该做点儿什么的时候，就去做志愿者吧。”

（资料来源：《人民日报》，2020年8月19日，有改动。）

【思考与讨论】

以上案例展现了吴卉从一个志愿服务的旁观者到一个名副其实的志愿服务践行者的过程。请同学们结合案例及自己的实际情况，对以下问题进行思考与讨论。

1. 可以通过什么途径参加志愿服务活动？
2. 参加志愿服务活动需要秉承哪些原则？
3. 你愿意为社会提供志愿服务吗？
4. 你以前参加过什么样的志愿服务活动？
5. 你能提供哪些志愿服务？

作为社会发展模式的重要部分，公益劳动或志愿服务具有不可替代的社会发展功能，志愿精神既与我国传统美德一脉相承，也是社会主义核心价值观的具体表现。大学生积极参与志愿活动，不仅可以体现、体验志愿精神，更能鼓励大学生走出校门，在现实环境中认知社会、认知劳动，培养作为公民的责任感和公益心，树立劳动回报社会的价值观取向。

第一节 志愿服务在中国

联合国前秘书长安南在2001年国际志愿者年启动仪式上的讲话中指出，志愿精神的核心是服务团结的理想和共同使这个世界变得更加美好的信念。

志愿精神是联合国这一精神的最终体现。安南的这句话指出了志愿精神的本质，表达了人们对志愿服务的由衷赞美。

志愿服务在中国兴起后经历了几十年的发展，目前已实现31个省（市、自治区）志愿服务组织区域全覆盖。据《慈善蓝皮书：中国慈善发展报告（2020）》统计，至2020年3月，实名注册志愿者总数达到1.69亿人，志愿团体有116.36万个。

一、志愿服务的兴起

1963年3月5日，《人民日报》和《解放军报》同时发表了毛泽东的“向雷锋同志学习”的题词，随后又发表了刘少奇、周恩来、朱德、陈云、邓小平、董必武等党和国家领导人的题词。党和国家领导人的题词指出了雷锋是我国社会主义建设时期新一代的光辉榜样。学雷锋活动可以说是中华人民共和国初期最具志愿服务色彩的行动，为以后志愿服务事业在中国的发展奠定了良好基础。从发展历程来看，中国特色志愿服务事业和学雷锋活动可谓相伴而行，高度融合，雷锋精神成为中国特色志愿服务的重要标志。

视频
青年志愿者《熊猫侠》行侠仗义走四川

20世纪80年代末90年代初，位于我国改革开放最前沿的广州、深圳等城市为了帮助外来移民尽快实现创业和安居的梦想，借鉴香港、澳门等地从事志愿服务事业的经验，成立了志愿者组织。他们将学到的优点与内地的学雷锋活动相结合，取长补短，开创了我国志愿服务的新局面。

1993年12月7日，共青团十三届二中全会决定实施青年志愿者行动。1993年12月19日，在共青团的号召下，2万余名青年亮出“青年志愿者”旗帜，在京广线高速公路上开展为旅客送温暖志愿者服务，这标志着“中国青年志愿者行动”正式启动，也标志着全国范围内的志愿服务工作拉开了历史的帷幕。1994年2月，团中央向社会公开发布青年志愿者标识，标志着中国青年志愿者伸出友爱之手，以跨世纪的精神风貌面向世界、走向未来。同年12月，中国青年志愿者协会成立并发布了“奉献、友爱、互助、进步”的中国青年志愿者精神。

拓展阅读

中国青年志愿者协会简介

中国青年志愿者协会（Chinese Young Volunteers Association，CYVA）成立于1994年12月5日，是由志愿从事社会公益事业与社会保障事业的各界青年组成的全国性社会团体，是中国共产主义青年团中央指导下的，由依法成立的省、自治区、直辖市青年志愿者组织和全国性的专业行业青年志愿者组织和个人自愿结成的、全国性的非营利性社会组织，是全国青联团体会员、联合国国际志愿服务协调委员会联席会员组织。

该协会通过组织和指导全国青年志愿服务活动努力弘扬奉献、友爱、互助、进步志愿精神，推动社会主义精神文明建设，促进社会主义市场经济体制的建立和完善，提高青年的整体素质，为经济社会的协调发展和全面进步贡献力量，该协会在宪法和法律许可的范围内开展工作。

二、志愿服务的发展

在政府部门的大力推广下，基层群众积极响应志愿服务事业，在全国范围广泛铺开。志愿者这个称呼越来越多地被人接受，志愿者再也不仅仅是一种称呼，而日渐成为公民的一种精神内涵、价值观和生活方式。

2000 年，共青团中央、中国青年志愿者协会联合下发通知，将 3 月 5 日确定为“中国青年志愿者服务日”。

以实施大学生志愿服务西部计划为标志，青年志愿者行动实现了跨越式发展，初步形成政府资助、团组织承办、社会化运作、项目化管理的工作格局和模式。动员青年志愿者积极有序地参与抗击非典、汶川地震抗震救灾志愿服务工作；以组织实施重大项目为契机，加强各级青年志愿者协会建设，形成了涵盖六大领域的服务项目，志愿服务地方立法积极推进，修订并颁布了《中国注册志愿者管理办法》，形成了比较完善的青年志愿服务体系；加大志愿服务理念的传播力度，带动社会各界广泛参与志愿服务。

拓展阅读

中国青年志愿者标志

2020 年 4 月，为了进一步规范“心手标”的使用，共青团中央、中国青年志愿者协会发布《中国青年志愿者标志基本规范》，同时中国青年志愿者协会发布《中国青年志愿者标志(“心手标”)应用场景规范示例 2020 版》，为“心手标”在志愿者服务装备工作站室外展示等主要应用场景的呈现提供便捷使用的规范示例。

图 3-1　中国青年志愿者标志

中国青年志愿者标志通称为“心手标”，其整体构图为心的造型，同时是“青年”英文第 1 个字母 y 图案，中央既是手也是鸽子的造型，寓意青年志愿者向需要帮助的人们奉献一份爱心，伸出友爱之手，立足新时代，展现新作为，弘扬奉献、友爱、互助、进步的志愿精神，以实际行动书写新时代的雷锋故事。

三、志愿服务常态化

联合国志愿组织负责中国项目的官员说:“2008 年是中国志愿服务元年。”官方或学者都将 2008 年作为中国志愿服务史上具有历史意义的一年。四川汶川地震让爱凝聚,也让中国志愿者在瞬间暴发出巨大的能量。北京奥运会因志愿者的微笑让世界和国人难忘。

视频
《志愿者之歌》——献给抗击疫情的志愿者

2008 年,在汶川地震后的紧急救援和灾后重建中,据不完全统计,累计超过 491 万名各地志愿者以各种形式参与其中。中国民众在灾难面前迸发出的巨大力量令世界瞩目。大型赛事服务离不开志愿者,不管是 2008 年北京奥运会志愿者“祥云”的热情、2010 年上海世博会的“小白菜现象”,或者 2010 年广州亚运会志愿者“绿羊羊”,还是 2013 年山东“十艺节”志愿者“蓝精灵”,各种亲切可爱的称谓表达了人们对志愿者的崇敬和喜爱之情。之后,中国出台了多份有关志愿服务的规范性文件,指导全国各地的志愿活动向更加规范化、制度化、多元化的方向蓬勃发展。

自 2010 年以来,全国基层团组织或青年志愿者团队通过摸底的方式与农民工子女较集中的学校和农民工子女结成对子,广泛开展学业辅导、亲情陪伴、感受城市、自护教育、爱心捐助等内容的志愿服务,筹集各类社会资金建设关爱行动活动阵地“七彩小屋”57 万个。

从 2014 年开始,在每年春运期间,团中央连续 4 年会同中央有关部委单位在全国范围内实施中国青年志愿者服务春运“暖冬行动”,牵头开展全国春运志愿服务工作,面向春运旅客的普遍性需求和老幼病残孕等重点旅客群体,重点围绕引导咨询、秩序维护、重点帮扶、便民利民、应急救援等方面开展服务。

截至 2019 年 7 月,民政部统计数据显示,我国注册志愿者超过 1.2 亿人,在民政部门依法登记、名称中含有“志愿”“义工”字样的志愿服务组织已达 1.2 万家,发布志愿服务项目超过 253 万个。截至 2019 年 7 月 28 日,全国志愿服务信息系统汇集的志愿服务时间已经累计超过 14 亿小时。

中国志愿服务的历史虽然没有西方国家久远,但发展速度有后来居上的态势。志愿服务在中国从星星之火发展为燎原之势,体现了中国优秀传统文化中乐善好施的品质,也说明在中国有适合其发展的土壤。

案例

让志愿服务成为生活态度

扫一扫社保卡里的志愿积分,杭州市民张女士在回家途中顺道在市中心的金融便民服务点“丰收驿站”兑换了一袋木耳。在浙江的许多地方,不少商家、机构用这种方式回馈城市乡村中把奉献作为生活习惯的志愿者。

数据显示,截至 2019 年年底,浙江常住人口达 5 800 多万人。截至 2020 年 7 月,浙江登记注册的志愿者超过 1 517.7 万人。在 12 月 5 日国际志愿者日前夕,记者在浙江省多地感受到志愿服务正在成为越来越多参与者的生活态度。

“镜头里出现一束饱满的麦穗,电影片名为《我和我的家乡》……”在电影院观影席的一隅,一个声音悠然传来,见缝插针地描述画面,补充着“旁白”。

她叫周景，是杭州文广集团杭州之声的一名电台主持人，也是一名帮助视障人士观影的志愿者。每每遇到新电影上映，她就会和志愿服务队的朋友们一起合作，帮助视障人士“看见”电影。

“四五年前，我受到同事，也是项目创始人雷鸣的感染加入这项志愿服务。”周景说，别看只是传递声音，这项服务可不简单。

她做过简单统计，要想讲好一部电影，前期得做近 20 000 字的脚本。“此处快速”“建议 230 字每分钟的速度”……记者看到周景的平板电脑上详细标注着讲解中的注意点。

脚本撰稿人唐蓉说，要写好脚本，一部电影至少要看五六遍，有的场景、画面需要反复回看，还要根据剧情、人物对白等掐准时间，提示语速、语调。

从 2010 年起，雷鸣等人开始为视障人士观影做志愿服务，如今他们的队伍已经壮大到了 20 多人。虽然每天都要等到女儿入睡才开始加班写脚本、一场电影讲解下来常常口干舌燥，但想到付出的背后是杭州 3 万多名视障人士对电影艺术的渴望，周景说，他们就充满动力。“志愿服务让我们感受到自己被需要，我们在帮助他人的过程中也愉悦了自己。”

志愿讲解员们的努力得到了视障朋友们的认可。朱俐萍在 2015 年“看”了第一场电影后爱上了这一活动，她说：“现在每场电影放映我都会争取参加，通过志愿者的亲切讲述，我能更好地感知电影的画面和情节，这个活动为我们视障人群的生活带来了乐趣，我们的生活因此更加丰富多彩。”

经过 10 年的发展，这一项目已经成为浙江全省的专项行动，目前浙江计划通过 2 年时间培育 100 支无障碍观影讲解志愿服务队伍，组织无障碍观影不少于 1 000 场次。

充满青春朝气的“小青荷”、穿梭街头巷尾的“武林大妈”、利用退休时光发挥余热的“银发联盟”、疫情期间在温州和义乌防控一线的国际面孔……不同年龄、不同肤色，志愿者是他们共同的名字。

志愿服务在浙江全省范围内普及，成为一支参与社会治理的重要民间力量，也得到了社会各界的广泛支持。

（资料来源：新华社，2020 年 12 月 4 日，有改动。）

【思考与讨论】

1. 请结合以上案例思考，人的真正价值是什么？什么才是幸福的源泉？
2. 结合以上案例及当前社会发展形势思考，未来中国志愿服务的趋势会是怎样的。

第二节 志愿服务精神

志愿者通过参与志愿服务，使自身能力得到提高，同时促进了社会进步。经过多年实践经验的积累，中国志愿服务的内涵和原则较为明确，为志愿服务组织开展志愿活动、个人积极参加志愿活动、受助者接受志愿服务等方面提供了指导。

视频
华雨辰——全能志愿者

一、志愿服务的内涵

志愿服务精神概括起来为奉献、友爱、互助、进步。奉献、友爱、互助、进步的志愿精神与中国传统文化一脉相承，与社会主义核心价值观相契合。

拓展阅读

国际志愿者日

1970 年，联合国成立志愿人员组织并得到各国政府的支持。为了督促各国政府通过各种活动唤起更多的人以志愿者的身份参加各行各业的服务性工作，宣传在社会服务中的献身精神，促进社会经济发展和国际交流，1985 年，联合国大会通过决议，确定从 1986 年起，每年的 12 月 5 日为国际志愿者日。

1. 奉献

奉献是志愿者以无偿奉献的独特方式推动人类文明的发展。奉献精神是高尚的，是志愿服务精神的精髓。志愿者在不计报酬、不求名利、不要特权的情况下参与推动人类、社会发展的活动，体现了高尚的奉献精神。

视频
志愿者

案例

与时代同行 诠释“雷锋精神”

鞍钢集团矿业公司齐大山铁矿生产技术室采场公路管理业务主管郭明义，把雷锋作为人生的榜样，将走雷锋路作为人生选择，甘当路石，默默奉献，时时处处发挥共产党员的先锋模范作用，矢志不渝地传承雷锋精神，被党中央、国务院授予“改革先锋”称号，被中央文明委授予“当代雷锋”称号。

在举行的庆祝改革开放 40 周年大会上，镜头记录的一个细节温暖人心，“当代雷锋”郭明义全程搀扶着 88 岁的屠呦呦同台接受表彰，在现场又当了一次“雷锋”。这就是郭明义的真性情，无论在什么场合和状态，都自然而然地流露出对身边人的关爱。不论时空如何变换，他始终把助人为乐、奉献社会当作使命、习惯和生活方式，向人们传递着“雷锋精神”的不朽魅力。

郭明义与雷锋颇有几分相似的经历：当过兵、进过工厂，甚至连介绍他们入伍的都是同一个老政委。同为汽车兵，郭明义一边勤学苦练，一边攒下津贴为灾区捐款，在改革开放初期就被评为“全师学雷锋标兵”。

1982 年，郭明义从部队复员来到鞍钢集团矿业公司齐大山铁矿工作。自工作以来，他干一行爱一行，钻一行精一行。作为鞍钢矿山的大型卡车司机，他在工作的第二年就创造了单车产量的最高纪录；接到安装进口电动轮的重点工程任务，他苦学英语，一年就成为外方专家的合格翻译；担任露天矿采场公路管理员，他只要没有出差任务，都会风雨无阻每天提前 2 小时上班，步行距离超过 5 次长征路。他谢绝矿里配的道路巡检车，坚持徒步巡检道路，无论漫天飞雪还是大雨滂沱，每天都步行 10 千米以上。

郭明义学习雷锋，热心公益，把参加公益活动作为学雷锋的平台。2009 年，他在鞍钢发起成立郭明义爱心团队，全国掀起了“跟着郭明义学雷锋”的热潮。郭明义常说：“帮助别人，快乐自己；有一分热，发一分光。”他已累计义务献工 21 000 多小时，相当于多干了 7 年的工作量。他让群众看到了雷锋精神强大的生命力，成为新时代的“活雷锋”。

20 世纪八九十年代，商品繁荣和市场经济带来人们原有价值观松动，郭明义一度被身边人视作“异类”和“傻子”。但他仍不放弃，投身于希望工程，每月捐出工资收入的一半，累计资助超过 300 名贫困学生；参与关爱生命活动，他累计无偿献血、捐献血小板折合总量超过 6 万毫升，并签字献出身后的眼角膜、遗体……

“德不孤，必有邻”，这样的纯粹和坚守让很多讥笑者不得不重新思考人生的价值和意义，进而如同涟漪般地带起追随效应。如今，以“跟着郭明义学雷锋”为主题，郭明义爱心团队已经遍布祖国的大江南北，累计达到 1 000 多支，拥有志愿者超过 180 万人，学习雷锋的动人故事每天都在发生。

拥有许多光环的郭明义仍然扎根基层。参加完庆祝改革开放 40 周年大会，他连夜乘坐火车返回公司，第二天一早就出现在矿山采场组织修路。

“不信春风唤不回”，郭明义以亲身实践证明在改革开放和市场经济条件下，“雷锋精神”依然具有强大的生命力、示范力和感召力。正如他常说的，心怀善念相互搀扶、相互激励，人人都可以做雷锋！

“劳动是一切幸福的源泉。”习近平总书记在全国劳动模范和先进工作者表彰大会上指出，在长期实践中，我们培育形成了崇尚劳动、热爱劳动、辛勤劳动、诚实劳动的劳动精神。人间万事出艰辛。人世间的美好梦想，只有通过诚实劳动才能实现；发展中的各种难题，只有通过诚实劳动才能破解；生命里的一切辉煌，只有通过诚实劳动才能铸就。崇尚劳动、热爱劳动、辛勤劳动、诚实劳动是人生出彩的金钥匙，也是创造美好生活的必经之路。奋斗“十四五”、奋进新征程，我们必须大力弘扬劳动精神。不可否认，随着经济社会的发展，劳动的方式在发生变化，但“功崇惟志，业广惟勤”始终是不变的人生哲理。个人向上，国家向前，他们在劳动中收获了个人成长，也为国家发展做出了贡献。

（资料来源：新华社，2019 年 1 月 7 日，有改动。）

2. 友爱

友爱是志愿者跨越人类的一切障碍与差异传递关爱，使社会充满温暖。志愿服务精神提倡志愿者欣赏他人、与人为善、有爱无碍和平等尊重，这便是友爱精神。志愿者之爱跨越了国界、职业和贫富差距，没有文化差异，没有种族之分，没有收入高低，是一种平等的爱。它让社会充满了阳光般的温暖，如无国界医生，他们不分种族、信仰，为受天灾人祸及战争影响的受害者提供人道援助。

3. 互助

互助是志愿者以爱心、所长助人自助，促进社会和谐。志愿服务包括深刻的互助精神，提倡

"互相帮助，助人自助"。志愿者凭借自己的双手、知识、爱心开展各种志愿服务活动，帮助那些处于困难和危机中的人。志愿者以互助精神唤醒了许多人内心的仁爱和慈善，使他们付出所余，持之以恒地真心奉献助人。助人自助，帮助人们走出困境，自强自立，重返生活的舞台，受助者在获得生活的能力后也会关心他人、帮助他人，为社会做贡献。这些志愿活动都涵盖着深刻的互助精神。

视频

志愿者用人工智能发现抑郁患者 减少轻生发生率

4. 进步

进步精神是志愿服务精神的重要组成部分。志愿者通过参与志愿服务使自己的能力得到提高，同时促进了社会进步，在志愿活动中处处体现着进步精神。这一精神使人们甘心付出，追求社会和谐的实现。

拓展阅读

有一分热发一分光 习近平用这些话鼓舞广大志愿者

2020年6月8日，习近平总书记赴宁夏考察调研。当天下午，习近平来到宁夏吴忠市利通区金花园社区。志愿者代表、70岁的回族老党员王兰花告诉总书记，他们于2005年成立志愿者服务队，从最初的7名成员发展到现在的6万多名，越来越多的人参与志愿服务。

习近平为社区志愿者点赞。他说，你们的经验很好，真正体现了行胜于言。社会主义是干出来的，各族群众要一起努力，志愿者要充分发挥作用，谢谢你们的努力和贡献。

志愿服务是社会文明进步的重要标志，是广大志愿者奉献爱心的重要渠道。习近平总书记历来重视志愿者服务工作，曾在多个场合的讲话中对志愿者及相关工作表达关切之情。

（资料来源：人民网，2020年6月10日，有改动。）

二、志愿服务的原则

开展志愿服务应当遵循"自愿、无偿、平等、诚实、合法"的原则，不得违背社会公德，损害社会公共利益和他人的合法权益，不得危害国家安全。

1. 自愿原则

自愿原则体现了两个方面的含义：一是任何组织和个人不得胁迫他人从事志愿服务，二是志愿者参加志愿活动具有自觉性、主动性而不是被动的。只有自愿才能成为志愿者，只有自愿才能发自内心地积极参与志愿活动，只有自愿才能调动志愿者的积极性和主动性，因此，自愿是开展志愿服务活动的前提。

2. 无偿原则

无偿原则是指一切志愿活动都不得收取任何费用，志愿服务不应该被当成达到其他目的的手段，志愿者在提供志愿服务时应该坚持利他和公益的基本出发点。志愿服务可以获得回报，但是不应该以获得回报为基本目的，即使完全没有回报也应该坚持志愿服务。

无偿是从志愿服务的动机而确定的志愿服务的基本原则之一。

3. 平等原则

在公益活动中，志愿者对救助对象应当一视同仁，同时志愿者和受助者之间也是互相帮助的平等关系，志愿者不应有施予和赠予的道德优越感。志愿者在活动中不能高高在上，要尊重和爱护受助者，保护他们的隐私，尊重他们的人格，保障他们的权益不受侵犯。

4. 诚实原则

志愿者行动的出发点和立足点就是为政府分忧，为群众解难，这要求志愿者做到诚实。志愿者要做到诚实，便要在志愿服务中狠抓落实，示范性的活动要搞，但工作重点是在基层深入落实志愿服务活动的精神和内容。志愿服务只有落实到具体人、具体事，持续、广泛地传播志愿服务精神和行动，让志愿服务成为一种社会风尚、社会文化，创造社会价值，才有持久的生命力。

5. 合法原则

志愿服务要遵守我国的一切法律法规，如《宪法》《民法》《刑法》《民事诉讼法》《志愿服务条例》《中国注册志愿者管理办法》。近年来，志愿服务越来越规范化和制度化，青年学生在志愿服务的过程中要严格按照流程操作，听从组织安排，切不可单独行动。

对青年学生来说，进行志愿服务活动要注意量力而行，要在公益组织自身的人力、物力和财力允许的条件下开展工作。志愿服务要从自身的实际出发，从社会需求的实际出发，把主观愿望和客观实际结合起来，把社会需求和服务能力结合起来，实事求是。对于因自己能力有限、无法承担的工作，志愿者可以婉拒，不宜强行接受。

社会上需要关注、帮扶的人很多，需要努力的方面也很多，但是大学生力量有限、能力有限，不可能满足所有的社会需求。大学生要做的便是知道自己能做什么，既不能无所作为，也不能大包大揽。

案例

志愿乡村

——家门口的脱贫指路人

“求职不必去远方，就业脱贫留家乡”“带好娃、管好田，一天能挣百十元”“就业一人、脱贫一家”……走进大庄镇东风村玩具厂，随处可见这些鼓励贫困群众的就业脱贫标语，看似简短实则充满力量的标语凝聚了工厂创始人许先峰的多年付出。

出生于安徽省宿州市泗县大庄镇东风村的许先峰，于1997年从宿州教育学院毕业后一直在外务工。在此期间，他了解到政府积极引导广大农民工返乡创业就业，并提供创业致富精准服务，这些政策优势使他萌发了回乡办厂的想法。说干就干，2008年，许先峰回家乡创建了泗县东峰工艺有限公司，主要生产塑料充气玩具。在创业初期，许先峰也遇到了土地租用、资金周转等一系列问题，但都在镇、村两级干部的帮助下一一解决。经过多年努力，许先峰最终实现了腰包鼓起来、日子逐渐富裕起来的发展目标。他怀着对政府的感激努力回报家乡，一直秉承自己富裕起来也要带动一批人富裕起来的原则，不忘镇政府和父老乡亲，尽力发挥自己所长带领大家一起脱贫致富。

东风村是贫困村，贫困人口较多，许先峰观察发现村内留守妇女三五成群要么闲聊，要么打牌，如果她们能够就业，不就增收脱贫了吗？

于是,他决定工厂首先招工录用贫困家庭的妇女,注重技术培训,为实现长期稳定脱贫目标打牢基础。他还为有意愿的就业贫困户进行培训,力争培训一人就业一人,确保贫困家庭劳动力在接受技能培训后学会针线、缝纫等实用技能。

通过不断动员与宣传,他先后带动 26 名贫困户实现长期就业,人均月工资达 2 200 元,为家庭增加固定收入,实现了稳定脱贫。"在这儿干活学到了不少技术,还不耽误接送孩子上学,可好了。"贫困户陶佃玲简短的话语中透露着感激之情。

在带领大家脱贫致富的同时,许先峰积极发挥党员的带头作用,要求公司党员以身作则,当好脱贫攻坚"领航员",坚持每个党员联系一名贫困户员工,长期为贫困户员工提供生活帮助,解决实际困难,最终实现脱贫致富。

许先峰还以每月党员活动日为载体,长期开展党员志愿者服务活动,经常为东风村惠民院送去米、面、油,为贫困老人打扫卫生,使群众的满意度、认同感不断增强,为企业发展带来巨大活力。

许先锋 2009 年被评为"全市农民工返乡创业先进个人",2011 年被授予"2010 年度全市农村青年创业致富带头人"荣誉称号,2011 年获得"青年创业致富带头人"称号……面对接踵而来的荣誉,许先峰自豪地说:"能带动贫困户自主就业,尽早脱贫致富,是我对家乡、对政府的回报,我相信在大家的共同努力下,一定会脱贫致富奔小康。"

(资料来源:《中华志愿者》,2021 年 1 月 14 日,有改动。)

【思考与讨论】

请同学们结合以上案例,思考并讨论以下问题。

1. 在脱贫攻坚中,志愿精神具有怎样的意义?
2. 对于脱贫攻坚,你有什么建设性意见?
3. 毕业后的你是否愿意返回家乡、建设家乡,或者是否有其他支援贫困地区建设的想法?

三、志愿服务的时代特征

在不同的年代、不同的社会环境下,志愿服务有着不同的时代特征。这些时代特征受当时的社会背景、国家经济发展水平、人民受教育程度、文化建设发展层次等因素的影响。可以说,在不同的时代,志愿服务有不同的特色。当今所处的时代是经济大发展、文化大繁荣的时代,中国特色社会主义进入新时代,我国社会的主要矛盾已经转化为人民群众日益增长的美好生活需要和不平衡不充分的发展之间的矛盾。在这样的时代背景下,志愿服务也呈现出新的时代特色。

1. 志愿服务制度化和规范化

志愿服务在我国从无到有,虽然时间短暂,但发展迅速。在志愿服务的发展过程中,相关部门制定了一系列法律法规,为我国志愿活动走向制度化、规范化提供了保障。2016 年 7 月 11 日,中共中央宣传部、中央文明办、民政部、教育部、财政部、全国总工会、共青团中央、全国妇联印发了《关于支持和发展志愿服务组织的意见》(以下简称《意见》),指出要把支持和发展志愿服务组织纳入全面建成小康社会、全面深化改革、全面推进依法治国、全面从严治党大局，正确处理志愿服务组织与其他社会服务提供主体之间的关系，统筹不同区域、不同领域、不同类型的志愿服务组织发展。《意见》提出，志愿服务组织发展环境得到优化，初步形成登记管理、资金支持、人才培育等配套政策。志愿服务组织服务范围不断扩大，基本覆盖社会治理各领域、群众生活的各方面，涌现出一批公信度高、带动力强的志愿服务组织。志愿服务组织功能有效发挥，成为推进人们相互关爱、传递文明的重要渠道，成为提升社会服务水平、改善民生福祉的有力助手，成为增进社会信任、维护社会稳定、促进社会和谐的有生力量。

2017 年 12 月 1 日，为了贯彻落实党的十八大和十八届三中全会精神，引导广大青年和社会公众广泛参与志愿服务，根据团十七大及《中国青年志愿者行动发展规划(2014—2018)》要求，共青团中央修订了 2006 年颁行的《中国注册志愿者管理办法》。新修订的《中国注册志愿者管理办法》对于进一步规范注册志愿者管理工作，大力弘扬奉献、友爱、互助、进步的志愿服务精神，推动志愿服务项目化运作、社会化动员、制度化发展，深化青年志愿者行动具有重要意义。

2017 年 12 月，为了保障志愿者、志愿服务组织、志愿服务对象的合法权益，鼓励和规范志愿服务，发展志愿服务事业，培育和践行社会主义核心价值观，促进社会文明进步，《志愿服务条例》正式施行，这是志愿服务工作的最高准则和制度依据。《志愿服务条例》明确了什么是志愿服务、什么人可以做志愿服务，志愿服务的原则是什么，志愿组织的操作规范是什么，国家对志愿活动的促进措施有哪些，等等。

2. 志愿服务群众化和广泛化

志愿服务符合志愿者愿望和社会需求，具有强烈的社会感召力和广泛的群众基础，是一项以青年为主体、全社会广泛参与、充满生机与活力的群众性活动。它超越了时间、职业等方面的局限，遍及、深入社会生活的各个方面、各个层面，在全社会形成了强烈的辐射效应。各地各条战线、各个行业的志愿服务组织结合自己的实际开展，使志愿服务从内容到形式都呈现出多样性。

3. 志愿服务主题时代化和主题化

在中国，志愿服务的主题和范围的不断变化也具有鲜明的时代特征。比如，我国的志愿服务更突出地体现在一些大规模的社会活动方面，包括扶贫济困、应急救援、大型赛事和环境保护等，如 2008 年北京奥运会、2008 年汶川地震救援、2010 年上海世博会、2019 年世界军人运动会等志愿服务。从志愿服务关注的人群方面来看，近年来除了传统意义上的关心贫困人口、困难职工和残疾人以外，空巢老人、留守妇女儿童两类人群成为志愿服务重点关注的对象。

从以上变化可以看出，我国志愿服务活动的主题和范围体现了改革开放以来中国社会的历史变迁。由于时代变化，志愿服务的主题和范围就要发生相应的变化。这说明志愿服务是植根中国土壤、为中国的实际需要服务的进步活动。

4. 志愿服务专业化和多样化

随着经济水平的提高、人民物质生活的丰富、文化生活的繁荣，城乡群众对志愿服务的需求不断丰富，这促使志愿服务组织类型不断丰富，志愿服务不断走向专业化和多样化。中国志愿服务的项目分化出智慧服务、技术服务、行为服务、信息服务、资源服务等多样化、灵活性的类型。智慧服务就是发挥高端志愿者的思想创新、思维创新和科技创新的优势，为社区、农村志愿服务组织提供扩大视野、活跃思想、策划项目、提升服务等支持。技术服务就是文艺人才、专业人员、技术人员、科技人员等为城乡志愿服务组织提供专业技术的帮助。行为服务就是志愿者发挥爱心奉献精神，具体帮助有需要的群众，特别是提供帮贫济困服务，帮助他们解决生活问题。信息服务就是志愿者收集和整理城乡群众生活需要的各类信息，义务提供给群众，供其了解和参考。资源服务就是志愿者将拥有的生活与发展资源提供、输送给有需求的群体，给予资源方面的帮助和支持。

5. 志愿者工作全球化和国际化

当前中国正在日益走向国际舞台的中央，在推动构建人类命运共同体的前进道路上，我国广大的社会志愿服务组织也应当大有作为，担当大国责任形象。

目前，在国际赛事、国际会议的组织过程中，中国大学生志愿者成了一道亮丽的风景线。志愿者的服务应彰显世界情怀，这也是当代中国大学生志愿精神的应有之义。新时代大学生志愿者应坚持站在人类命运共同体的历史高度，用更加宏伟的视野和格局审视志愿精神的内涵，通过这个阵地，通过自身的行动，展现中国人民为世界担责的博大胸襟，让世界人民更深刻、更真诚、更广泛地认同和接纳中国，并与中国一起致力于构建人类命运共同体的宏伟大业，共同铸就全世界的美好未来。

第三节 践行志愿服务精神

大学生是践行新时代志愿精神的主力军，当代中国的发展对大学生志愿服务工作有新的需求，同时对新时代志愿服务工作提出了新期望和新要求。应加强志愿服务管理的制度化、规范化和专业化，丰富大学生志愿精神培育模式，将精神培育与国家发展和社会时事紧密联系起来，创新志愿活动形式，探索志愿服务领域的多样化和服务活动的品牌化，推进志愿服务保障的体系化和激励机制的长效化。

一、志愿者注册

志愿者可以将其身份信息、服务技能、服务时间、联系方式等个人基本信息，通过国务院民政部门指定的志愿服务信息系统自行注册，也可以通过志愿服务组织进行注册。

1. 志愿者的注册条件

(1) 年满 18 周岁或 16～18 周岁以自己劳动收入为主要生活来源者；14～18 周岁者，须经其法定代理人同意；未满 18 周岁的在校学生申请注册的，按所在学校有关规定办理。

(2) 具备参加志愿服务相应的基本能力和身体素质。

(3) 遵守国家法律法规和注册机构的相关规定。

2. 志愿者注册机构

市(地、州、盟)、县(市、区、旗)、乡(镇、街道)及大中专院校团组织及其授权的志愿者组织为志愿者注册机构。

3. 注册志愿者的义务

(1) 遵守国家法律法规及团组织、志愿者组织的相关规定。

(2) 每名注册志愿者根据个人意愿至少选择参加一个志愿服务项目或活动，每年参加志愿服务时间累计不少于20小时。

(3) 履行志愿服务承诺，完成志愿服务任务，传播志愿服务理念。

(4) 自觉维护团组织、志愿者组织和志愿者的形象。

(5) 在志愿者的职责范围内自觉维护服务对象的合法权益。

(6) 自觉抵制任何以志愿者身份从事的营利活动或其他违背社会公德的活动(行为)。

(7) 依法应当承担的其他义务。

二、志愿服务组织规范

2017年12月1日起施行的《志愿服务条例》，对志愿服务组织和志愿者活动规范进行了详细的规定。其中，对志愿服务组织活动的规范主要有以下几项。

(1) 志愿服务组织可以招募志愿者开展志愿服务活动；招募时，应当说明与志愿服务有关的真实、准确、完整的信息，以及在志愿服务过程中可能发生的风险。

(2) 需要志愿服务的组织或者个人可以向志愿服务组织提出申请，并提供与志愿服务有关的真实、准确、完整的信息，说明在志愿服务过程中可能发生的风险。志愿服务组织应当对有关信息进行核实，并及时予以答复。

(3) 志愿者、志愿服务组织、志愿服务对象可以根据需要签订协议，明确当事人的权利和义务，约定志愿服务的内容、方式、时间、地点、工作条件和安全保障措施等。

(4) 志愿服务组织安排志愿者参与志愿服务活动，应当与志愿者的年龄、知识、技能和身体状况相适应，不得要求志愿者提供超出其能力的志愿服务。志愿服务组织安排志愿者参与的志愿服务活动需要专门知识、技能的，应当对志愿者开展相关培训。开展专业志愿服务活动，应当执行国家或者行业组织制定的标准和规程。法律、行政法规对开展志愿服务活动有职业资格要求的，志愿者应当依法取得相应的资格。

(5) 志愿服务组织应当为志愿者参与志愿服务活动提供必要条件，解决志愿者在志愿服务过程中遇到的困难，维护志愿者的合法权益。志愿服务组织在安排志愿者参与可能发生人身危险的志愿服务活动前，应当为志愿者购买相应的人身意外伤害保险。志愿服务组织、志愿者应当尊重志愿服务对象的人格尊严，不得侵害志愿服务对象的个人隐私，不得向志愿服务对象收取或者变相收取报酬。

(6) 任何组织和个人不得强行指派志愿者、志愿服务组织提供服务，不得以志愿服务名义进行营利性活动。任何组织和个人发现志愿服务组织有违法行为，可以向民政部门、其他有关部门或者志愿服务行业组织投诉、举报。民政部门、其他有关部门或者志愿服务组织接到投诉、举报，应当及时调查处理；对无权处理的，应当告知投诉人、举报人向有权处理的部门或者行业组织投诉、举报。

三、志愿者志愿活动规范

《志愿服务条例》对志愿者的活动也进行了详细的规定。

（1）志愿者可以参与志愿服务组织开展的志愿服务活动，也可以自行依法开展志愿服务活动。

（2）志愿者接受志愿服务组织安排参与志愿服务活动的，应当服从管理，接受必要的培训。

（3）志愿者应当按照约定提供志愿服务。志愿者因故不能按照约定提供志愿服务的，应当及时告知志愿服务组织或者志愿服务对象。

（4）志愿者开展应对突发事件的志愿服务活动，应当接受有关人民政府设立的应急指挥机构的统一指挥、协调。

四、志愿服务的领域

志愿服务在我国经过几十年的发展，目前志愿服务的主要领域包括扶贫济困、助学支教、助老助残、社区服务、生态建设、大型活动、抢险救灾、社会管理、文化建设、公益宣传、西部开发、海外服务等。助学类志愿服务的一般工作主要为参与收集调查贫困学生资料、整理贫困学生资料、宣传助学活动、募集助学款、助学后续工作跟进等；助残类住院服务主要包括宣传全社会公众平等对待残疾人，协助残疾人学习基本生活技能，促进减少社会公众与残疾人的交流障碍等；环保类志愿服务包括环境保护宣传工作及一些身体力行的环境保护活动开展等；社会公益类志愿服务一般包括血液遗体捐赠、戒毒等宣传。随着志愿队伍的壮大、志愿服务组织的增多和志愿制度的规范，志愿活动的范围逐步拓宽。在未来，志愿服务将更加深入地涉及百姓生活的方方面面，成为社会运行不可或缺的因素。

视频
83岁的文化志愿者致力传承民俗文化

案例

让志愿精神在战疫中闪耀光芒

“又是一年草长莺飞，又是五四青年节，祝青年们节日快乐！如初春，如朝日，如百卉之萌动……”

“他们朝气蓬勃、好学上进、视野宽广、开放自信，是可爱、可信、可为的一代。将世间一切美好的词汇用来定义青春、青年都不为过。青春象征着希望，又意味着责任、使命和担当。在新冠肺炎疫情防控斗争中，你们青年人同在一线英勇奋战的广大疫情防控人员一道，不畏艰险、冲锋在前、舍生忘死，彰显了青春的蓬勃力量，交出了合格答卷。”

3月15日，习近平总书记给北京大学援鄂医疗队全体“90后”党员回信，向他们和奋斗在疫情防控各条战线上的广大青年致以诚挚的问候。在这次抗击新冠肺炎疫情的斗争中，以“90后”为代表的青年一代挺身而出、担当奉献，用志愿服务点亮了青春梦想。

从梁启超落笔写下《少年中国说》，将改造“老大帝国”的希望寄托于“中国少年”，青年命运与国家命运的关系就被重新鲜明定义。

“同学们！同学们！快拿出力量，担负起天下的兴亡！”在《毕业歌》创作的那个年代，偌大的国土放不下一张安静的书桌。如今，风云激荡的时代早已过去，“90后”“00后”一代从出生就享受改革开放带来的社会发展成果，拥有物质上的富足。站在“两个一百年”的历史交汇期，他们以什么来证明对五四精神的血脉传承，又用什么来回应历史和未来对青年一代的期望？

一代青年有一代青年的使命，一代人有一代人的担当。“奉献、友爱、互助、进步”的志愿者服务精神既是对团结友爱、助人为乐、见义勇为等传统美德的继承和发扬，也是爱国、担当、奋斗、拼搏的时代精神的体现，而参与志愿活动无疑是青年承载历史期望的重要方式。

承平时刻，他们在支农、支教、支医、扶贫等志愿服务中默默耕耘；疫情突然暴发，青年群体褪去青涩，戴上口罩、穿上防护服，从父母眼中的乖孩子化身为守护人民生命健康、阻击疫情的“超级战士”、共和国的脊梁。据统计，在4.2万多名驰援湖北抗击新冠肺炎疫情的医护人员中，有1.2万多名是“90后”，其中相当一部分人是“95后”甚至“00后”。更多的青年志愿者奔走忙碌在全国各地联防联控战场。他们用果敢、专业的行动留下了奋斗和拼搏的印记，证明了自己的五四血脉，证明了广大青年“是好样的，是堪当大任的”。在他们稚嫩的脸庞背后是坚毅卓绝的品格，“小确幸”背后连着深厚的家国情怀。

青春与志愿精神相激荡，深藏背后的是炽烈的家国情怀。不管是白衣执甲奔赴抗疫一线的救援医疗队员，还是在雪域高原用自己所学服务藏区同胞的医学生，不管是到口罩厂帮工只为多生产一个口罩多一分守护的“音乐女孩”，还是重新拿起ICU护士证主动请战湖北的高校教师，行动的背后都是对国家、对人民深深的爱与责任。

志愿精神充分展现了青年群体尽己所能、奉献社会、服务人民的热血和担当。他们中有的还是学生，有的刚走出校门，既没有三头六臂，也没有十项全能，在凶险的病毒面前义无反顾，没有丝毫退却，面对没有抢救回来的生命，他们也有悲痛、挫败和无力、不甘。他们不过是把生而为人无法避免的恐惧与胆怯变成了救死扶伤的本能与直觉。

正是这种艰辛与磨砺催化青年的成长。在尽己所能的无私奉献中，青春闪烁着耀人的光彩。青年们在奉献中成长，也在奉献中收获快乐和感动，他们在逆行与坚守中更清晰地找准了人生的价值坐标，鲜明而深刻地理解了自己身上的责任和使命，更深切地感受到自己和国家与这片土地上人民的血肉相连。

101年前，参与五四运动的那一代青年，后来很多人成长为各界的领军人物，从文学、教育到经济、政治，更多的人受到五四精神的洗礼，爱国心被启迪，他们一生的事业都围绕着爱国、担当，在追求民族独立、人民解放、国家建设和改革发展中始终与国家命运同频共振。

习近平总书记在寄语新时代青年时强调：“青春由磨砺而出彩，人生因奋斗而升华。”在抗疫一线尽己所能、无私奉献的青年们还将在决胜全面小康、决战脱贫攻坚、建设社会主义现代化国家，在实现民族伟大复兴的征程中扮演主力军角色。世界在变、时代在变，中国青年骨子里的坚强和韧性没有变，也不会变。历史和现实已经证明中国青年是好样的，是堪当大任的，未来他们将更有底气、更加从容、更显自信，去迎接复兴路上的风雨雷电。

（资料来源：《中国教育报》，2020年5月4日，有改动。）

【思考与讨论】

请同学们结合以上案例及自身生活环境的实际情况思考：你们可以开展哪些志愿服务活动？初步计划是什么？

知识总结

- 劳动奉献与志愿服务
  - 志愿服务在中国
    - 志愿服务的兴起
    - 志愿服务的发展
    - 志愿服务常态化
  - 志愿服务精神
    - 志愿服务的内涵
      - 奉献
      - 友爱
      - 互助
      - 进步
    - 志愿服务的原则
      - 自愿原则
      - 无偿原则
      - 平等原则
      - 诚实原则
      - 合法原则
    - 志愿服务的时代特征
      - 志愿服务制度化和规范化
      - 志愿服务群众化和广泛化
      - 志愿服务主题时代化和主题化
      - 志愿服务专业化和多样化
      - 志愿者工作全球化和国际化
  - 践行志愿服务精神
    - 志愿者注册
      - 志愿者的注册条件
      - 志愿者注册机构
      - 注册志愿者的义务
    - 志愿服务组织规范
    - 志愿者志愿活动规范
    - 志愿服务的领域

第四章　劳动与职业

一个人有技术，自己有前途！一群人有技术，企业有前途！一代人有技术，国家有前途！

——郑贵有①

核心问题

1. 什么是职业？
2. 劳动与职业有什么关系？
3. 劳动精神、劳模精神和工匠精神是什么？三者的关系是什么？
4. 你了解生产安全与劳动保护吗？

导引案例

故宫画医

秋晨微凉，早上不到7时，单嘉玖挎着包走出旧鼓楼大街小石桥胡同的家，步行去故宫上班。她不疾不徐，不做任何停留，用50分钟走完这段路。

从1978年到2016年，单嘉玖在这条路上走了13 000多个日子，从初入故宫的20岁出头走到了即将退休的年龄。

跨过神武门，晨曦中的故宫静谧安然。穿过几重宫墙，单嘉玖走进了科技部的院子。这里与开放区接踵而至、喧嚣不停的游客隔绝开来，静止的文物沉淀着故宫博物院百年来的静寂。

推开书画修复工作室的门，四张红色的长方形大案依次排开，修复中的书画摊在案心。墙上挂着大大小小的排笔、毛刷，对着长案的白墙已经泛黄，白墙上面贴满了修复留下来的纸边，已有三四十层厚了。

作为我国顶级的书画修复师，单嘉玖在这里年复一年地修复我国的珍贵文物。

书画保存时间久了，难免出现断裂、破碎、糟朽、霉烂、沾损、残失等。故宫古书画修复对象为两大类：一类是以传世文物为主的宫廷收藏，如《伯远帖》《五牛图》《清明上河图》等；另一类是宫廷史迹，包括宫殿中的匾额，帝王臣工的书法、绘画。这些古物如果没有修复技术的保护，不可能流传到今天。

---

① 郑贵有，内蒙古北方重工业集团有限公司液压机械工人、兵器首席技师，2015年获得“全国劳动模范”荣誉称号。

1954 年，来自全国各地的著名书画装裱大师组建了故宫的第一套书画修复班底。单嘉玖的师傅、曾成功修复《五牛图》的孙承枝便是其中的一员。

1978 年，单嘉玖结束插队，回到北京，正逢故宫招收文物修复人员，她就这样成了新一代的故宫人，做了孙承枝的徒弟。

古人把书画修复形容为“病笃延医”，所谓“医善，则随手而起；医不善，则随剂而毙”，甚至提出“不遇良工，宁存故物”的主张。一幅古代字画的修复过程非常复杂，从清洗去污、揭背补缀、全色接笔，到最后的“上墙”、重新装裱成品等，步步都是学问，一招一式都要看功力。第一天上班，孙承枝就把一沓纸往桌上一搁，上面放把马蹄刀，让单嘉玖把纸上的草棍、煤渣刮掉，还得保持纸张的完整和光洁，这一刮就是 3 个月。练完了刮，单嘉玖再练刷——用鬃刷在旧高丽纸上刷，不能刷破纸，不能刷出褶子，整整 3 年才出师，才接触文物。

在修复书画时，时间仿佛是静止的，又像长了翅膀。经单嘉玖之手修复的古画有近两百件，每件古画的修复需要复杂的工序和漫长的周期，耗时最长的需要一年，最短的也要 3 个月。

单嘉玖曾修复了一件明代的绢本《双鹤群禽图》，画面上有许多虫蛀破洞。本来面对密集的小洞，可以用整幅绢托在画作后面，就能把所有的洞都补上。但是百年以后托补的这片整绢也会糟朽，就会与古人的画作粘连在一起而无法分离，后人就再也没办法修复这张画了。为了更长地延续古画的生命，单嘉玖选择一个洞一个洞地单个织补。这一补整整 4 个多月才终于完成。

中国书画的装裱修复技艺已有 1 700 多年的历史，基本上靠师徒的代代传承，连修复所用的材料都是特别定制的。在配好合适的绢或纸后，清洗、揭背、托心、隐补和全色的过程则全部依靠手工。即使现在的科技已经有了最新的成果，也不会贸然使用在书画修复上。

（资料来源：http://news.cctv.com/2016/09/06/ARTIiYA3fYFQ1XyB80MQuBEs160906.shtml，有改动。）

【思考与讨论】

请同学们根据以上案例，思考并讨论以下问题。

1. 故宫的古书画之所以能够穿越时空，展现于当世，影响因素有哪些？请按照主客观因素分类说明。

2. 对故宫画医这份职业，你是否有了一定的了解？对此，你有何评价？对你当下的学习和未来的工作有何启示？

劳动是人类社会生存和发展的基础，是人类维持自我生存和自我发展的唯一手段，职业是个体与社会建立联系的桥梁。劳动分工促进了职业发展，劳动品质促进了职业精神的培育，劳动保护确保职业安全。正确理解以上三重关系，有助于劳动者通过劳动挖掘职业兴趣、正确选择职业、提升职业技能、形成职业理想，为自身职业规划和就业创业提供有益指导，并在今后漫长的职业生涯中保护自身的安全健康和正当权益。

第一节 劳动分工与职业发展

一、职业的特性及职业与劳动的关系

职业是由社会分工形成的，人们在社会中所从事的具有专门业务和特定职责的社会活动。早期的职业是人们谋生的一种手段。人们通过职业活动奉献社会、成就自己，职业是实现人生价值的舞台，是播种希望、收获劳动成果的媒介。人们通过职业获得一定的社会角色，为社会创造财富，实现自我价值。无论什么职业都是社会发展、进步中不可缺少的，是人们追求美好生活的奋斗历程。

（一）职业的特性

1. 专业性

从事一定的职业需要具有专门的知识，具备职业能力，还需遵守特定的职业道德。在日常生活中，人们的需求很多，为了满足人们的需求就产生了多种职业，如文艺工作者、教师等。在现代，人们的需求更加多样化，如养宠物，不仅宠物医生越来越受欢迎，而且围绕宠物形成了一个产业链。同时，社会分工越来越细，使原来已有的职业又分化出新的职业。

2. 多样性

人们的需求越多，社会分工越细。随着社会的不断进步，科技水平的提高，各种职业的技术含量越来越高，在从事某一职业前，必须经过专业知识技能的教育和训练，而且要不断提高技术水平。

3. 技术性

每种职业都有一定的技术含量或需要遵守一定的技术规范、操作规范，需要达到一定的技术要求。

4. 时代性

随着时代的变化发展和人们需求的增多，产生了许多新的职业，同时原来有的职业也获得了新的时代内容。由此可见，职业活动的内容、种类都在随着时代的发展而变化，所以说职业具有时代性。

（二）职业与劳动的关系

1. 职业是劳动分工、社会分工的产物

劳动分工①是指人们社会经济活动的划分和独立化、专门化，是在经济活动过程中技术

① 1776年，亚当·斯密的《国富论》中首次提出了劳动分工的观点，并系统阐述了劳动分工对提高劳动生产率和增进国民财富的巨大作用。劳动分工理论对于管理理论的发展起到了十分重要的作用，后来的专业分工、管理职能分工、社会分工等理论都与该理论关系密切。

上人的联合方式,即劳动方式,马克思称之为生产方式或生产技术方式,属于生产力范畴。这种生产方式或生产技术方式的存在是技术进步和生产社会化的产物,由生产资料和劳动者的技术发展水平,特别是生产工具的性质和状态来决定。正是劳动分工构成了人类社会分工的基础。

回溯人类社会发展史,第一次社会大分工是畜牧业从农业中分离出来,一部分人专门从事农业,另一部分人则专门从事畜牧业。但是,“严格意义上讲,农业和畜牧业的分工并不是产生了两大职业,而是形成了人类生产劳动的两大基本行业”。“第二次和第三次社会大分工不仅产生了手工业和商业,更重要的是这两个行业都经过了多次分离和细化,最终产生了多种兼具专业性、垄断性和交换性的劳动,即最初的职业”①。社会分工也越来越细,不仅出现了很多行业,而且每个行业都实行细致分工,职业也越来越多样化了,如图 4-1 所示。

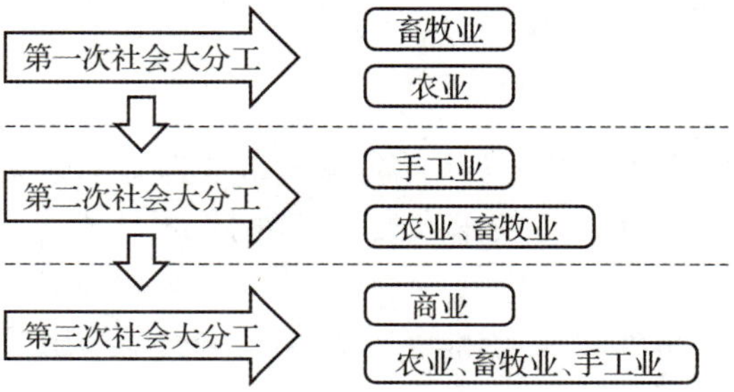

图 4-1　社会分工与职业

2. 劳动助力职业兴趣培养

兴趣对一个人个性的形成和发展,对一个人的生活与工作产生了很大影响。职业兴趣是个体在从事专业劳动过程中,对与劳动有关的职业形成的持续性专注并产生向往进而投入精力的心理倾向。按霍兰德职业兴趣分类,职业兴趣可以分为常规型、艺术型、社会型、事业型、现实型和研究型六种类型。

个体的职业兴趣将影响个人的职业选择,增加个人的工作满意度,提高职业的稳定性和职业的成就感。

3. 劳动助力职业选择

在我国 1999 年出版的《中国职业分类大典》中有 1 838 个细类(职业),细类是最基本的类别,即职业。而 2015 版《职业分类大典》延续了 1999 版职业分类中大类、中类、小类和细类结构。2015 版《职业分类大典》调整后的职业分类结构为 8 个大类、75 个中类、434 个小类、1 481 个职业。与 1999 版《职业分类大典》相比,维持 8 个大类不变,增加 9 个中类、21 个小类,减少 547 个职业(新增 347 个职业,取消 894 个职业)。新增职业包括网络与信息安全管理员、快递员、文化经纪人、动车组制修师、风电机组制造工等。取消职业包括收购员、平炉炼钢工、凸版和凹版制版工等②。

个体对职业类型与内容的认知会影响其职业选择,因此,应了解所属时代的职业分类情况,

---

① 王颖.试析职业的产生和发展与职业教育的关系[J].职教通讯,2013(13):6.

② 选自《中华人民共和国职业分类大典》。

并结合自身兴趣寻找与专业相关的职业，在一定基础上与专业实践性劳动相结合，理论与实际相结合，提前做好职业规划，如图 4-2 所示。

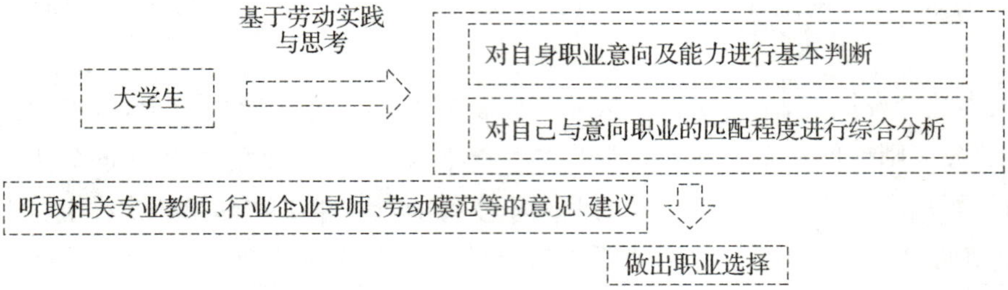

图 4-2　劳动实践与职业选择

二、新职业及新职业标准

视频
数字经济下的“新劳动者”陈秋东

1. 新职业

2019 年 4 月 1 日，人力资源和社会保障部、国家市场监督管理总局、国家统计局正式向社会发布了人工智能工程技术人员、物联网工程技术人员、大数据工程技术人员、云计算工程技术人员、数字化管理师、建筑信息模型技术员、电子竞技运营师、电子竞技员、无人机驾驶员、农业经理人、物联网安装调试员、工业机器人系统操作员、工业机器人系统运维员 13 个新职业信息。这是自 2009 年以来，我国随着社会发展和技术更新而公布的一批新职业信息。从 2004 年开始，我国已经公布了 12 批新职业信息。

视频
数字经济下的“新劳动者”林斯佳

2. 新职业标准

2020 年 10 月 29 日，人力资源和社会保障部颁布了物流服务师、电子竞技运营师等 18 个新职业标准，见表 4-1。

表 4-1　18 个国家职业技能标准目录

序　号	职业编码	职业名称
1	4-02-06-03	物流服务师
2	4-02-06-04	冷藏工
3	4-02-06-05	供应链管理师
4	4-03-02-05	餐厅服务员
5	4-12-01-02	摩托车修理工
6	4-13-05-03	电子竞技运营师
7	6-06-03-02	机械木工
8	6-06-03-03	木地板制造工
9	6-17-05-03	重冶火法冶炼工
10	6-17-05-04	重冶湿法冶炼工
11	6-17-05-05	电解精炼工
12	6-17-10-02	硬质合金成型工
13	6-17-10-03	硬质合金烧结工

续表

序　　号	职业编码	职业名称
14	6-17-10-04	硬质合金精加工工
15	6-23-03-03	航空发动机装配工
16	6-25-04-09	物联网安装调试员
17	6-26-01-01	仪器仪表制造工
18	6-31-03-02	物理性能检验员（建筑材料试验工）

3. 职业向数字化表演劳动的转化

“互联网+”促生了新业态、新经济。随着新经济、新业态在互联网上成长起来的一代人及不甘落伍的“前浪”[①]们在互联网上创造了全新的劳动方式。活动于互联网的“新生代”转化成了数字劳动者。数字劳动者从前期的数字劳动转化为数字化表演劳动。移动直播的普及加速了“表演型社会”的形成，越来越多的社会行为被智能终端实时记录、窥视和消费，网民同时扮演着数字影像的观看者和表演者[②]。全民摄影伴生着全民直播，更多的人不只是年轻人在向“UP主”冲刺。

视频
数字经济下的“新劳动者”刘建辉

三、职业选择与职业资格

视频
数字经济下的“新劳动者”邱存发

每个个体进入社会从事社会性劳动都会对自己就业的种类、方向进行选择，之后才能确定职业方向或职业类别。职业选择是个体真正进入社会生活领域的重要行为，是人生的关键环节。理性的职业选择有利于个体和劳动岗位实现较好的结合，有利于个体身份社会化的顺利进行与实现，有利于实现经济利益、社会效益等多方面共赢，促进人的全面发展。因此，学习并分析我国职业资格的分类及对应的职业资格证书，有助于个体提前进行职业规划。

（一）职业资格与职业资格证书

职业资格是指考核、评价从事某一职业所必备的知识、技术和能力，获取从事该职业的资格或者对某一职业（工种）的专业性和技术技能的评价。

职业资格证书是指按照国家公布的职业资格目录，对从业者的技能水平或职业水平进行考核、评价和鉴定，对合格者授予相应的职业准入类或职业（工种）水平评价类证书。

（二）国家职业资格目录

2017年9月12日，《人力资源社会保障部关于公布国家职业资格目录的通知》（人社部发〔2017〕68号）指出，国家按照规定的条件和程序将职业资格纳入国家职业资格目录，实行清单式管理，目录之外一律不得许可和认定职业资格。目录分为专业技术人员职业资格和技能人员

---

① 这种说法源于2020年B站（bilibili）上的一个视频——《后浪》。视频中相比“后浪”有“前浪”的说法。

② 王斌. 自我与职业的双重生产：基于网络主播的数字化表演劳动实践[J]. 中国青年研究，2020(5)：67.

职业资格两大类。专业技术人员职业资格与技能人员职业资格设置了准入类职业资格和水平评价类职业资格。除准入类职业资格外，目录之内一律不得与就业创业挂钩。

（三）专业技术人员职业资格

2017 年公布的国家职业资格目录中专业技术人员职业资格共有 59 项，其中准入类 36 项，水平评价类 23 项。

1. 准入类职业资格

准入类职业资格是指从事某种职业必需取得该职业应当具备的资格证书方可执业。设置准入类职业资格职业（工种）必须关系公共利益或涉及国家安全、公共安全、人身健康、生命财产安全，并且必须有法律法规或国务院决定作为设置依据，见表 4-2。

表 4-2 专业技术人员职业资格（准入类）

<table>
<tr><th>序　号</th><th colspan="2">职业资格名称</th><th>实施部门（单位）</th><th>资格类别</th></tr>
<tr><td>1</td><td colspan="2">教师资格</td><td>教育部</td><td>准入类</td></tr>
<tr><td>2</td><td colspan="2">注册消防工程师</td><td>公安部、人力资源和社会保障部</td><td>准入类</td></tr>
<tr><td>3</td><td colspan="2">法律职业资格</td><td>司法部</td><td>准入类</td></tr>
<tr><td>4</td><td colspan="2">中国委托公证人资格（香港、澳门）</td><td>司法部</td><td>准入类</td></tr>
<tr><td>5</td><td colspan="2">注册会计师</td><td>财政部</td><td>准入类</td></tr>
<tr><td>6</td><td colspan="2">民用核安全设备无损检验人员资格</td><td>环境保护部（现为生态环境部，下同）</td><td>准入类</td></tr>
<tr><td>7</td><td colspan="2">民用核设施操纵人员资格</td><td>环境保护部、国家能源局</td><td>准入类</td></tr>
<tr><td>8</td><td colspan="2">注册核安全工程师</td><td>环境保护部、人力资源和社会保障部</td><td>准入类</td></tr>
<tr><td>9</td><td colspan="2">注册建筑师</td><td>全国注册建筑师管理委员会及省级注册建筑师管理委员会</td><td>准入类</td></tr>
<tr><td>10</td><td colspan="2">监理工程师</td><td>住房和城乡建设部、交通运输部、水利部、人力资源和社会保障部</td><td>准入类</td></tr>
<tr><td>11</td><td colspan="2">房地产估价师</td><td>住房和城乡建设部、国土资源部、人力资源和社会保障部</td><td>准入类</td></tr>
<tr><td>12</td><td colspan="2">造价工程师</td><td>住房和城乡建设部、交通运输部、水利部、人力资源和社会保障部</td><td>准入类</td></tr>
<tr><td>13</td><td colspan="2">注册城乡规划师</td><td>住房和城乡建设部、人力资源和社会保障部、中国城市规划协会</td><td>准入类</td></tr>
<tr><td>14</td><td colspan="2">建造师</td><td>住房和城乡建设部、人力资源和社会保障部</td><td>准入类</td></tr>
<tr><td rowspan="2">15</td><td rowspan="2">勘察设计注册工程师</td><td>注册结构工程师</td><td>住房和城乡建设部、人力资源和社会保障部</td><td rowspan="2">准入类</td></tr>
<tr><td>注册土木工程师</td><td>住房和城乡建设部、交通运输部、水利部、人力资源和社会保障部</td></tr>
</table>

续表

序号	职业资格名称		实施部门(单位)	资格类别
15	勘察设计注册工程师	注册化工工程师	住房和城乡建设部、人力资源和社会保障部	准入类
		注册电气工程师		
		注册公用设备工程师		
		注册环保工程师	住房和城乡建设部、环境保护部、人力资源和社会保障部	
		注册石油天然气工程师	住房和城乡建设部、人力资源和社会保障部	
		注册冶金工程师	住房和城乡建设部、人力资源和社会保障部	
		注册采矿/矿物工程师		
		注册机械工程师		
16	注册验船师		交通运输部、农业部(现为农业农村部)、人力资源和社会保障部	准入类
17	船员资格(含船员、渔业船员)		交通运输部、农业部	准入类
18	兽医资格	执业兽医	农业部	准入类
		乡村兽医		
19	拍卖师		中国拍卖行业协会	准入类
20	演出经纪人员资格		文化部(现为文化和旅游部)	准入类
21	医生资格	医师	国家卫生计生委(现为国家卫生健康委员会)	准入类
		乡村医生		
		人体器官移植医师		
22	护士执业资格		国家卫生计生委、人力资源和社会保障部	准入类
23	母婴保健技术服务人员资格		国家卫生计生委	准入类
24	出入境检疫处理人员资格		质检总局(现为国家市场监督管理总局)	准入类
25	注册设备监理师		质检总局、人力资源和社会保障部	准入类
26	注册计量师		质检总局、人力资源和社会保障部	准入类
27	广播电视播音员、主持人资格		新闻出版广电总局(现为国家广播电视总局)	准入类
28	新闻记者职业资格		新闻出版广电总局	准入类
29	注册安全工程师		安全监管总局(现为中华人民共和国应急管理部)、人力资源和社会保障部	准入类
30	执业药师		食品药品监管总局(现为国家药品监督管理局)、人力资源和社会保障部	准入类
31	专利代理人		国家知识产权局	准入类
32	导游资格		国家旅游局(现为文化和旅游部)	准入类
33	注册测绘师		国家测绘地理信息局、人力资源和社会保障部	准入类

续表

<table>
<tr><th>序号</th><th colspan="2">职业资格名称</th><th>实施部门(单位)</th><th>资格类别</th></tr>
<tr><td rowspan="4">34</td><td rowspan="4">航空人员资格</td><td>空勤人员、地面人员</td><td rowspan="4">中国民航局</td><td rowspan="4">准入类</td></tr>
<tr><td>民用航空器外国驾驶员、领航员、飞行机械员、飞行通信员</td></tr>
<tr><td>航空安全员</td></tr>
<tr><td>民用航空电信人员、航行情报人员、气象人员</td></tr>
<tr><td>35</td><td colspan="2">会计从业资格</td><td>财政部</td><td>准入类</td></tr>
<tr><td>36</td><td colspan="2">特种设备检验、检测人员资格认定</td><td>质检总局(现为特种设备安全监察局)</td><td>准入类</td></tr>
</table>

2. 水平评价类职业资格

水平评价类职业资格是指社会通用性强、专业性强的职业建立的非行政许可类职业资格制度。一般来说,其分为五个等级,从低到高依次为五级(初级工)、四级(中级工)、三级(高级工)、二级(技师)、一级(高级技师)。

(四)技能人员职业资格

2017 年公布的国家职业资格目录中技能人员职业资格共有 81 项,其中准入类 5 项(见表 4-3),水平评价类 76 项。

表 4-3 技能人员职业资格(准入类)

<table>
<tr><th>序号</th><th colspan="2">职业资格名称</th><th>实施部门(单位)</th><th>资格类别</th></tr>
<tr><td>1</td><td colspan="2">消防设施操作员</td><td>消防行业技能鉴定机构</td><td>准入类</td></tr>
<tr><td rowspan="2">2</td><td colspan="2" rowspan="2">焊工</td><td>人力资源和社会保障部部门技能鉴定机构</td><td rowspan="2">准入类</td></tr>
<tr><td>环境保护部(民用核安全设备焊工、焊接操作工)</td></tr>
<tr><td>3</td><td colspan="2">家畜繁殖员</td><td>农业行业技能鉴定机构</td><td>准入类</td></tr>
<tr><td rowspan="2">4</td><td rowspan="2">健身和娱乐场所服务人员</td><td>游泳救生员</td><td rowspan="2">体育行业技能鉴定机构</td><td rowspan="2">准入类</td></tr>
<tr><td>社会体育指导员(游泳、滑雪、潜水、攀岩)</td></tr>
<tr><td rowspan="2">5</td><td rowspan="2">轨道交通运输服务人员</td><td rowspan="2">轨道列车司机</td><td>交通运输行业技能鉴定机构</td><td rowspan="2">准入类</td></tr>
<tr><td>国家铁路局(铁路机车车辆驾驶人员)</td></tr>
</table>

2020 年 7 月 20 日,人力资源和社会保障部办公厅发布《关于做好水平评价类技能人员职业资格退出目录有关工作的通知》(人社厅发〔2020〕80 号)。通知对水平评价类技能人员职业资格退出国家职业资格目录有关工作做了安排,拟分批将水平评价类技能人员职业资格退出目录。退出目录前已发放的职业资格证书继续有效,可以作为持证者职业能力水平的证明。今后,推行职业技能等级认定,推动各类企业等用人单位全面开展技能人才自主评价,遴选发布社

会培训评价组织并指导其按规定开展职业技能等级认定，颁发职业技能等级证书，支持劳动者实现技能提升。

四、职业技能的提升

职业技能是按照国家规定的职业标准，通过政府授权的考核鉴定机构，对劳动者的专业知识和技能水平进行客观公正、科学规范地评价与认证的活动。国家职业技能标准是在职业分类的基础上，根据职业活动内容，对从业人员的理论知识和技能要求提出的综合性水平规定。它是开展职业教育培训和人才技能鉴定评价的基本依据。国家职业技能标准结构如图 4-3 所示。

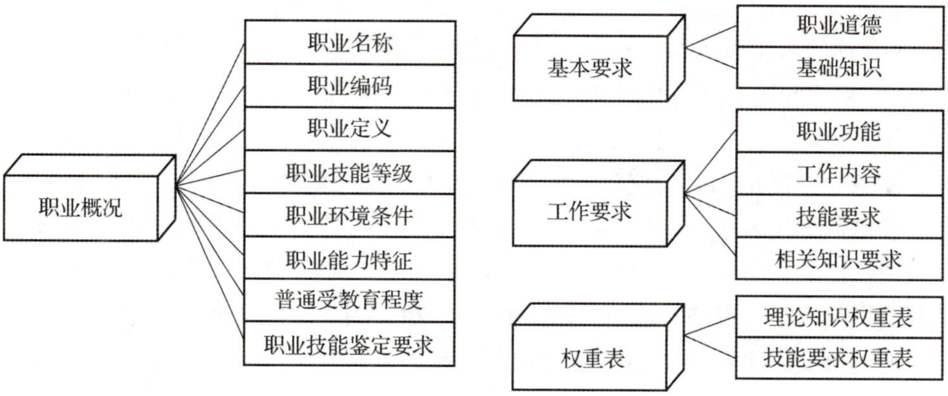

图 4-3 国家职业技能标准结构

（一）生产性劳动

职业教育培养的是面向生产一线、从事专业劳动和专业生产的技术技能人才。因此，职业教育与生产劳动密不可分，职业院校的学生要通过积极参加生产性劳动来提升个人的职业技能，其意义在于以下三点。

1. 掌握职业技能，提前适应工作岗位

学生通过参与生产劳动，将所学的专业理论知识运用于生产实践，进而加强专业理论与实践的结合，有助于掌握基本职业技能，使其快速适应工作岗位。

2. 尊重劳动，塑造正确劳动价值观

学生通过生产劳动体会生产过程的不易，进而尊重劳动，尊重平凡的劳动者，有利于其塑造正确的劳动价值观。

3. 益于技术精进，培养创新意识

学生通过长期的生产劳动能够增强动手能力，有益于技术的精进；同时，通过新技术、新工作在生产劳动中的应用，有利于其创新意识的培养和创新能力的提升。

（二）职业培训

1. 职业培训的定义

职业培训又称职业技能培训、职业技术培训，是指根据社会职业的要求和劳动者从业的意愿及条件，培训学校（机构）按照国家或行业标准，对劳动进行的旨在培养和提高职业技能的教育训练活动。

2. 职业培训的主要形式

(1) 学徒培训。学徒培训分为传统学徒制与现代学徒制。

传统学徒制是指由用人单位招收学徒工,由师傅进行指导,通过实际生产劳动来掌握一定的生产技能和业务知识的一种学习加工作形式。

现代学徒制是指教育部旨在深化产教融合、校企合作,进一步完善校企合作育人机制,创新技术技能人才培养模式而推行的一项通过学校、企业深度合作,教师、师傅联合传授,对学生以技能培养为主的人才培养方式。

现代学徒制的特征是:招生与招工一体化是开展现代学徒制试点工作的基础,工学结合人才培养模式改革是现代学徒制试点的核心内容,校企共建师资队伍是现代学徒制试点工作的重要任务,科学合理的教学管理与运行机制是现代学徒制试点工作的重要保障。

教育部在 2015 年遴选了 165 家现代学徒制试点单位,2017 年确定了 203 家现代学徒制试点单位,2018 年确定了 402 家现代学徒制试点单位。

(2) 学校职业技能培训。学校职业技能培训是指由职业院校(含中职、高职)、成人高等学校,以及民办职业培训学校等面向社会举办的不同期限、不同专业、不同岗位的培训。学校职业技能培训根据培训机构的性质与招生方向分为学历教育培训和非学历教育培训两种模式,根据培训机构是否具有职业技能鉴定资格与培训目标分为职业技能鉴定培训和非职业技能鉴定培训。

(3) 再就业培训。再就业培训是指就业部门针对下岗或者失业人员进行的知识和技能的培训。

(4) 在职培训。在职培训是指企事业单位对本单位的职工或劳动者按照岗位工作需要,开展的以提高劳动者的工作能力和生产技能为目标的定向教育。

(5) 创业创新培训。自我国政府实施创新驱动发展战略,深入推动“双创”(创业创新)行动以来,创业创新培训在国家层面和地方政府层面迅速推广。

创业创新培训旨在培育各类人员的创业创新精神,向参加培训的人员讲授企业开办及经营管理知识,并进行创业实践训练,以提高其创业实践能力,促进企业发展和创业就业。

图文
马兰花计划
图示

2003 年,我国引进了国际劳工组织开发的“SYB”[1]创业培训项目,由地方政府就业部门委托社会机构开展创业创新培训,培训经费由政府承担。

2020 年,人力资源和社会保障部印发了《关于实施职业技能提升行动创业培训“马兰花计划”[2]的通知》(以下简称“马兰花计划”)。“马兰花计划”指出,按照“政府引导、社会参与、创业者自主选择”的原则,面向劳动者开展创业培训,提升劳动者的就业创业能力,为加快推动大众创业、万众创新,促进就业倍增效应提供有力支撑。

---

① SYB 的全称是“Start Your Business”,意为“创办你的企业”,它是“创办和改善你的企业”系列培训教程的一个重要组成部分,由联合国国际劳工组织开发,为有愿望开办自己中小企业的人员量身定制的培训项目。

② 马兰花计划:为贯彻落实党中央、国务院有关要求,深入推进职业技能提升行动,2020 年 11 月,人力资源和社会保障部面向有创业意愿与培训需求的城乡各类劳动者实施的职业技能提升行动创业培训。

第二节 劳动品质与职业精神

职业精神是与人们的职业活动紧密联系、具有自身职业特征的精神，反映职业素养。劳动者通过对职业整体利益的认识，对具体社会义务的文化自觉，逐步形成职业道德，进而升华为职业精神。

职业精神包含的内容较广，不同职业具体的职业精神也存在一定差异，但是整体而言，所有职业内含的职业精神具有稳定的共性特征，即在劳动者的职业活动中，需要普遍具备劳动品质（劳动者在社会生活和生产实践过程中形成的劳动观点、劳动态度、劳动纪律、劳动习惯等的总和），并坚持坚守坚定职业信念、价值追求，通过职业责任的履行和职业技能、人生境界的提升，不断自我超越、自我完善，逐步培养劳动精神、劳模精神和工匠精神。

一、劳动精神

“任何一个民族，如果停止劳动，不用说一年，就是几个星期，也要灭亡。”①马克思的劳动价值观第一次使劳动获得了至高无上的地位。劳动创造世界，劳动创造财富，劳动创造人类，劳动创造了华夏文明的辉煌历史。

1. 习近平的劳动观

习近平总书记一直尊重劳动、关心劳动者。党的十八大以来，他在多个场合多次提及劳动和劳动者。

劳动是一切成功的必经之路。当前，全国各族人民正满怀信心地为实现“两个一百年”奋斗目标而努力。实现我们确立的奋斗目标，归根到底要靠辛勤劳动、诚实劳动、科学劳动。② 全面建成小康社会，进而建成富强、民主、文明、和谐的社会主义现代化国家，根本上靠劳动、靠劳动者创造。劳动是人类的本质活动，劳动光荣、创造伟大是对人类文明进步规律的重要诠释。中华民族是勤于劳动、善于创造的民族。正是因为劳动创造，我们拥有了历史的辉煌；也正是因为劳动创造，我们拥有了今天的成就。③ 人类是劳动创造的，社会是劳动创造的。劳动没有高低贵贱之分，任何一份职业都很光荣。④

---

① 马克思恩格斯选集：第4卷[M]. 北京：人民出版社，2012：473.

② 选自习近平总书记2014年4月30日在乌鲁木齐接见劳动模范和先进工作者、先进人物代表，向全国广大劳动者致以“五一”节问候的讲话，转引自 http://www.xinhuanet.com/politics/2017-05/01/c_1120892090.htm。

③ 选自习近平总书记2015年4月28日在庆祝“五一”国际劳动节暨表彰全国劳动模范和先进工作者大会上的讲话，转引自 http://www.xinhuanet.com/politics/2017-05/01/c_1120892090.htm。

④ 选自习近平总书记2016年4月26日在知识分子、劳动模范、青年代表座谈会上的讲话，转引自 http://www.xinhuanet.com/politics/2017-05/01/c_1120892090.htm。

2. 新时代劳动精神的内涵

新时代的劳动精神是将几千年来的中国传统文化融进了时代精神，代表的是一个时代的价值观和道德观，展示的是中华民族勤劳勇敢、刻苦耐劳的崇高品格，体现的是中华民族与时俱进、开拓创新的精神文化风貌。

习近平总书记指出："人民创造历史，劳动开创未来。劳动是推动人类社会进步的根本力量。幸福不会从天而降，梦想不会自动成真。实现我们的奋斗目标，开创我们的美好未来，必须紧紧依靠人民、始终为了人民，必须依靠辛勤劳动、诚实劳动、创造性劳动。"①人民是历史的创造者，人民的创造性劳动创造了价值，美好生活的向往和追求与保护人民利益息息相关。新时代劳动精神包含着努力构建和谐劳动关系、尊重劳动者、保护劳动者权益的内容。

3. 新时代劳动精神的意义

当代中国正处于实现中国梦的关键历史时期，实现国家繁荣、民族复兴、社会发展、人民幸福的责任历史地落在新时代青少年的肩上。少年智则国智，少年强则国强。作为时代新人，大学生要承担起这些重大历史责任，就必须深刻认识劳动教育的重要性，树立劳动最光荣、劳动最崇高、劳动最伟大、劳动最美丽的价值观念，培养勤俭、奋斗、创新、奉献的劳动精神。勤俭、奋斗、创新、奉献是具有鲜明中华传统文化特征、新时代特征和社会主义特征的劳动精神，对于树立时代新人的正确劳动价值观、培养时代新人的崇高劳动品质、塑造时代新人的健全人格等都具有重要意义。

习近平总书记指出："劳动模范和先进工作者是坚持中国道路、弘扬中国精神、凝聚中国力量的楷模，他们以高度的主人翁责任感、卓越的劳动创造、忘我的拼搏奉献，为全国各族人民树立了学习的榜样。"②习近平总书记关于劳模和劳模精神的重要论述是习近平新时代中国特色社会主义思想的重要组成部分。党的十八大以来，习近平总书记多次就劳模和劳模精神发表重要讲话，系统阐明新时代劳模精神的历史源流、嬗变轨迹和生成逻辑，深刻揭示了新时代劳模精神的理论渊源、历史根据、本质特征、时代内涵和实践价值，对进一步弘扬劳模精神提出了新定位、新任务和新要求。

二、劳模精神

1. 演奏时代强音的劳模

劳动模范大多来自基层一线，他们出身平凡，朴实无华，务实敬业，在平凡的劳动中铸就丰功伟业。中华人民共和国成立后，"高炉卫士"孟泰、"铁人"王进喜、"宁肯一人脏，换来万人净"的时传祥等成为激励人民的精神力量。在改革开放新时期，"抓斗大王"包起帆、"蓝领专家"孔祥瑞、"金牌工人"窦铁成、"新时代雷锋"徐虎、"知识工人"李斌、"马班邮路上的信使"王顺友、"白衣圣人"吴登云等一大批劳动模范和先进工作者，干一行、爱一行，专一行、精一行，为国家和人民建立了杰出功勋，他们书写了历史辉煌，演奏着时代强音。

---

① 选自《习近平在同全国劳动模范代表座谈时的讲话》，《人民日报》，2013 年 4 月 29 日第 1 版。
② 选自《习近平在同全国劳动模范代表座谈时的讲话》，《人民日报》，2013 年 4 月 29 日第 1 版。

2. 新时代劳模精神

习近平总书记指出："劳动模范是劳动群众的杰出代表，是最美的劳动者。劳动模范身上体现的'爱岗敬业、争创一流，艰苦奋斗、勇于创新，淡泊名利、甘于奉献'的劳模精神，是伟大时代精神的生动体现。"①劳动的内涵在更新，劳模的标准在"进阶"，"爱岗敬业、争创一流，艰苦奋斗、勇于创新，淡泊名利、甘于奉献"的劳模精神始终是不变的。这二十四字劳模精神在任何时候都需要，不过时，是伟大时代精神的生动体现。我们应该学习和传承劳模精神。

3. 劳模精神与工匠精神的关系

习近平总书记指出："无论从事什么劳动，都要干一行、爱一行、钻一行。在工厂车间，就要弘扬'工匠精神'，精心打磨每一个零部件，生产优质的产品。"②

在改革开放新时期，特别是中国特色社会主义新时代，劳模精神充分契合供给侧结构性改革、振兴现代制造业、引领经济发展新常态、加快建设现代化经济体系的时代语境。而工匠精神以知识性、技能性、创新性作为职业诉求，既体现了辛勤劳动、诚实劳动的精神传统，更增添了创造性劳动的时代内涵，强化了更加鲜明的主体意识、敬业意识、卓越意识和创新意识。在此意义上，工匠精神与新时代劳模精神之爱岗敬业、精益求精、追求卓越的精神品质和价值导向充分契合。同时，新时代劳模精神在工匠精神诸要素之外还强化了无限忠诚、信念坚定、胸怀全局、爱党爱国、淡泊名利、甘于奉献的更高远、更厚重的政治品格和思想风范。所以，新时代的劳模精神与工匠精神具有同一性、发展性的关系。

三、工匠精神

"百工之事，皆圣人之作也。烁金以为刃，凝土以为器，作车以行陆，作舟行水，此皆圣人之所作也。"③能工巧匠曾经被誉为"圣人"，工匠在人类社会发展史上的重要地位是不言而喻的。

图文
宋代科技文化繁荣与工匠精神

工匠精神原指手艺人对产品精雕细琢，对生产的每道工序和产品的每个细节都坚持精益求精，力求达到完美的一种理念。2016 年，李克强总理在《政府工作报告》中"鼓励企业开展个性化定制、柔性化生产，培育精益求精的工匠精神，增品种、提品质、创品牌"。在我国建设现代化强国的征程中，政府首次在《政府工作报告》中提出"工匠精神"。2020 年 12 月，习近平总书记致信祝贺首届全国职业技能大赛举办，在信中强调"大力弘扬劳模精神、劳动精神、工匠精神""培养更多高技能人才和大国工匠"。

1. 工匠精神与"中国制造 2025"

2015 年，我国发布了实施制造强国的第一个行动纲领——《中国制造 2025》战略。中国制造要"深化供给侧结构性改革，以市场为导向，以企业为主体，强化创新驱动和政策激励，把发展智能制造作为主攻方向"④；"传统的'Made in China'还要继续做，但中国制造的核心应该是主

① 选自《在知识分子、劳动模范、青年代表座谈会上的讲话》，《人民日报》，2016 年 4 月 30 日第 1 版。
② 同上。
③ 选自《周礼·考工记》。
④ 选自李克强总理在 2017 年 5 月 17 日国务院常务会议的讲话。

打‘中国装备’,这就要运用信息技术,智能转型①”。这一战略成功实施的关键仍然在于工匠精神的回归,只有从根本上将工匠精神贯穿于制造业生产的全过程,才能真正实现从中国制造向中国创造的转变。发展高端制造业不仅需要高端装备、高端技术,更需要高端的技能人才队伍。我国两亿多产业工人为改革发展做出了重要贡献。从世界工业发展史看,但凡工业强国,都是技师技工大国。

2. 多角度的工匠精神

工匠精神是一种精益求精、力求完美的精神,不仅制造业需要工匠精神,其他领域同样需要精益求精的工匠精神。进入“互联网+”时代,许多领域开始大规模使用机器人,人工被替代的趋势日趋明显。但是,这并不意味着机器取代人而导致工匠精神的没落。相反,在这个科技日新月异的时代,机器人替代的是不断重复劳动的工作岗位,机器人替代不了工匠身上所具有的追求极致、精益求精的精神品格。发达国家经济发展的成功证明,科技越发达,越需要工匠精神。由于每个人所处的工作岗位不同,不可能每个人都成为工匠,但是工匠所具有的精神品格值得我们每个人学习,踏踏实实做事、认认真真做人是每个人走向社会应当铭记在心的人生守则。因此,我们不能将工匠精神单一地理解为制造业领域所特有的,而应该从更加多元的角度理解工匠精神。

视频
“纸片+”解读工匠精神

3. 工匠精神的现代意义

工匠精神不仅是一种工作态度,还是一种人生态度。一个时代有一个时代的精神气质,新时代工匠精神代表着新时代人的精神气质。以工匠精神雕琢新时代气质,体现在我们对职业的尊重与要求上。

视频
龙城匠人张永洁

工匠精神是一种精益求精的品质。央视推出的《大国工匠》让人叹服:这些工匠中有人能在牛皮纸一样薄的钢板上焊接而不出现一丝漏点,有人能把密封精度控制到头发丝的1/50,还有人的检测手感的精准度堪比X光线。例如,中国航天科技集团一院火箭总装厂高级技师高凤林,他给火箭焊“心脏”,是发动机焊接的第一人。0.16毫米是火箭发动机上一个焊点的宽度。0.1秒是完成焊接允许的时间误差。而这背后彰显的就是对品质精益求精的工匠精神。“人无我有,人有我优””,在新时代的今天,我们更需要具备这种精益求精的工匠精神,将中国制造业的水平提升到令人敬仰的国际尖端。

工匠精神是一份锐意创新的心意。“科技是第一发展动力,创新是第一驱动力。”这句话直接指出创新的重要性,而时下中国许多地方创新不足:传统制造业主体意识不强,走原来的老路,靠产能、靠库存,同质化严重,低价成为主要竞争手段,创新力严重不足;在大众创新、万众创业的环境下,创业成为时尚,但是创业项目选择呈现病态,抄袭成风,去中间化,搞流量化,缺少创新项目,创业失败成为必然。在这种形势下,更需要学习工匠精神,学习工匠精神所具有的锐意创新的精神,用创新去改变现状,用创新去激发发展潜力。

工匠精神是社会文明进步的重要尺度,是中国制造前行的精神源泉,是企业竞争发展的品牌资本,是员工个人成长的道德指引。

---

① 选自李克强总理2015年6月15日在工业和信息化部座谈会上的讲话。

案例

“小泥工”遇到大时代①

1. 从“小泥工”到“老师傅”

邹彬一家从爷爷辈起就做泥工。他到城里时，他的父辈常在一个工地上做砌筑工。学砌墙成了邹彬顺理成章的选择。从 14 岁到 19 岁，邹彬和家人辗转了无数个工地，短的干半个月，长的也不过干 3 个月。“学一门手艺，赚点儿钱，回老家娶妻生子”，这是母亲的预想，对邹彬来说就算成家立业。

但是，一次选拔改变了邹彬的人生。

2014 年，在中建五局工地工作的邹彬从工会组织的劳动技能竞赛中脱颖而出。这个有 5 年砌筑经验的 19 岁“老师傅”引起了公司的注意：能不能培养他参加世界技能大赛？经历全国选拔赛冠军，集训队“五进二”“二进一”，2015 年 8 月，邹彬作为第 43 届世界技能大赛中国队唯一参加砌筑项目的选手参赛，最终获得优胜奖。

2. 登上世界级舞台

在进入世界技能大赛集训队之前，砌墙是一把瓦刀、一把卷尺、一个线垂的事情。在集训的第一天，邹彬就开了眼界：仅勾灰缝的工具按圆缝、凹缝、平缝等就分了很多种，更不用提水平尺、角度尺、激光仪等没见过的工具。100 多种工具还没摸透，专业老师开的几何课又让这个初中辍学生晕了。拿到图纸后根据砌筑形状计算角度、弧度，如果算错了，之后的所有功夫都白费。一年多的培训虽然枯燥、辛苦，但是邹彬坚持了下来。

3. 技术工人迎来新时代

2018 年 3 月 5 日上午，邹彬作为全国人大代表走进了人民大会堂。

邹彬有了名气，还经常出席各种座谈会并接受采访。“农民工群体里有很多有才华的人，他们希望有机会被发掘，获得展示的平台，得到更好的培训，赢得尊重和认可。我是其中的幸运儿，希望有更多像我这样的人有机会更好地服务社会、创造美好生活。”他反复告诉采访他的记者。

【思考与讨论】

请同学们结合上述案例，思考并讨论以下问题。

1. 在你的成长中，是否有过类似的经历：从一窍不通到熟练掌握一门技能？如果有，请分享你的体验。

2. 你认为职业的核心竞争力是什么？

3. 你认为成为出色的工匠需要做出怎样的努力？

4. 你认为自己可能成为具备工匠精神的劳动者吗？为什么？

---

① 罗筱晓，程莉莉，刘旭. “小泥工”遇到大时代：“90 后”“匠星”表达新生代技工期盼与梦想[EB/OL]. (2018-03-07)[2020-02-03]. http://acftu.people.com.cn/n1/2018/0307/c67583-29853343.html.（有改动）

第三节 劳动保护与职业安全

随着工业生产的社会化，劳动者在工作过程中面临着越来越多的工业风险，工业风险转变为工业事故的可能性增大，违章作业、有毒有害物质的泄露引起的安全生产事故时有发生。因此，加强劳动保护，规制工业风险，为劳动者构建安全卫生的工作环境，建立和完善劳动保护制度十分重要。

一、劳动保护的职责与义务

劳动保护制度的建立与实施不仅是国家的职责、生产经营单位的责任，还是劳动者的权利与义务。

1. 政府的劳动保护职责

根据《中华人民共和国安全生产法》，政府对安全生产、加强劳动保护的职责具体包括以下内容。

（1）国务院和县级以上地方各级人民政府应当加强对安全生产工作的领导，支持、督促各有关部门依法履行安全生产监督管理职责，建立健全安全生产工作协调机制，及时协调、解决安全生产监督管理中存在的重大问题。

（2）县级以上地方各级人民政府有关部门依照本法和其他有关法律、法规的规定，在各自的职责范围内对有关行业、领域的安全生产工作实施监督管理。

（3）应当按照保障安全生产的要求，依法、及时制定有关的国家标准或者行业标准，并根据科技进步和经济发展适时修订。

（4）应当采取多种形式，加强对有关安全生产的法律、法规和安全生产知识的宣传，增强全社会的安全生产意识。国家实行生产安全事故责任追究制度。

2. 生产经营单位的劳动保护责任

根据《中华人民共和国安全生产法》，生产经营单位对安全生产、加强劳动保护的责任具体包括以下内容。

（1）应当对从业人员进行安全生产教育和培训，保证从业人员具备必要的安全生产知识，熟悉有关的安全生产规章制度和安全操作规程，掌握本岗位的安全操作技能，了解事故应急处理措施，知悉自身在安全生产方面的权利和义务。

（2）应当教育和督促从业人员严格执行本单位的安全生产规章制度与安全操作规程，并向从业人员如实告知作业场所和工作岗位存在的危险因素、防范措施及事故应急措施。

（3）必须为从业人员提供符合国家标准或者行业标准的劳动防护用品，并监督、教育从业人员按照使用规则佩戴、使用。

（4）应当安排用于配备劳动防护用品、进行安全生产培训的经费。

(5) 必须依法参加工伤保险,为从业人员缴纳保险费。

3. 劳动者的义务

劳动者既是劳动保护的对象,享有获得安全工作环境的权利,在参与劳动的过程中还应承担相应的义务。

(1) 应当严格遵守本单位的安全生产规章制度和操作规程,服从管理,正确佩戴和使用劳动防护用品。

(2) 应当接受安全生产教育和培训,掌握本职工作所需的安全生产知识,提高安全生产技能,增强事故预防和应急处理能力。

(3) 发现事故隐患或者其他不安全因素,应当立即向现场安全生产管理人员或者本单位负责人报告。

案例

案例一　江苏响水天嘉宜化工有限公司"3·21"特别重大爆炸事故①

2019 年 3 月 21 日 14 时 48 分,位于江苏省盐城市响水县生态化工园区的天嘉宜化工有限公司发生了特别重大爆炸事故,造成 78 人死亡,640 人住院治疗(其中 76 人重伤),直接经济损失为 198 635.07 万元。事故发生的原因是,事故企业旧固废库内长期违法储存的硝化废料(主要成分是二硝基二酚、三硝基一酚、间二硝基苯、水和少量盐分等)持续积热升温导致自燃,燃烧引发爆炸。

思考与警示:

(1) 事故企业安全意识、法律意识淡漠。天嘉宜化工有限公司无视国家环境保护和安全生产法律法规,长期刻意瞒报、违法储存、违法处置硝化废料,安全管理混乱。

(2) 中介机构弄虚作假。有关环保评价机构出具虚假失实文件,导致事故企业硝化废料重大风险和事故隐患未能及时暴露,干扰、误导了有关部门的监管工作。

(3) 江苏省各级政府有关部门监管责任履行不到位。应急管理部门履行安全生产综合监管职责不到位,生态环境部门未认真履行危险废物监管职责,工信、市场监管、规划、住建和消防等部门也不同程度地存在违规行为。

(4) 响水县和生态化工园区安全发展理念不牢固。重发展轻安全,招商引资安全环保把关不严,对天嘉宜化工有限公司长期存在的重大风险隐患视而不见,复产把关流于形式。

(5) 江苏省、盐城市未认真落实地方党政领导干部安全生产责任制,重大安全风险排查管控不全面、不深入、不扎实。

案例二　内蒙古自治区锡林郭勒盟西乌珠穆沁旗银漫矿业有限责任公司"2·23"井下车辆伤害重大生产安全事故②

2019 年 2 月 23 日,内蒙古自治区西乌珠穆沁旗银漫矿业有限责任公司发生井下车

---

① 周驰. 2019 年全国应急救援和生产安全事故十大典型案例公布[EB/OL]. (2020-01-11)[2021-02-03] https://www.chinanews.com/sh/2020/01-11/9057206.shtml. (有改动)

② 同上。

辆伤害重大生产安全事故，造成22人死亡，28人受伤。事故发生原因是外包工程施工单位违规使用未取得金属非金属矿山矿用产品安全标识、采用干式制动器的报废车辆向井下运送作业人员。事故车辆驾驶人不具备大型客运车辆驾驶资质，驾驶事故车辆在措施斜坡道向下行驶过程中，制动系统发生机械故障，制动时促使管路漏气，导致车辆制动性能显著下降。驾驶人遇制动不良突发状况处置不当，误将挡位挂入三挡，导致车辆失控引发事故。事故车辆私自改装车厢内座椅、未设置扶手及安全带，超员运输，加重了事故的损害后果。

思考与警示：

(1) 矿业有限责任公司安全生产主体责任长期悬空，对承包单位以包代管、包而不管，对其长期使用非法改装车辆运人、严重超载、人货混装等突出问题不检查、不制止。

(2) 外包工程施工单位严重违法违规，变相出卖资质，对分公司或项目部只收取管理费，不行使任何管理职责。其所属分公司或项目部人员东拼西凑，设备设施陈旧简陋。

(3) 地方有关部门监管不到位，对企业不按设计生产、违规违章作业等执法不严，对企业以包代管、包而不管等监督不力。

二、职业病防治

职业病是指用人单位的劳动者在职业活动中，因接触粉尘、放射性物质和其他有毒有害物质等因素而引起的疾病。《职业病防治法》规定，用人单位对于职业病的防治应当履行以下义务。

1. 职业病防治管理措施

(1) 设置或者指定职业卫生管理机构或者组织，配备专职或者兼职的职业卫生管理人员，负责本单位的职业病防治工作。

(2) 制订职业病防治计划和实施方案。

(3) 建立、健全职业卫生管理制度和操作规程。

(4) 建立、健全职业卫生档案和劳动者健康监护档案。

(5) 建立、健全工作场所职业病危害因素监测及评价制度。

(6) 建立、健全职业病危害事故应急救援预案。

2. 产生职业病危害的用人单位应当履行职业危害警示告知义务

(1) 应当在醒目位置设置公告栏，公布有关职业病防治的规章制度、操作规程、职业病危害事故应急救援措施和工作场所职业病危害因素检测结果。

(2) 对产生严重职业病危害的作业岗位，应当在其醒目位置设置警示标识和中文警示说明。

(3) 警示说明应当载明产生职业病危害的种类、后果、预防及应急救治措施等内容。

3. 用人单位履行职业病防治监测报告义务

(1) 应当实施由专人负责的职业病危害因素日常监测，并确保监测系统处于正常运行状态。

（2）对从事接触职业病危害作业的劳动者，用人单位应当按照国务院卫生行政部门的规定组织上岗前、在岗期间和离岗时的职业健康检查，并将检查结果书面告知劳动者。

（3）应当为劳动者建立职业健康监护档案，并按照规定的期限妥善保存。

（4）在发生或者可能发生急性职业病危害事故时，用人单位应当立即采取应急救援和控制措施，并及时报告所在地卫生行政部门和有关部门。

三、女职工和未成年工的特殊劳动保护

1. 女职工禁忌从事的劳动范围

根据《女职工劳动保护特别规定》，女职工禁止从事以下劳动：矿山井下作业；《体力劳动强度分级》标准中第四级体力劳动强度的作业；连续负重（指每小时负重次数在 6 次以上）并每次负重超过 20 千克，间断负重、每次负重超过 25 千克的作业。

2. 未成年二禁忌从事的劳动范围

根据《中华人民共和国劳动法》《未成年工特殊保护规定》，未成年工禁止从事以下劳动。

（1）《生产性粉尘作业危害程度分级》国家标准中第一级以上的接尘作业。

（2）《有毒作业分级》国家标准中第一级以上的有毒作业。

（3）《高处作业分级》国家标准中第二级以上的高处作业。

（4）《冷水作业分级》国家标准中第二级以上的冷水作业。

（5）《高温作业分级》国家标准中第三级以上的高温作业。

（6）《低温作业分级》国家标准中第三级以上的低温作业。

（7）《体力劳动强度分级》国家标准中第四级体力劳动强度的作业。

（8）矿山井下及矿山地面采石作业。

（9）森林业中的伐木、流放及守林作业。

（10）工作场所接触放射性物质的作业。

（11）有易燃易爆、化学性烧伤和热烧伤等危险性大的作业。

（12）地质勘探和资源勘探的野外作业。

（13）潜水、涵洞、涵道作业和海拔 3 000 米以上的高原作业（不包括世居高原者）。

（14）连续负重每小时在 6 次以上并每次超过 20 千克，间断负重每次超过 25 千克的作业。

（15）使用凿岩机、捣固机、气镐、气铲、铆钉机、电锤的作业。

（16）工作中需要长时间保持低头、弯腰、上举、下蹲等强迫体位和动作频率每分钟大于 50 次的流水线作业。

（17）锅炉司炉。

知识总结

- 劳动与职业
  - 劳动分工与职业发展
    - 职业的特性及职业与劳动的关系
      - 职业的特性
        - 专业性
        - 多样性
        - 技术性
        - 时代性
      - 职业与劳动的关系
        - 职业是劳动分工、社会分工的产物
        - 劳动助力职业兴趣培养
        - 劳动助力职业选择
    - 新职业及新职业标准
      - 新职业
      - 新职业标准
      - 职业向数字化表演劳动的转化
    - 职业选择与职业资格
      - 职业资格与职业资格证书
      - 国家职业资格目录
      - 专业技术人员职业资格
        - 准入类职业资格
        - 水平评价类职业资格
      - 技能人员职业资格
    - 职业技能的提升
      - 生产性劳动
        - 掌握职业技能，提前适应工作岗位
        - 尊重劳动，塑造正确劳动价值观
        - 益于技术精进，培养创新意识
      - 职业培训
        - 职业培训的定义
        - 职业培训的主要形式
  - 劳动品质与职业精神
    - 劳动精神
      - 习近平的劳动观
      - 新时代劳动精神的内涵
      - 新时代劳动精神的意义
    - 劳模精神
      - 演奏时代强音的劳模
      - 新时代劳模精神
      - 劳模精神与工匠精神的关系
    - 工匠精神
      - 工匠精神与“中国制造 2025”
      - 多角度的工匠精神
      - 工匠精神的现代意义
  - 劳动保护与职业安全
    - 劳动保护的职责与义务
      - 政府的劳动保护职责
      - 生产经营单位的劳动保护责任
      - 劳动者的义务
    - 职业病防治
      - 职业病防治管理措施
      - 产生职业病危害的用人单位应当履行职业危害警示告知义务
      - 用人单位履行职业病防治监测报告义务
    - 女职工和未成年工的特殊劳动保护
      - 女职工禁忌从事的劳动范围
      - 未成年工禁忌从事的劳动范围

第五章　新时代劳动者的价值再造

劳动创造是对人的社会本质的肯定，美感是认识到这一社会事实所感到的喜悦。

——朱光潜，选自《生产劳动与人的对世界的艺术掌握》

学习是劳动，并且应当永远是劳动，是充满了思想的劳动，使求学的兴趣本身依赖于严肃的思想，而不是依赖于不合乎实际的任何表面文章。

——乌申斯基，选自《教学法原理》

核心问题

1. 新时代劳动者如何面对新挑战？
2. 新时代劳动者应具备的基本素养是什么？

导引案例

70年，伟大的创造精神

70年开拓创新，中国人民始终弘扬伟大创造精神：人们的创新活力充分涌流，迸发出巨大的创造伟力。70年前仆后继，中国人民始终弘扬伟大奋斗精神：千千万万的劳动者、追梦人创造了一个又一个人间奇迹。

中国人之所以是中国人，因为有着独特的气质、禀赋，有着独特的民族精神。在新时代的长征路上，中华民族伟大精神将继续为中国发展和人类文明进步提供强大的精神动力。

在一分钟里，中国正在发生什么？移动支付金额3.79亿元，快递小哥收发7.6万件快递，“神威·太湖之光”超级计算机运算750亿亿次，全国创造国内生产总值约1.71亿元……如今，中国人民在每分钟里迸发出的创造伟力令世人感叹。

然而，拉近历史的镜头，在中华人民共和国成立之初，我们的家底薄得让人心酸：国民生产总值只有100多亿美元，重工业几乎为零，轻工业只是少数的纺织业。然而，在这样一个满目疮痍、百废待举的“烂摊子”上，中国人民经过70年的艰苦奋斗，创造了从站起来、富起来到强起来的人间奇迹。

奇迹从何而来？它来自中国人民的伟大创造精神。“中国人民是具有伟大创造精神的人民。”习近平总书记在深刻阐述中国人民的伟大民族精神时，第一个提到的就是创造精神。中华文明之所以在世界四大文明中唯一没有断绝，中华民族之所以能够浴火重生、屡创辉煌，莫不与中国人民的伟大创造精神紧密相关。

伟大的民族孕育了伟大的创造精神。中华民族历来勤劳勇敢且富于创造精神。几千年来，众多思想巨匠、文艺精品、民族史诗、伟大工程、科技成果使中国在相当长的一段时期内保持世界文明“领跑者”的地位。英国学者李约瑟曾在《中国科学技术史》一书中列举出从公元1世纪到18世纪由中国传到欧洲等地的近30项重要发明。他最终得出结论：中华民族是具有伟大创造精神的民族，历史上，中华民族曾经创造了世界上最先进的生产力和最辉煌的科技成就。这种富于创造的思维特质和文化禀赋深刻影响着中国人的精神世界，使中华民族保持了坚定的民族自信和强大的修复能力，培育了共同的情感和价值、共同的理想和精神。

伟大的创造精神推动伟大的变革。创造精神是一个民族最根本的竞争力，在任何时候都只能加强，不能削弱。近代以来的中国历史就鲜明地证明了这一点。

中国共产党人带领中国人民找到了弘扬中华民族伟大创造精神的正确道路。这条路就是中国特色社会主义道路，简单归纳起来，就是不照抄照搬别国经验，坚持把马克思主义的基本原理和中国具体实际相结合，创造性地推进马克思主义中国化、时代化、大众化，以刀刃向内的改革魄力坚决破除束缚创新创造力的各种体制机制障碍。这条道路来之不易，将来无论我们的事业如何进步，都不能忘记这段甩掉“贫油国”帽子、生产出第一辆解放牌汽车、研制出“两弹一星”的峥嵘岁月；都不能丢掉安徽小岗村“大包干”、深圳特区“开先河之举”、湘西十八洞村“精准扶贫”所蕴含的改革创新精神。

一项针对全球22个主要经济体1万多民众的调查结果显示，59%的海外受访者对中国科技创新能力表示认可。“问渠那得清如许，为有源头活水来。”如今，创新活力正在成为中国经济的主要驱动力，创造精神正在成为当代中国的显著标签。面对新时代新征程，没有创新创造不行，创新创造慢了也不行。

（资料来源：《人民日报》海外版，2019年9月17日，有改动。）

【思考与讨论】

结合以上案例，思考并讨论以下问题。

1. 为什么拥有“四大发明”的中国在近代反而饱受列强欺压？

2. 为什么在中华人民共和国成立后，中国人民的创造力前所未有地迸发出来？中华人民共和国取得历史性成就的根本条件有哪些？

3. 在今天的形势下，我们为何尤其需要创新精神？新时代的创新精神有哪些新内涵、新表现？

在新时代，劳动创造的力量以科技进步的方式快速涌现，不断激起人类生活的微小变化，这些微小变化正在成为小趋势。正是这一个个小趋势孕育着时代洪流和未来社会。立足当下，面向未来，大学生应充分认识新时代的新特征、新趋势，认真思考在新时代劳动者的独特价值、应对策略和核心素养，从而实现劳动者的价值再造。

图文

城市实验室——给孩子一个成就梦想的实践空间

第一节 认识新时代

一、新时代的基本特征

1. 在经济发展方面，产业结构加速转型，生产效率极大提升

习近平总书记2018年5月28日在两院院士大会的讲话中，高度概括了新时代的特征："进入21世纪以来，全球科技创新进入空前密集活跃的时期，新一轮科技革命和产业变革正在重构全球创新版图、重塑全球经济结构。以人工智能、量子信息、移动通信、物联网、区块链为代表的新一代信息技术加速突破应用，以合成生物学、基因编辑、脑科学、再生医学等为代表的生命科学领域孕育新的变革，融合机器人、数字化、新材料的先进制造技术正在加速推进制造业向智能化、服务化、绿色化转型。"

2018年，皮尤研究中心发现，在发达经济体的受调查者中，65%～90%的人认为人工智能可能或肯定会接替原本由人类完成的许多工作。

2. 在社会交往方面，规模效率、连接方式发生巨大改变

19世纪初，相继出现了面向大众传播的平面印刷媒体（商业报刊）和广播，以及传播速度更快、传播范围更广、传播指向更明确的电报、电话。自20世纪中期以来，电视在世界范围内逐渐普及，电子计算机也不断迭代，至20世纪末人类进入信息高速公路时代，互联网科技发展迅速，信息在全球范围内高效传播和交换，实现了民族与民族、国家与国家、人与人之间的"普遍交往"和"即时交往"，经济、政治、文化等方面联系日益紧密。例如，19世纪中后期全球统一市场的基本形成，20世纪中叶联合国的正式成立，成为第二次世界大战后国际关系的最大变局，对战后全球基本格局和国际秩序具有决定性意义。此外，国际性的和区域性的政治、经济、军事同盟与联合体（组织）也不断出现并重组。

3. 在人类存在方式方面，人与科技的相互渗透、共同创造正在不断增强

1900年人类平均寿命只有39岁，2019年人类平均寿命已经超过73岁。这是现代科技带来的福祉，现代食物生产、现代药物和医疗体系延长了人类的自然寿命。马丁·海德格尔在《存在与时间》中已预见性地指出科技发展对未来社会的影响："现代技术业已不是中性中立的，它架构式地渗透、弥散、影响，甚至操控人的现代生活，赋予人新的生命与发展轨迹。"

生命体可以被科技设计和修正，在生命体内已经出现了越来越精巧的镶嵌物、假体和其他人造的生命有机体所必需的构件。生命可以借助科技来拯救，神经过程可以由芯片控制，生命器官可以通过基因技术再造，通过技术获得强大的生命能力（自我生产、自我保存、自我完善和自我管理）。从以上社会现象中可以发现，以人工智能和生物科技为核心的现代科技正在加速推动人类身体与精神的双重技术化（非自然化），人类将在技术性意义上获得解放。

在不久的将来会形成一种新的人类形态和文明样式。随着自然人类不断被技术化(非自然化),人类在自然性意义上不断被削弱,最终有望达到自然性与技术性的平衡,实现人与技术的共同进化、共存共生。这个可能的平衡状态的出现应当是马克思所预言的共产主义社会。

案例

《必然》中的未来社会

人类预言大师凯文·凯利在其著作《必然》中描述了工业时代及其之前的时代,人类像农民一样,建造仓库储存财富,不断地占有。在未来,人类像原始人一样,不拥有任何东西,但在需要的时候,随时可以获取必要的工具,生活变得更简单、更便捷。

在人类未来社会里,我们对于物质的拥有方式将存在以下四大可能性。

第一,去物质化。随着文明的进步,人类生活所必需的物品越来越多,在一定程度上已达到了一个波峰。接下来的趋势是开始下降。这一趋势的动力是信息文明、生态文明社会中工业与原材料的革命。例如,汽车从 20 世纪 70 年代开始,平均重量已经下降了 25%;啤酒罐从 60 年前的约 70 克下降到今天的约 13 克。电子产品,如电视机、计算机、电话,都在不断地轻薄化,还整合了其他物品的功能。

第二,服务化。电子产品本身成为满足人现有的,甚至潜在需求的服务软件的载体,商业的增值核心在于频繁更新的服务内容。

第三,服务即时化。要自行设计一款新产品,就可以租用"微工厂","微工厂"中的基本工具一应俱全。

第四,去中心化。云技术的出现降低了物质占有的必要。例如,书籍由纸质转向电子化,并且可以存储在云端,下载迅捷。海量数据都以后备形式储存在全球无数连接的设备中,所以它更加安全,一个单元的失效丝毫不会影响所拥有数据信息的完整。

【思考与讨论】

你还能列举出哪些已经出现在当前生活中的、由信息技术引发的"服务即时化"现象?

二、新时代机器与人类劳动者的关系

科技是人类劳动创造的文明成果。科技的发展改变着世界,也改变着人本身。在新时代,人类已经跨入信息文明历史阶段,人工智能技术愈加完善,智能机器正在与人类劳动者形成新的关系。了解二者的关系,有助于人类劳动者正确定位自身、正确选择应对策略。

1. 替代

人的工作被机器取代并非人工智能时代独有的现象,而是反复出现的历史。在某种意义上,人类的历史是人力被新技术创造的新动能(畜力、机械力、电力、原子能等)不断替代的历史。这种替代是机器对部分人类劳动的替代,提升了整个工作链条的生产效率和完整性,机器的介入提高了装配精度和效率,减轻了人的体力劳动强度。这种替代是新技能对旧技能的替代,是人类自身能力结构的优化调整。

在新的工作链条中,人与机器形成新的分工,共同完成工作任务。例如,电动工具帮助建筑工人在更短的时间内完成更多任务，无人机可以代替人类进入人类的活动禁区开展勘测等工作。

2. 协作

在人工智能时代，人既是机器的创造者，又是机器的使用者。人和机器共享工作区域，通过能力互补提高生产效率。人具有优越的感知力和创造力，可以灵活、快速地适应新环境。机器没有疲惫感，没有恐惧感，始终保持高效和精确。但人机协作并不意味着机器将在可预见的未来向人类发出指令。

3. 共创

从工业化时代开始，人一直在模仿机器，希望把自己训练成像机器那样高效工作。机器越来越变成人肢体的延伸，人使用的工具越来越智能，越来越高效。随着科技的发展，机器不再是人类肢体的延伸，而正在成为“另一个人”。

三、新时代人类劳动者的价值再造策略

虽然在适应复杂环境方面，人类劳动者具有独特的价值和优势，但人工智能技术的不断完善也为人类劳动者带来了巨大挑战，即在人与人工智能共同构筑的生态系统中，人类劳动者应当如何应对时代发展新趋势。

1. 明确定位，凸显差异

在任何生态系统内，生物都因有其自身的独特价值而获得相应的生态位。当前，人和人工智能在新兴生态系统中处于不同的生态位：人工智能技术的生态位是工具性、无意识、机械化的，人的生态位则更多涉及批判性思考、创新实践、社会交往、情感交流等精神文化层面的价值。人类劳动者应采取差异化策略，充分发挥人的生态位的独有价值。

2. 强化协同，共存共生

人工智能和人之间绝非简单的替代关系，而是更高层次的共生关系：人将成为连接物理世界和数字世界的中介，人不仅要能够运用人工智能技术的基本原理设计人和人工智能相互依存的整个系统，还要理解人工智能技术需要配合的业务流程，即理解机器、与机器协同工作。人类劳动者的角色既包括鉴定机器不擅长的情况，也包括帮助机器实现比今天更高的生产力水平。在这种协同关系中，人类劳动者不但增强了智能机器，而且被智能机器增强了。

3. 终生学习，灵活应对

随着科技的发展和社会的进步，人类知识和技能的半衰期日益缩短。这便对由人类劳动者的认知能力、适应能力等方面构成的能力结构、综合素质提出了更高的标准，人必须终生学习新知识和新技能，才能有效应对不断变化的外部环境。学会如何学习和学会找到有用的资源将成为人的核心素养，只有具备终生学习理念和学习力的人才会不断胜出。

案例

人工智能拥有真正的创造力吗？

人工智能（AI）在创新能力方面，如在音乐、绘画甚至文学创作上，似乎已经有了许多突破。

2018年10月，埃德蒙·贝拉米的一幅肖像画(图5-1)在纽约佳士得拍卖行以43.25万美元成交，超过估值上限40多倍。这一拍卖事件本身并不特别，但不同寻常的是，贝拉米是一个根本不存在的人物——这幅肖像画是人工智能制作的第一幅艺术品，并被送去拍卖行拍卖。

(a) (b)

图5-1 AI将两张照片合成了一张具有凡·高星空图效果的新图片

无论在文学方面，还是在音乐方面，似乎我们所做的一切，人工智能都能做到，而且可能比我们做得更好。人工智能是否真的具有创造性?

1. AI将音乐提升到了一个出乎意料的新水平

在这个领域，人类似乎只是音乐大厅一个小角落里的演奏者，而AI投下的光柱让我们看到了整个音乐大厅的偌大空间。

19世纪40年代，阿达·拉夫莱斯开始设想，机械计算机能够做到的可能不只是进行简单计算。自那时起，人们就在思考具有创新能力的可能不仅仅是有机生物生命。拉夫莱斯认为，音乐是一种艺术形式，但它和解决数学问题时的模式处理相类似，故而她推测，机器可以谱写音乐作品或构建科学系统，从简单到复杂，在任何程度或任何范围都有可能。

“声破天”音乐平台技术研究实验室主任普兰科伊斯·帕契特提供的一个例子就足以说明，人工智能是如何帮助我们摆脱创造性惯性思维的束缚的。“延续者”是帕契特设计的爵士乐即兴创作人工智能算法程序。即兴创作是爵士乐的精髓，音乐家们会在不断的即兴演奏中迸发出新的创作灵感，形成新的爵士乐类型。有时候，一名演奏者即兴演奏，另一名演奏者做出应和。通过分析一个乐句是如何变异成另一个乐句的，“延续者”可以对组成爵士乐声乐世界的乐段做出自己的反应。

2. AI创造性尚未有类似于人的创造意图

即使拥有相同的初始代码，机器通过学习也可以变得具有不同的经验与“个性”。然而，人工智能仍然没有表现出和人类一样的创造性意图。

目前，评估人工智能是否具有创造性的三个关键因素是：新奇、惊喜和价值。虽然这三个因素确实很重要，但如果我们想要在人工智能领域迎来真正的创造性，还必须引入第四个因素：真正独立的原创性。

在很多年以前，阿达·拉夫莱斯指出，计算机分析引擎的威力有可能会被过分夸大。事实上，分析引擎不会创造任何东西，从机器里得到的东西不会比投入的更多。

这就产生了一个关键性的问题：人工智能的“创造性”在多大程度上是属于人类的，又有多少是属于机器代码的呢？照相机的发明让摄影艺术展成果遍及世界各地，但没有人会因此将创造力与相机联系在一起。

这个比喻也许并不完美。在某种意义上来说，人类是一种运行代码指令的机器，这个代码指令就是我们的DNA。DNA代码遗传自我们的父母，但我们不会认为我们的创造力就是父母的翻版。孩子与父母的差异部分来自他们与环境互动的独特经历，这种互动经历同样在形成和塑造着我们的创新能力。这也是人工智能机器的学习方式，AI通过与外部环境新输入数据的互动改变、突变和更新着指令代码。

（资料来源：文汇报，2019年10月14日，有改动。）

【思考与讨论】

1. 人工智能未来会发展成什么样呢？
2. 什么驱使人产生艺术创造的渴望？
3. 人类和其他生物的感知与体验的真正本质是什么？

第二节 新时代劳动者的核心素养

创新是发展的第一动力。一个民族要想走在时代前列、成为时代的引领者，就需要具备创新精神、创新意识和创新能力。人民是历史的创造者，中国人民的辛勤劳动、诚实劳动、创造性劳动为实现中华民族伟大复兴提供了势不可挡的磅礴力量。站在新的历史起点，面对世界发展的大变局、大趋势，具有创新精神、创新意识、创新能力且具备深度工作能力的劳动者才能更好地应对新时代的新挑战、新要求和新期待，才能通过创造性劳动实现自我的创新发展和社会的创新发展。

一、创新精神

视频
自话鲁班

1. 创新精神的内涵

创新精神是一种勇于抛弃旧思想旧事物、创立新思想新事物的精神，是求真、公正、反思、开放和尊重理性的精神。

创新精神以敢于摒弃旧事物旧思想、创立新事物新思想为特征，同时以遵循客观规律为前提。创新精神只有在符合客观需要和客观规律时，才能顺利地转化为创新成果，成为促进自然和社会发展的动力。

创新精神提倡独立思考、不人云亦云，这并不代表不倾听别人的意见、孤芳自赏、固执己见、狂妄自大，而是要团结合作、相互交流，这是当代创新活动必不可少的方式。创新精神提倡胆大、不怕犯错误，并不是鼓励犯错误，因为出现错误认知是科学探究过程中不可避免的。创新精神提倡不迷信书本、权威，并不反对学习前人经验，任何创新都是在前人成就的基础上进行的。创新精神提倡大胆质疑，但质疑要有事实和思考的根据，并不是虚无地怀疑一切。

2. 创新精神的主要构成

创新精神主要由勇于探索的精神、不懈奋斗的精神和实事求是的精神构成。其中，勇于探索的精神是核心，不懈奋斗的精神是保障，实事求是的精神是创新精神的实现途径。

创新探索的道路上充满了矛盾和斗争。新理论、新观点、新产品的出现常常会遭到质疑、反对。拥有创新精神的人往往敢于探索，不懈奋斗。要想实现目标，拥有创新精神的人必须将智力因素与非智力因素有机结合，以实事求是的精神，从实际出发，尊重客观规律，将理论与实践相结合。

二、创新意识

创新是一个复杂甚至漫长的过程，创新意识是这个过程中至关重要的主观因素。

视频
遇建：致敬建校以来所有的奋斗者

（一）创新意识的内涵

创新意识是创新实践的基本前提，离开创新意识，一切创新实践都无从谈起。所谓创新意识，是指人对创新与创新的价值性、重要性的一种认识程度及由此形成的对待创新的态度，并由认识水平和创新态度来规范与调整行为方式的一种相对稳定的心理精神态势。

创新意识总是代表一定社会主体奋斗的明确目标和价值指向性，成为一定社会主体产生稳定、持久的创新需要、价值追求和思维定式及理性自觉的推动力量，成为唤醒、激励和发挥人所蕴含的潜在本质力量的重要精神力量。

创新意识是人类意识活动的一种积极的、富有成果性的表现形式，是人们进行创造活动的出发点和内在动力，是创造性思维和创造力的前提。

（二）创新意识的特征

1. 新颖性

创新意识或是为了满足新的社会需求，或是用新的方式更好地满足原来的社会需求。创新意识是求新意识。

2. 社会历史性

创新意识以提高物质生活水平和精神生活水平需要为出发点，而这种需要在很大程度上受客观生产力发展水平和具体的社会历史条件的制约。一定历史阶段的生产力水平决定着当时社会关系的存在方式，进而决定着社会中个体的存在方式，包括道德水平、思想情感、创新意识、行为动机等方面。人类的创新意识、创新能力是与生产力发展水平共同进步的。

在漫漫历史长河中，人类的劳动工具从打火石进化到人工智能、量子计算机，并且还在演化之中。无论这些工具是机械化的还是信息化的，是简单的还是复杂的，都可以在两个方面促进文明创造力的发展。一方面，劳动工具是人类身体的延伸，是人与自然连接的媒介，扩展了人生存能力的边界。比如，衣服的发明使人类可以更加游刃有余地适应不同温度的自然环境，犁的发明使人类可以耕种土地，窗户的出现使人类自主设计居住环境的能力大大提升，望远镜的出现使人类可以遥望远方，发动机的发明则使人类加速驰骋……各种劳动工具的创新不仅拓展了人类生理的极限，还拓展了人的认知和心智边界。另一方面，劳动工具在此后漫长的人类社会发展中催生与衍化出技术、艺术、科学、不断迭代的人类生活方式和文明形态……甚至协助我们创造了新的世界和人类本身。因此,绝不应该遗忘人类古老的创造力起源——劳动工具。

3. 个体差异性

创新意识受个体的社会地位、文化素质、兴趣爱好、情感志趣等条件的制约。随着科技的飞速发展,劳动形态不断发生变化,未来社会对劳动者提出了诸多新标准。这些新标准聚焦的核心即创新意识和创新能力。因此,在日常生活、学习和工作中,我们应当将终生学习作为一种生活方式,面对浩瀚无垠、日新月异的知识海洋迎难而上。

终生学习是指社会成员为了适应社会变革、实现个体发展的需要,贯穿于个体一生持续的学习过程。其目的是学会求知、学会做事、学会共处、学会做人。

三、创新能力

创新是指人为了一定的目的,遵循事物发展的规律,对事物的整体或其中的某些部分进行变革,从而使其得以更新与发展的活动。创新是一种变革,包括从产生新思想到产生新事物,再到将新事物推向社会受益的一系列变革活动。

(一) 创新能力的基本构成

创新能力通常包括六种基本能力,即发现问题的能力、流畅的思维能力、开放的思维能力、独立创新的能力、制订方案的能力和评价的能力。

1. 发现问题的能力

发现问题的能力是一种发现那些让人难以觉察的、隐藏在习以为常现象背后问题的能力,表现为意识到存在于周围环境中的矛盾、冲突、需求,意识到某种现象的隐蔽未解之处,意识到寻常现象中的不寻常之处。例如,对于两块大小悬殊的石头从同一高度落下,却同时落地这一现象,没有人对亚里士多德关于物质下落的速度与它的质量成正比的结论提出疑问,只有伽利略意识到这一问题的存在,促使他进行了比萨斜塔试验。实践证明铁球和铅弹的下落速度同它们的质量无关,从而纠正了影响人们 2 000 多年的错误理论。

2. 流畅的思维能力

流畅的思维能力是指就某一问题情境能顺利产生多种不同的反应,给出多种解决办法和方案的能力。思维流畅对创新有重要意义。因为形成大量设想,所以有更多机会产生有创新意义的想法。提出的设想不一定每个都正确,有创建性的设想也不是一下子就能在大脑中形成的。提出的设想越多,出现有创建性想法的机会也就越多。

思维流畅是以丰富的知识和较强的记忆力为基础的,并能够根据当前情况所得到的印象和所观察到的事物激活知识,调出大脑中储存的信息并进行创造性思维,从而提出大量新观点。

流畅的思维不但针对个体提出,而且在群体合作中也具有重要意义。

拓展阅读

“思想流动”模式

研究表明,在 50 年前,各个领域的突破性思想或者发现大多来自个人。但是现在,由团队共同完成的研究成果远远超过个人。那么,产生这种变化的原因是什么呢?现在是知识大爆炸的时代,如果想成为专家,只能专攻一个小的领域。而创新往往需要不同知识、不同思想之间的互相碰撞，所以想取得成就，就要靠团队合作。

团队合作并不容易。实际上，只有少数团队能做到高效产出。高效团队的要领是什么？

由麻省理工学院等三所院校组成的研究团队对这个问题进行了研究。他们发现，影响团队效率的最关键因素不是团队成员的智力水平，也不是明确的职责划分，而是团队成员的交往行为是否符合“思想流动”模式。

“思想流动”模式就是每个人的想法是在大家的脑海里共享的。它有三个特点。首先，每个成员在发言的时候语言很简练，但是贡献的想法很多。其次，团队成员能对他人的想法给出即时反馈，不断用“这个想法好”“你说得对”这样的正面语句鼓励对方。最后，所有成员都会贡献想法，人人说话的机会均等，这就保证了想法的多元性。总的来说，高效团队里的每个人就像往一条河里注水，每个人都贡献一点儿想法，最后就能汇聚成一条思想大河，碰撞出精彩的点子。

【思考与讨论】

你认为大家都用手机、计算机远程协作是否更好？

3. 开放的思维能力

开放的思维能力是指思维迅速、能轻易地从一类对象转变到另一类对象的能力。它能够从某种思想转换到另一种思想，或者从多角度思考问题，能用不同分类或不同方式研究问题。具有变通能力的人一般能根据客观情况的变化机智地解决问题，在思维中灵活应变，不囿于条条框框，敢于提出新观点，思想活跃。而缺乏变通能力的人往往没有创新精神，思想陈旧、观点保守。

创新实践证明，凡是在创新上大有作为的人，大多数思路开阔，妙思泉涌。因为创新需要找到不同的应用范畴或许多新的观念，越能带来重大突破的创新越需要借助其他领域的知识吸取外来思想。

创新需要多向思维，只有流畅的能力是不够的，还需要开放变通的能力。因为流畅性强调产生设想的数量，如果只在同一类型上做出反应，就会形成思维定式。

案例

老手艺新花样

张艳是“80后”。以她的名字命名的剪纸小店生意总是热火朝天，来体验传统民俗技艺的人总是络绎不绝。她是店主，是延安剪纸技艺传承人，更是传统民俗文化的传播者。

她对来访者的心理、对场景事件有很强的洞察力、转化力和整合力。她的剪纸作品所传达的文化意象是精准的、简洁的、新奇的。这需要深厚的文化、自信的文化立场和开放的文化心态。

她曾为造访延安的一位新加坡政要展示陕北剪纸，如图5-2所示。整幅作品的构造很独特，凝聚了两国文化的独特个性和交融之处，以及对未来的美好寓意。作品的中心是荷花，象征和美、睦邻友好的高贵友谊；边缘处的鱼尾狮造型是新加坡民间文化的象征。鱼尾狮狮头的设计灵感是根据《马来纪年》的记载，公元14世纪时一位来自“三佛齐王国”名叫圣尼罗乌达玛的王子在前往马六甲途中来到了新加坡，他一登陆就看到一只神奇的野兽，随从告诉他那是一只狮子。他于是为此岛取名新加坡，在梵文中即“狮城”的意思，而鱼尾象征当年漂洋过海。这一剪纸作品边缘处的牡丹花样象征中国国力昌盛，再次寄托了对两国情谊的美好祝愿。

图 5-2 传统文化窗花

4. 独立创新的能力

独立创新的能力（以下简称“独创能力”）是一种寻求不同寻常的思想和新奇独特的解决问题的能力。具有独创能力的人能想出别人想不出来的点子，看出别人看不到的问题。它是一种求新求异的能力。具有独创能力的人往往与他人不同，独具卓识，能提出新的见解，能实现新的突破，具有开拓性。而缺乏独创能力的人只会一味地模仿和盲从，只知道遵从传统习惯，每天都进行一些重复性的活动，说一些千篇一律的话。如果只依靠吸收、模仿、学习等重复的方法而不进行变革、突破，就不可能实现创新。

独创能力是创新能力最本质、最重要的核心要素，反映了一个人创新能力水平的高低。同时，独创能力是人们在创新活动的各个阶段或各个领域都需要具备的最基本的能力要素，无论是在技术产品开发上还是在生产、管理和市场开拓上，甚至在日常学习和生活中，都需要运用独创能力。

5. 制订方案的能力

创新的设想能否实现取决于方案的制订和实施。所谓制订方案的能力，是指把一个创新的想法变成一个具体的实施方案。方案是为了解决特定问题、达到预期目标而采用的方法和手段。制订方案时，首先，要明确创新目标，方案是围绕实现创新目标而制订的；其次，分析实现这个创新设想存在的问题和困难，了解其有利因素和不利因素；再次，针对需要解决的问题选择采用的主要方法和途径，并确定需要解决的重点和方向，主要是运用创新方法，包括类比、想象、直觉、灵感等多种形式；最后，制订方案的实施步骤。

从设想、构思、证明到具体的设计、修改、完善，需要做大量的创造性工作。创新一项探索性工作，没有现成的方法和模式可以照搬，它不是对人类已有认识和实践的重复，而是在此基础上的飞跃。因此，创新过程不可能是一帆风顺的，其中必然会遇到许多挫折和失败。为此，需要拟订多套方案以备选择。

6. 评价的能力

评价的能力是指通过评审从许多方案中选择出一种方案的能力。在创新活动中，需要冲破任何约束，解放思想，从而提出大量的设想、构思和方案。在多种方案中，除了个别方案可能是“闪光”的设想之外，还不可避免地伴有大量的、在技术经济上暂不可行的设想。因此，需要通过评价选出在技术经济上可行的、有希望获得成功的方案；如果不进行评价，往往会造成人力、物力和财力的浪费。

评价还可以促进创新过程中方案的优化。没有正确的评价，没有正确的筛选，就无法保证得到最优或较优的创新方案。不仅在创新初期要进行方案选择的评价，以寻求最佳方案，还要在创新完成时对创新结果进行评价，以确定创新的价值和水平。在创新过程中也要多次对活动进行评价，这样可以帮助人们寻找最佳创新方法和指明创新前进的方向。

创新能力是由上述基本能力组成的一个有机整体，只有在这六个基本能力协调一致时，创新能力才能得到充分发挥。具有创新能力的人不仅要具备这些能力，而且要懂得思考在什么时候、以何种方式来有效地使用这些能力。创新就是这些能力达到均衡和运用的过程。

案例

看北京大学的“神仙”课程

——欣赏非遗的古典之美和创新之美

作为我国古老的剧种之一，昆曲被联合国教科文组织列入首批“人类口头和非物质遗产代表”名单。在北京大学，“经典昆曲欣赏”也是一门明星课程，集表演、讲解、教学于一身，弘扬经典昆曲、启迪艺术传承，以独特的方式让昆曲在北京大学校园中绵延不息。它又被同学们称为“神仙”课程。

一个个艺术家走进昆曲的课堂，不仅会仔细讲解，更会唱一段、演一段、讲一段，讲堂变成了舞台，将艺术与知识无缝对接，台下的学生如痴如醉。表现风花雪月的折子戏中为什么有武场乐器的声音？闺门旦的眼睛为何似张还敛？为什么杜丽娘在寻梦将尽时有一个回身的动作，这有何讲究？

这门课程作为推广昆曲这项非遗艺术的重要方式，除日常教学外，还增添了许多有趣的福利活动。例如，课程主办者不定时地赠送昆曲演出票，学生可以免费欣赏昆曲。此外，昆曲课采用创意作业作为期中作业的一种形式，形式不限，极大地激发了同学们的想象力与创造力，帮助同学们把自身才能与昆曲艺术结合起来，产生了许多精彩的作品。

2016年北大信息科学技术学院一名学生自己创作研发的“杜丽娘机器人”能够进行简单的昆曲动作，为这个机器人穿上简单的衣服，使之婉约而多情，将昆曲之美与现代科技完美结合。2019年秋，一名学生的作业以素描的方式再现了老师的一颦一笑，展现了昆曲艺术家年华虽老、气韵依旧的美人风骨。当时沈世华老师为同学们分析《牡丹亭・寻梦》，眼波微转、睇眄凝笑、体态袅娜、婉转多情。

此外，昆曲人物泥塑，将昆曲素材改编成连环画、小说等，甚至自编一段昆曲等种种新奇的尝试层出不穷，如图 5-3 所示。这不仅产生了很多昆曲周边文创，还激发了学生的创造力，在实践中加深了学生对昆曲艺术的认识。

图 5-3　昆曲课学生的创意作品

"经典昆曲欣赏"不仅为很多本身就是"昆曲迷"的学生提供了一个安放情感、融合爱好与学业的课程平台，为他们提供了接触大师的机会；还为"昆曲小白"甚至"戏曲小白""艺术小白"提供了一个接触昆曲、接触戏曲艺术的契机，让很多原本想到昆曲只觉阳春白雪、毫不了解也毫无兴趣的人了解昆曲，学会感悟昆曲。

（资料来源：北京大学官网，2020 年 12 月 31 日，有改动。）

【思考与讨论】

1. 北京大学在课程设计和实施过程中体现了哪些方面的创新能力？
2. 北京大学的学生在课程学习过程中体现了怎样的创新能力？

（二）创新能力的形成原理

1. 遗传素质

遗传素质是形成人类创新能力的生理基础和必要的物质前提，也是创新能力形成的第一原理，是决定个体创新能力未来发展的类型、速度和水平的潜在因素。

遗传素质又称天赋、禀赋或者天资，是指个体先天继承的、与生俱来的生理解剖特点，主要包括脑和神经系统的结构、机能特性，感觉器官和运动器官的机能，身体的结构和机能，等等。其中，大脑是人的创新能力形成的物质基础，是人的创新能力发展的物质载体。离开了这个物质基础，人的创新能力的形成和发展就成了无源之水、无本之木。

遗传素质是人类创新能力的物质基础，因此，人类创新能力的形成首先要遵循遗传规律。但同时，事实也证明，一些天才人物的遗传因素和一般人无显著区别，所以不能将遗传素质当作人类创新能力形成的唯一因素，而应该采取"承认天赋，不唯天赋"的态度。

2. 外部环境

除了先天因素以外，外部环境也是人的创新能力形成和提高的重要条件，是创新能力形成的第二原理，环境的优劣影响个体创新能力发展的速度和水平。

人是社会的人，人的创新实践不可能在“真空”中进行，必然受到环境的影响。马克思所说的“人创造环境，同样环境也创造人”就是这个道理。环境包括自然环境和社会环境，其中社会环境包括家庭、学校和社会等。

3. 实践

实践是人的创新能力形成的唯一途径，也是检验创新能力水平和创新活动成果的标准，是创新能力形成的第三原理。创新能力只有在创新实践中才能得到施展与发挥，实践是创新能力变成现实的唯一平台。

人类改造实践的活动就是创新活动。人类只有通过社会实践，才能把创新意识变成现实，而创新能力必须通过实践才能形成，因此，实践是创新能力形成的唯一途径。同时，实践还是检验人类创新成果的唯一标准。

四、深度工作

深度学习是人工智能的事，深度工作则是每个人的事。生活与工作被切割成一个个碎片，这已是既成事实。不要将时间碎片化全部归咎于技术的发展和手机的诱惑。这会给人营造一种不需承担时间碎片化、思考浅薄化责任的假象。逃避责任，终将导致逃避自由，被技术牵制、被手机奴役也终成必然。学界对此已有很多思考和讨论，若要摆脱被技术控制的、看似忙碌实则无所创造的境况，就要勇于担责：生活是自己的，学习是自己的，工作是自己的，把日子过得充实，把学习搞得深入，把工作做得高效。

视频
2021 届毕业设计背后的故事

这需要有清醒的意识，更需要有科学的方法，在碎片化中深度工作。

1. 反复练习

人脑有近 50%由“白质”构成，即髓磷脂，也称髓鞘质。它得以产生并包裹大脑神经元轴突的过程叫作神经髓鞘化。神经髓鞘化使神经传导速度变快，对具有高难度技巧的学习、工作来说至关重要。

神经髓鞘化会在两种情况下发生：在人的早年成长过程中可以自然获得，人在成年后必须付出大量努力且反复练习才可以获得。

大脑的可塑性伴随人的一生，但很多人并不能有效利用这一大脑特性，因为做到坚持学习并不容易。重搭大脑回路，需要大量、反复、正确的练习。反复练习，形成肌肉记忆是成人学习的必由之路；正确练习，仔细聆听反馈信息，有针对性地调节练习方式同样重要。

2. 善用注意力剩余

注意力是人最宝贵的资源。时间碎片化对人的消磨主要来自在多个事件中相互切换，注意力被损耗，于是忙碌、焦虑、效率低下。多数人经常试图通过多任务处理以获得效率，结果却适得其反。

人常常难以同时处理学习和工作，尤其是高难度的学习和工作，这是由人脑的黏性决定的。因此，人需要克制多任务处理的冲动，应致力于以下两点：一个时间段只做一件事，不仅仅是因为专注才有效率，也因为专注才能找到工作本身的乐趣；在前后相邻的时间段尽量做相关的事情，尽量不要跳转到不相关的事情上。专注做一件事，会形成注意力剩余，对做相关的事有帮助。把时间组块，把相关的工作组块，善用注意力剩余，将事半功倍。

3. 养成适合自己的学习和工作习惯

好习惯是最强大的，而坏习惯是最顽固的，所以要刻意养成好的学习、工作和生活习惯。习惯的最有用之处就是自动克服拖延症，并把对学习和工作的焦虑化解为一个个连续确定的流程，不需要耗费心理和生理能量去启动、去克服。

4. 放眼长远

给自己定下未来半年到一年要做成的一件大事，然后去完成它。高远目标—任务分解—针对性练习—反馈调整—朝下一个目标迭代提高，这是摆脱低效忙碌的终极方法。例如，克服手机过度分散注意力、难以专注学习和工作这个毛病，就可以尝试确定一个或几个时间段来查看信息、邮件和待办事项。这样可确保有独立的、不被打扰的时间段，同时做到不漏掉工作中的重要、紧急事项。从当下的烦琐中抽身予以集中处理，甚至可以通过延时处理的方式发现待处理事物之间更多的相似性、重复性和关联性，从而进行合并、简化、关联等更加具有创新性的处理。

拓展阅读

无聊有助于激发创造力

提到无聊，人们通常都会联想到无所事事，在无聊时，人总是试图做点什么事情。而正是无聊地试图做点什么事情常常带给大家意外的收获。英国中央兰开夏大学的教授桑迪·曼恩的实验结果表明，无聊有助于激发创造力。这是怎么回事呢？

在曼恩的实验中，人们被随机分为“对照组”和“无聊组”。无聊组需通过测试筛选，被试者要将电话簿中的电话号码读出来。完成后，他们需要对这项任务的无聊程度予以评级，即 1～5 级五级评分，1 为不无聊，5 为非常无聊，评级低于 4 的被试者会无缘接下来的测试，以保证剩下的被试者都感到这项任务很无聊。

随后，对照组和无聊组都会进行创造力测试，这一测试的内容包括设想一件东西（塑料杯等）的不同用途，为虚构的故事续写结尾，以及远程联想测试（给被试者三个不相关的词：“食物”“屋”“热”，然后要求被试者给出一个与三个词都有关联的新词：“狗食”“狗屋”“热狗”）。结果发现，无聊组的被试者比对照组的被试者在创造力测试上得分更高。这说明在无聊状态中，人们会产生更多灵感，更具创造力。

无独有偶，得克萨斯州农工大学的进化心理学家海瑟·林奇认为无聊还可能具有进化意义。一般来说，情绪的产生对人类都有一定的益处。无聊或许会促使人追求新目标和新体验以寻求改变，及时从当前失去益处的目标里抽身。也正是因为个体消除了前期的心理紧张，脱离了之前不正确的或陷入僵局的思路，才具有了创造性思维状态。

因此，如果面临难题，不妨将其先放置一段时日，或许问题恰恰在无聊中会得到解决。

（资料来源：人民网-科普中国，2019 年 8 月 23 日，有改动。）

知识总结

- 新时代劳动者的价值再造
  - 认识新时代
    - 新时代的基本特征
      - 在经济发展方面，产业结构加速转型，生产效率极大提升
      - 在社会交往方面，规模效率、连接方式发生巨大改变
      - 在人类存在方式方面，人与科技的相互渗透、共同创造正在不断增强
    - 新时代机器与人类劳动者的关系
      - 替代
      - 协作
      - 共创
    - 新时代人类劳动者的价值再造策略
      - 明确定位，凸显差异
      - 强化协同，共存共生
      - 终身学习，灵活应对
  - 新时代劳动者的核心素养
    - 创新精神
      - 创新精神的内涵
      - 创新精神的主要构成
    - 创新意识
      - 创新意识的内涵
      - 创新意识的特征
    - 创新能力
      - 创新能力的基本构成
      - 创新能力的形成原理
    - 深度工作
      - 反复练习
      - 善用注意力剩余
      - 养成适合自己的学习和工作习惯
      - 放眼长远

中　篇

劳动法律

第六章 认识劳动法

治国者，圆不失规，方不失矩，本不失末，为政不失其道，万事可成，其功可保。

——诸葛亮，选自《便宜十六策·治乱第十二》

核心问题

1. 什么是劳动法？
2. 劳动法调整的范围是什么？
3. 劳动者应当具备的条件有哪些？

导引案例

保姆行业等不受劳动合同法保护

《中华人民共和国劳动合同法》颁布实施已有13年了。

劳动合同法调整的是劳动关系，而劳动关系是管理与被管理的关系，它从事有偿劳动，相互间构成权利与义务关系。在现实生活中，由于受保护范围的限制，仍有一部分劳动者游离于劳动合同法的保护之外，无法享受到应有的法律保障。明明也是工作，却没有形成劳动关系，受到伤害也不受劳动法保护。一旦发生纠纷，他们也只能通过民事诉讼来解决。

在目前不受劳动合同法保护的行业中，以保姆、保险推销员等尤为典型。另外，兼职学生、退休返聘者和协议承包人等也常发生此类事件。

1. 保姆行业——属于非典型劳动关系

据不完全统计，全国约有1 500万名保姆，占整个农民工人数的1/10以上。

保姆行业签订劳动合同的状况一直都不理想。保姆在工作中面临的困境主要有休假权得不到落实、难以获得社会保险及发生纠纷后维权难等。

吴芳(化名)在北京从事保姆工作，社会保险没有着落，而她以前在工厂上班时，工厂会按规定为其缴纳各种社会保险，"现在心里一直空荡荡的，总感觉没有保障"。

保姆行业属于一种非典型劳动关系，从雇主来说，基本上都是个人。依照劳动法、劳动合同法的相关规定，我国境内的企业、个体经济组织、民办非企业单位等组织、国家机关、事业单位、社会团体可以与个人建立劳动关系。因此，在法律层面上，雇主无法成为劳动法意义上的用人单位，这并不是说保姆不受法律保护；如果是雇主和保姆双方直接商谈的，那么保姆的权益可以按照民法来操作。当事人可以以侵权、合同违约等案由直接向法院提起民事诉讼。

2. 保险推销行业——属于委托代理关系

保险推销行业的人事制度是代理制，而非雇员制。营销员联系着保险公司与被保险人。

2015 年 6 月，徐某某通过了成都一家保险公司的考核，从事保险销售工作。其间，徐某某取得了中国保险监督委员会颁发的保险资格证书。

依据保险公司与她签订的保险代理合同书，她可以在成都区域内销售该保险公司的产品，保险公司按照约定向其支付代理费。

徐某某因与新来的部门主任发生矛盾，被保险公司以违反相关制度规定为由解除与她的保险代理关系。徐某某将保险公司起诉到了法院，要求保险公司支付未签订劳动合同工资两倍的赔偿、违法解除劳动合同赔偿金及缴纳社会保险。

最终，法院没有支持徐某某的诉求。

承办法官指出，《中华人民共和国保险法》第一百一十七条第一款规定，保险代理人与保险公司之间的关系属于民事代理关系。从合同履行情况看，虽然保险公司要求徐某某遵守公司管理制度，接受公司管理和监督，并参加有关培训，但这种管理和培训是保险公司拓展业务与提高保险代理人工作能力的需要，不能等同于劳动合同中用人单位和劳动者的管理与培训。

（资料来源：《法制日报》，2019 年 4 月 30 日，有改动。）

【思考与讨论】

请同学们根据以上案例，思考并讨论以下问题。

1. 除了以上行业以外，还有哪些领域的“工作关系”不受劳动法保护？
2. 如果“工作关系”不受劳动法保护，那么工作人员该如何维护自己的权益？

第一节 劳动法概述

一、相关的劳动法

劳动法不是一部单独的法律，它是所有调整劳动关系及调整围绕劳动关系而产生的社会关系的法律统称。被称为法的劳动法包括《中华人民共和国劳动法》（以下简称《劳动法》）、《中华人民共和国劳动合同法》、《中华人民共和国劳动争议调整仲裁法》、《中华人民共和国就业促进法》，被称为法规的劳动法包括《中华人民共和国劳动合同法实施条例》，被称为规章的劳动法包括《工资支付暂行规定》《企业职工带薪年休假实施办法》。除此以外，还有大量地方的规范性文件，如《山东省劳动合同条例》《河北省劳动合同管理办法》。

拓展阅读

立法权限

1. 法律

全国人民代表大会和全国人民代表大会常务委员会行使国家立法权。

全国人民代表大会制定与修改刑事、民事、国家机构的和其他的基本法律。

全国人民代表大会常务委员会制定和修改除应当由全国人民代表大会制定的法律以外的其他法律。

2. 法规

法规指行政法规，由国务院根据宪法和法律制定。

3. 地方性法规

省、自治区、直辖市的人民代表大会及其常务委员会，省、自治区的人民政府所在地的市，经济特区所在地的市和国务院已经批准的较大的市的人民代表大会及其常务委员会在不与宪法、法律、行政法规相抵触的前提下，可以制定地方性法规。

4. 规章

(1) 部门规章。国务院各部、委员会、中国人民银行、审计署和具有行政管理职能的直属机构，可以根据法律和国务院的行政法规、决定、命令，在本部门的权限范围内制定规章。

(2) 地方政府规章。省、自治区、直辖市和设区的市、自治州的人民政府，可以根据法律、行政法规和本省、自治区、直辖市的地方性法规制定规章。

【思考与讨论】

内蒙古自治区哪些市的人民代表大会及其常务委员会可以制定地方性法规？哪些市的人民政府可以制定地方政府规章？

二、劳动法的调整范围

1. 劳动关系

劳动法意义上的劳动关系特指劳动者与用人单位之间在劳动关系存续期间发生的一方提供劳动力，另一方提供劳动报酬的社会关系，如图 6-1 所示。这是劳动法最主要的调整范围。

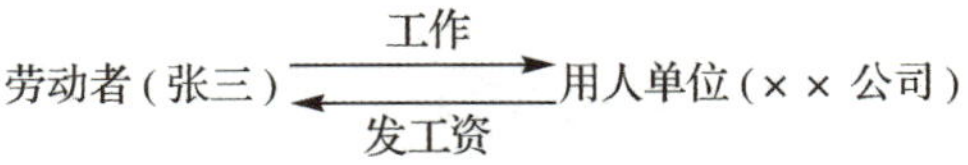

图 6-1 劳动关系示例

2. 围绕劳动关系产生的其他社会关系

劳动者在劳动过程中与除用人单位之外的部门形成的社会关系，包括劳动者与劳动行政部门、社会保险经办机构、劳动争议处理机构形成的劳动行政关系、社会保险关系、劳动仲裁法律关系等。

三、劳动法的基本原则

劳动法的基本原则，是指围绕劳动关系及围绕劳动关系产生的其他社会关系而产生，集中体现了劳动法的基本精神，贯穿劳动法立法、劳动法执法、劳动法司法全过程的总的指导思想和根本准则。

1. 劳动权法定原则

劳动是一切有劳动能力的公民的光荣职责。《中华人民共和国宪法》第四十二条规定："中华人民共和国公民有劳动的权利和义务。"为了保证落实公民的劳动权利，国家制定了《中华人民共和国就业促进法》，将保证就业放在经济社会发展的突出位置，要求县级以上人民政府"把扩大就业作为经济和社会发展的重要目标，纳入国民经济和社会发展规划，并制定促进就业的中长期规划和年度工作计划"；通过"发展经济和调整产业结构、规范人力资源市场、完善就业服务、加强职业教育和培训、提供就业援助、创造就业条件"等措施来扩大就业，力争实现"劳动者自主择业、市场调节就业、政府促进就业"等多渠道扩大就业。

2. 自主择业原则

劳动者是指满足一定年龄条件的自然人，具有独立的人格，能独立支配自己的劳动力。劳动者有自主择业的权利，用人单位有合法用工的自由，自主择业与用工自由是劳动法理论中劳动自由原则的表现，劳动自由原则是现代劳动法制存在和发展的基础。劳动自由最核心的表现是劳动者的就业自由，即自主择业，劳动者与哪个用人单位签订劳动合同及从事什么工作岗位都是自己自由意志的体现。自主择业进一步延伸至劳动者有支配自己工作时间之外时间的自由、有支配自己劳动报酬的自由、有选择和决定自己劳动权利保护方式的自由。

3. 保护劳动者合法权益原则

《劳动法》第三条规定："劳动者享有平等就业和选择职业的权利、取得劳动报酬的权利、休息休假的权利、获得劳动安全卫生保护的权利、接受职业技能培训的权利、享受社会保险和福利的权利、提请劳动争议处理的权利以及法律规定的其他劳动权利。"第七条规定："劳动者有权依法参加和组织工会。"第八条规定："劳动者依照法律规定，通过职工大会、职工代表大会或者其他形式，参与民主管理或者就保护劳动者合法权益与用人单位进行平等协商。" 劳动法落实了宪法中关于劳动者权益的规定，具体规定了劳动者享有劳动权、劳动报酬权、劳动保护权、休息权、职业培训权、物质帮助权、企业民主管理权等，以保护劳动者最基本的权益。

第二节 劳动者

一、劳动者的内涵

理论上将劳动者分为广义上的劳动者和狭义上的劳动者。广义上的劳动者是指达到法定就业年龄、凡具有劳动能力的所有公民。狭义上的劳动者是指达到法定就业年龄、具有劳动能力并与用人单位建立劳动关系的公民。我国劳动法所指的劳动者是狭义上的劳动者。

二、劳动者应当具备的条件

1. 符合法律规定的劳动年龄

我国劳动法和劳动合同法没有规定劳动者的法定年龄。《中华人民共和国民法典》第 18 条第二款规定,“十六周岁以上的未成年人,以自己的劳动收入为主要生活来源的,视为完全民事行为能力人”。原劳动和社会保障部以劳社厅函的方式将劳动者的起始年龄确定为 16 周岁。

劳动和社会保障部办公厅《关于落实再就业政策考核指标几个具体问题的函》(劳社厅函〔2003〕227 号)规定:“就业人员:指在法定劳动年龄内(男 16—60 岁,女 16—55 岁),从事一定的社会经济活动,并取得合法劳动报酬或经营收入的人员。”该规定明确劳动者的法定年龄为男 16—60 岁,女 16—55 岁。但该规定出台的目的是落实再就业政策考核指标,以此确定各地落实再就业目标责任,为再就业提供考核依据。所以,该规定中“法定劳动年龄”将女性劳动者终止劳动年龄确定为 55 岁、男性劳动者终止劳动年龄确定为 60 岁,与其他规定及司法实践是有冲突的。

《劳动和社会保障部办公厅关于企业职工“法定退休年龄”涵义的复函》(劳社厅函〔2001〕125 号)指出,“国家法定的企业职工退休年龄”是指国家法律规定的正常退休年龄,即“男年满 60 周岁,女工人年满 50 周岁,女干部年满 55 周岁”。该规定是对正常退休年龄的答复。还有一些特殊情况规定在其他文件中。例如,《关于工人退休、退职的暂行办法》(国发〔1978〕104 号)第一条规定:“全民所有制企业、事业单位和国家机关、人民团体的工人,符合下列条件之一的,应该退休。……(二)从事井下、高空、高温、特别繁重体力劳动或者其他有害身体健康的工作,男年满五十五周岁、女年满四十五周岁,连续工龄满十年的。”该文件的出台有特殊的时代背景,该条的适用有严格条件:主体是“全民所有制企业、事业单位和国家机关、人民团体的工人”,从事的工作为“井下、高空、高温、特别繁重体力劳动或者其他有害身体健康的工作”“连续工龄满十年”。

以上规定中干部、工人身份的确定以人事档案记载为准。

2. 具有劳动能力

民法中的完全民事行为能力人是指年满 18 周岁且能辨认自己行为的自然人。如果已满 16 周岁不满 18 周岁的自然人能以自己的劳动收入为主要生活来源的,被视为完全民事行为能力人。劳动法中劳动者的劳动能力一般以民法中的完全民事行为能力来确定,同时考虑不同劳动岗位对劳动者身体状况的机能条件和技术学历等专业条件。

3. 是自然人

目前,我国劳动法中的劳动者必须是自然人,一般情况下应为中国公民。

【思考与讨论】

在校大学生是否是劳动法意义上的劳动者?

案例

案例一　北京君信安科技公司与刘某的劳动争议

【(2020)京 02 民终 9125 号】

基本案情

2019 年 5 月 29 日,刘某到君信安科技公司面试,填写了面试登记表和入职员工登记表。5月30日，刘某入职，担任安全服务工程师。2019年11月25日（刘某认为工作至12月2日），刘某通过微信提出离职。2020年4月8日，刘某向北京市东城区劳动人事争议仲裁委员会申请仲裁，仲裁请求：支付2019年10月1日至2020年2月4日工资40 000元；支付2019年5月27日至2020年2月4日未签劳动合同二倍工资差额80 000元。

仲裁结果

（1）支付刘某2019年10月1日至2020年2月4日工资28 735.6元。

（2）支付刘某2019年6月30日至2020年2月4日未签劳动合同二倍工资差额58 735.6元。

（3）驳回刘某的其他仲裁请求。

君信安科技公司不服仲裁裁决，诉至法院。

一审判决

（1）自判决生效之日起10日内，君信安科技公司支付刘某2019年10月1日至2019年12月2日、2019年12月19日至2020年1月13日期间工资27 816.6元。

（2）自判决生效之日起10日内，君信安科技公司支付刘某2019年6月30日至2019年12月2日期间未续签劳动合同双倍工资差额57 816.6元。

（3）驳回君信安科技公司的诉讼请求。

君信安科技公司不服一审判决，提起上诉。

二审判决

一审判决认定事实清楚，适用法律正确，予以维持。驳回上诉，维持原判。

评析

刘某，男，2000年10月26日出生，入职时的身份为在校大学生，入职时未签订劳动合同。在一、二审中，法院均在判决中查明未签订劳动合同的事实。一、二审法院以《关于确立劳动关系有关事项的通知》（劳社部发〔2005〕12号）的规定认定刘某与君信安科技公司之间的劳动关系成立。二审法院对刘某的工作构成用人单位业务组成部分进行了论述："刘某工作的方式非利用业余时间勤工助学，而是稳定持续地接受公司的劳动管理、从事公司安排的工作、公司按月向刘某支付劳动报酬、刘某提供的劳动构成科技公司业务组成部分，故认定为存在劳动关系。"判决主文中唯一表述不恰当的是"刘某入职科技公司时虽为在校学生，但其已年满18周岁，具有法律规定的建立劳动关系的主体资格"，如果刘某入职时满17周岁或满16周岁，不满18周岁，是否就不能认定劳动关系了呢？判决应当结合案件事实及民法的规定对劳动者的年龄做出恰当的表述。

案例二　李某与奇瑞汽车公司的劳动争议

【（2020）皖02民终2587号】

基本案情

李某系亳州中药科技学校的学生，该校与安徽省汽车工业学校签订了代培协议，2016年8月至2019年6月，李某在安徽省汽车工业学校汽车运用与维修专业2016年秋季汽车8班学习（学制3年）。

按照安徽省汽车工业学校教学安排，李某于2018年7月至安徽省汽车工业学校实习协议单位即奇瑞汽车公司实习，三方签订了"职业院校实习合作三方协议书"。协议书约定：奇瑞汽车公司为实习生提供实习实训与就业的机会，学校指定驻场老师负责对实习生进行跟踪管理；实习生在实习期间严格执行公司的各项规章制度，服从公司管理；如实习生在实习期间自动离岗的（连续旷工3天以上），视为终止实习申请；根据考勤、考核情况给予实习生一定的实习补贴。

李某自2018年7月起在奇瑞汽车公司实习，实习期间领过实习补贴。李某后因病请假，在假期届满后未续请病假，也未到公司实习，公司根据规章制度决定终止李某的实习，并通知学校办理终止实习手续。李某认为其与奇瑞汽车公司形成劳动关系，要求公司支付未签订书面劳动合同的补偿及恢复劳动关系并补发工资。李某以此为由申请仲裁。

仲裁结果

不予受理。

李某不服仲裁裁决，诉至法院。

一审判决

李某系奇瑞汽车公司的实习生，奇瑞汽车公司定期发放的报酬不是劳动报酬，是履行“职业院校实习合作三方协议书”发放的实习补贴，李某与奇瑞汽车公司之间并非劳动合同关系，是实习单位与实习生的关系。故李某诉请确认其与奇瑞汽车公司之间为劳动关系，无事实和法律依据，依法不予支持；李某的工资请求、赔偿请求无事实和法律依据，不予支持，驳回李某的诉讼请求。

李某不服一审判决，提起上诉。

二审判决

劳动关系的本质是合同关系，劳动者与用人单位之间要成立劳动关系，双方之间要有建立劳动关系的合意。李某到奇瑞汽车公司实习的行为是经学校批准的教学实践行为，是李某完成学业的重要内容，李某与奇瑞汽车公司之间没有建立劳动关系的合意。公司支付给李某的是实习补助，并非李某的劳动对价。在实习期间，奇瑞汽车公司对李某进行的指导管理，并不影响李某的学生身份及学校对其进行的教育管理，不能据此认定李某与奇瑞汽车公司之间形成劳动制度上的员工管理关系。故李某上诉主张双方之间存在劳动关系于法无据，依法不予支持。驳回上诉，维持原判。

评析

这份判决的说理性很强，论证非常充分，把实习关系、劳动关系分析得很清楚。这份判决清楚地表明了一个观点，建立劳动关系得有“合意”。在校大学生到企业“工作”的性质该怎么认定，非常关键的一个要素是“双方的合意”。这个合意体现在协议中。所以，签订协议明确各方的意思表示很重要。在本案中，三方协议已经表明了实习、学习的意思。对企业来说，有必要要求学校、学生签订三方协议，以免发生纠纷；对学生来说，到企业“工作”有必要明确自己的意思是工作还是实习。

案例三　谷某与鞍山新隆嘉公司灵山分公司的劳动争议

【(2020)辽03民终2040号】

基本案情

谷某，1998年12月20日出生。2018年9月7日，谷某与新隆嘉灵山分公司在签订劳动合同时是盘锦职业技术学校大三学生，尚未毕业。2018 年 9 月 7 日，谷某与新隆嘉灵山分公司签订劳动合同书。2019 年 9 月 9 日，谷某向新隆嘉灵山分公司递交“离职申请书”，离职理由是个人原因。之后，谷某要求新隆嘉灵山分公司向其支付加班费、工作已满一年的经济补偿金、补交工作期间的社会保险及未缴社保导致的未能领取失业补助金的损失。

仲裁结果

不予支持。

谷某不服仲裁裁决，诉至法院。

一审判决

离职原因是个人原因，并且谷某没有证据证明其离职原因是灵山分公司没有为自己缴纳社会保险费，没对“离职申请书”的真实性予以确认，故谷某要求支付经济补偿金的诉讼请求没有法律依据，不予支持。用人单位是否为劳动者缴纳了社会保险费是由劳动行政部门管理，非人民法院受案范围，本院不予审理。在校学生利用业余时间的勤工俭学行为不视为就业，谷某与灵山分公司之间虽签订了书面劳动合同，但并未建立真正法律意义上的劳动关系，故对谷某补缴社会保险费及支付失业金的诉讼请求不予支持。谷某对自己的加班行为及加班费用没有提供合法证据，应承担举证不利的法律后果，故法院对该项诉讼请求不予支持。驳回原告谷某的诉讼请求。

二审判决

依据我国社会保险法的规定，用人单位应当依法为劳动者缴纳社会保险费。经查，谷某在签订劳动合同时是在校学生，不具备劳动者资格，双方虽然签订了劳动合同但并未形成劳动关系。新隆嘉灵山分公司作为用人单位既无义务也因客观事实无法为其办理社会保险等相关手续。故谷某要求新隆嘉灵山分公司无论是补缴社会保险费还是赔偿失业保险的上诉请求均没有事实和法律依据，本院不予支持。驳回上诉，维持原判。

评析

本案的判决结果令人匪夷所思。年满 16 周岁的在校大学生就不具备劳动者资格？辽宁省对此没有专门的规定。在辽宁省没有地方性规定的情况下，年龄、双方的合意及劳动者工作的内容等因素是成为判断是否形成事实劳动关系的依据。就本案来说，双方已经签订书面劳动合同，劳动的合意是非常明确的，一、二审法院仅以在校学生身份直接否定存在劳动关系，不具有说服力。谷某于 1998 年 12 月 20 日出生，在申请仲裁时已年满 18 周岁。

案例四　董某与滦县滦影公司的劳动争议

【(2020)冀 02 民终 445 号】

基本案情

董某，1997 年 4 月 18 日出生。2015 年 9 月，董某到滦影公司工作，未毕业，双方约定日工资为 90 元。2016 年 3 月 26 日 7 时 30 分许，董某驾驶电动自行车发生交通事故受伤，该事故经原滦县公安交通警察大队勘查认定，董某无事故责任。在发生交通事故时，董某未离职。董某因交通事故所受损害已由(2017)冀 0223 民初 1659 号民事判决予以确认并得到赔偿。2017 年 3 月 10 日，董某提出仲裁申请，申请确认与滦影公司之间存在事实劳动关系。

仲裁结果

裁决董某与滦影公司之间不存在事实劳动关系。

董某不服仲裁裁决,提起诉讼。

一审判决

董某未与滦影公司签订劳动合同,也未与滦影公司签订毕业后到滦影公司继续工作的意向协议,董某在发生交通事故时是尚未毕业的大学生,其在滦影公司工作的性质实际上是在滦影公司实习。实习生的身份仍是学生,实习生不是劳动法意义上的劳动者,在校学生与实习单位之间建立的不是劳动关系。董某对与滦影公司存在事实劳动关系的主张没有事实和法律依据,双方不存在事实劳动关系,董某的诉讼请求不予支持。驳回董某的诉讼请求。

董某不服一审判决,提起上诉。

二审判决

董某到滦影公司工作时尚未毕业,属于在校学生实习期间顶岗实习。实习要服从实习单位的管理,遵守规章制度,实习单位虽向其支付劳动报酬,但实习生身份仍隶属于学校,不属于劳动法意义上的劳动者,与实习单位之间的劳动关系不成立。因此,一审判决董某与滦影公司之间不存在事实劳动关系并无不当。驳回上诉,维持原判。

董某认为有新证据表明二审判决认定事实与适用法律存在错误,申请再审。

再审裁定

董某在发生交通事故时尚为在校学生,到滦影公司工作时尚未毕业,正在实习期间。根据职业学校学生实习管理相关规定,职业学校学生实习包括认识学习、跟岗实习和顶岗实习等形式。董某到滦影公司工作是顶岗实习,日工资为 90 元,与 2016 年当地实习工资标准相当,并未明显高于实习工资,且实习期间的身份仍为在校学生,董某的诉求与滦影公司存在事实劳动关系缺乏证据证明;其新提交的证明不属于再审新证据,不足以推翻原判决。本案不存在“同案不同判”的情形。裁定如下:驳回董某的再审申请。

评析

本案由交通事故引起,从交通事故发生之日起计算,到劳动争议再审裁定生效,历时 4 年之久。就劳动争议案件经历了劳动争议仲裁、一审、二审、发回重审(一审)、二审、申请再审 6 个程序,经过基层人民法院、中级人民法院、高级人民法院三级法院审理,三级法院的审理态度高度一致,在校生不是劳动法意义上的劳动者,所进行的劳动是实习,所领取的报酬不是劳动法意义的工资。三级法院都忽略了董某到滦影公司工作时的年龄,董某工作时已经年满 18 周岁,年满 18 周岁的成年人难道因为没毕业就不能获取一份劳动法意义上的工作?再审裁定对董某顶岗实习的认定更是牵强,顶岗实习需要有学校参与管理,在学校不出面、学校公章不出面、指导教师不出面的情况下,就不能称为顶岗实习。该案的每份判决都很长,看似在说理,但没有说服力!

(案例来源:中国裁判文书网,有改动。)

知识总结

- 认识劳动法
  - 劳动法概述
    - 相关的劳动法
    - 劳动法的调整范围
      - 劳动关系
      - 围绕劳动关系产生的其他社会关系
    - 劳动法的基本原则
      - 劳动权法定原则
      - 自主择业原则
      - 保护劳动者合法权益原则
  - 劳动者
    - 劳动者的内涵
    - 劳动者应当具备的条件
      - 符合法律规定的劳动年龄
      - 具有劳动能力
      - 是自然人

第七章 劳动合同

国无常强，无常弱。奉法者强则国强，奉法者弱则国弱。

——韩非子，选自《韩非子·有度》

核心问题

1. 劳动合同的形式有哪些什么？
2. 未签订书面劳动合同的双倍工资的条件是什么？
3. 经济补偿金、经济赔偿金支付的情形与计算方法有哪些？

导引案例

用人单位犯的低级错误

《中华人民共和国劳动合同法》自2008年1月1日实施以来已有13年，但还是有很多用人单位在犯以下几个低级错误。

(1) 不签订书面劳动合同。

(2) 随意粗暴辞退员工。

(3) 辞退员工没有任何规章制度依据。

(4) 辞退员工没有任何证据。

(5) 辞退员工没有任何程序。

下面这个案例中的公司，其因劳动管理过于粗糙而最终付出了惨痛的代价。

【案情简介】

2017年9月17日，李某到泉城公司从事销售总监工作，双方没有签订劳动合同，泉城公司没有为李某办理社会保险。在工作期间，李某没有办理带薪年休假，也未领取3倍带薪年休假工资。

2019年9月27日，泉城公司更换营销人员，采取办公场所强行上锁的方式将李某等营销人员辞退。

李某通过诉讼方式主张自己的权利。

【法院认为】

1. 关于劳动关系

李某在泉城公司从事销售总监工作，接受泉城公司的管理，其从事的销售工作属于泉城公司的业务范围，以上符合劳动关系的特征。泉城公司认为双方是代理关系而不是劳动合同关系，无证据证明，不予采信。

2. 关于工资数额

根据《江苏省工资支付条例》第 51 条第 1 款，用人单位对工资承担举证责任。泉城公司举证不能，应承担不利后果。法院对李某的工资、奖金数额予以认定。

3. 关于未签订劳动合同二倍工资

李某自 2017 年 9 月 17 日进入泉城公司工作，应于 2017 年 10 月 16 日前签订劳动合同，泉城公司未签订劳动合同，应当支付二倍工资，故支持李某 2017 年 10 月 17 日至 2018 年 9 月 16 日未签订劳动合同的二倍工资 227 916 元(112 322 元+115 594 元)。

4. 关于解除劳动合同赔偿金

泉城公司口头通知李某离开岗位，未履行法定程序和通知义务，是违法解除劳动关系。法院支持泉城公司支付李某违法解除劳动合同的赔偿金 91 184.35 元[(11 170.04+7 066.83)×2.5×2]。

5. 关于失业金损失

法院认为，李某因泉城公司违法解除劳动关系，属于非本人意愿中断就业，符合《社会保险法》第 45 条、《江苏省失业保险规定》第 18 条规定的领取失业保险金的情形。

李某工作时间满 2 年，按照每满 1 年发放 2 个月失业金的标准发放失业金。泉城公司未有效举证，法院按照最高不超过最低工资 1 830 元计算，支持失业金损失 7 320 元(1 830 元×2×2)。

6. 关于带薪年休假工资

李某请求带薪年休假工资，考虑到泉城公司在李某工作期间正常发放工资(1 倍)，根据《企业职工带薪年休假实施办法》第 11 条，支持李某带薪年休假工资差额 8 384.77 元[(11 170.04+7 066.83)/21.75×5×2]。

【法院判决】

泉城公司于判决生效后 10 日内支付李某未签订劳动合同的二倍工资 227 916 元、赔偿金 91 184.35 元、失业金损失 7 320 元、带薪年休假工资 8 384.77 元，合计 334 805.12 元。

(资料来源：https://new.qq.com/rain/a/20210130A0462P00，有改动。)

【思考与讨论】

请同学们根据以上案例，思考并讨论以下问题。

1. 用人单位聘用员工应当在什么时间签订劳动合同？

2. 用人单位是否应当向员工公示规章制度？是否允许员工查阅规章制度？

第一节 劳动合同的概念和分类

一、劳动合同的概念

《劳动法》第十六条第一款规定：“劳动合同是劳动者与用人单位确立劳动关系、明确双方权利和义务的协议。”建立劳动关系应当订立劳动合同。

二、劳动合同的分类

以合同期限为标准，劳动合同可以分为以下几种类型。

1. 固定期限劳动合同

固定期限劳动合同是指用人单位与劳动者约定合同终止时间的劳动合同，如图 7-1 所示。

劳动者（张三）←签订书面合同 / 三年期限→用人单位（××有限公司）

图 7-1 固定期限劳动合同示例

2. 无固定期限劳动合同

无固定期限劳动合同是指用人单位与劳动者约定无确定合同终止时间的劳动合同。

《劳动合同法》第十四条第二款规定："有下列情形之一，劳动者提出或者同意续订、订立劳动合同的，除劳动者提出订立固定期限劳动合同外，应当订立无固定期限劳动合同：（一）劳动者在该用人单位连续工作满十年的；（二）用人单位初次实行劳动合同制度或者国有企业改制重新订立劳动合同时，劳动者在该用人单位连续工作满十年且距法定退休年龄不足十年的；（三）连续订立二次固定期限劳动合同，且劳动者没有本法第三十九条和第四十条第一项、第二项规定的情形，续订劳动合同的。用人单位自用工之日起满一年不与劳动者订立书面劳动合同的，视为用人单位与劳动者已订立无固定期限劳动合同。"

第二节 劳动合同的订立

一、劳动合同订立的定义

劳动合同订立是指订立劳动合同的劳动者和用人单位就双方的权利与义务进行协商，达成劳动合意，签订对双方具有法律约束力劳动合同的行为。

二、书面劳动合同的订立和未订立的后果

（一）书面劳动合同的订立

《劳动合同法》第十条规定："建立劳动关系，应当订立书面劳动合同。"第十六条规定："劳动合同由用人单位与劳动者协商一致，并经用人单位与劳动者在劳动合同文本上签字或者盖章生效。"

（二）未订立书面劳动合同的后果

1. 劳动者不与用人单位订立书面劳动合同的后果

自用工之日起一个月内，经用人单位书面通知后，劳动者不与用人单位订立书面劳动合同的，用人单位应当书面通知劳动者终止劳动关系，无须向劳动者支付经济补偿。劳动者可以获

得工作时间的劳动报酬。

2. 用人单位不与劳动者订立书面劳动合同的后果

(1) 用人单位自用工之日起超过一个月不满一年未与劳动者订立书面劳动合同的，应当依照《劳动合同法》第八十二条的规定向劳动者每月支付两倍的工资，并与劳动者补订书面劳动合同，如图 7-2 所示。

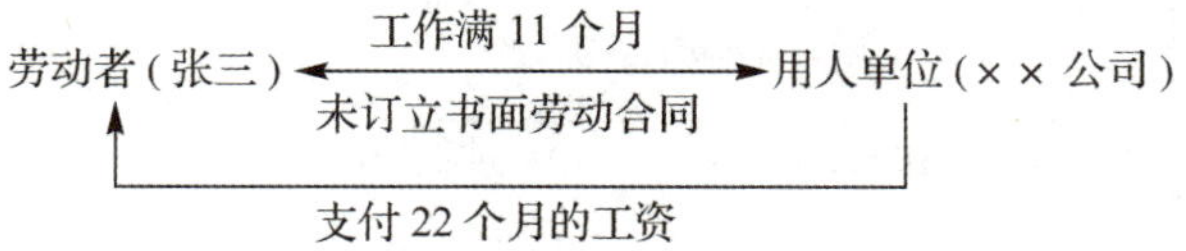

图 7-2　未订立书面劳动合同的后果示例(一)

案例

山西晋商国际大酒店与高某的劳动争议案

【(2019)晋民终 250 号】

基本案情

2017 年 5 月 8 日，高某到晋商酒店处从事后厨打荷工作，双方未签订书面劳动合同。2017 年 8 月 31 日，高某在工作中受伤。在工作期间，晋商酒店未给高某缴纳社会保险费用，工资以现金形式发放，每月为 2 400 元。

仲裁结果

高某因存在劳动关系需支付工资、双倍工资、社会保险问题申请劳动仲裁。仲裁裁决书内容：双方存在劳动关系，晋商酒店应支付高某未签书面劳动合同的二倍工资差额 6 786.2 元。

晋商酒店不服仲裁裁决，诉至法院。

一审判决

根据高某在仲裁申请中提供的“员工入宿离宿申请表”及晋商酒店盖章的收据、证明等证据，对高某 2017 年 5 月 18 日入职并从事后厨打荷工作，并于 2017 年 8 月 31 日在工作中受伤的事实予以认定。在高某受伤后，劳动行政部门做出了《认定工伤决定书》，认定高某身体所受伤害构成工伤。据此，可以认定双方存在劳动关系。驳回晋商酒店的诉讼请求。

晋商酒店不服一审判决，提出上诉。

二审判决

一审法院认定事实清楚，适用法律正确，应予维持。驳回上诉，维持原判。

评析

本案案情简单，双方对入职时间没有争议。高某提供的“员工入宿离宿申请表”、加盖了账务专用章的“收据”足以证明其与晋商酒店建立了劳动关系。晋商酒店未与高某签订书面劳动合同，应自用工之日起满一个月后向高某支付双倍工资。

(案例来源：中国裁判文书网，有改动。)

(2) 用人单位自用工之日起满一年未与劳动者订立书面劳动合同的，自用工之日起满一个月的次日至满一年的前一日应当依照《劳动合同法》第八十二条的规定向劳动者每月支付两倍的工资，并视为自用工之日起满一年的当日已经与劳动者订立无固定期限劳动合同，应当立即与劳动者补订书面劳动合同，如图 7-3 所示。

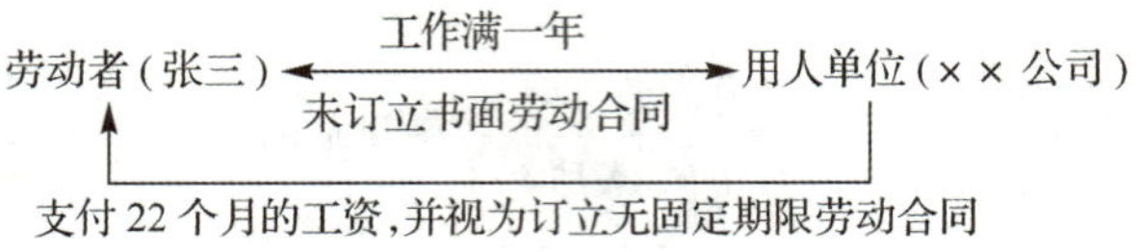

图 7-3　未订立书面劳动合同的后果示例(二)

【思考与讨论】

未签订书面劳动合同的双倍工资如何计算，应当何时主张权利？

案例

丁某与安徽华米科技公司的劳动争议

【(2020)皖 01 民终 9555 号】

基本案情

2016 年 2 月 26 日，华米科技公司与丁某签订劳动合同，合同期限自 2015 年 2 月 26 日起至 2017 年 2 月 25 日止。2017 年 2 月 26 日，双方续签劳动合同，合同期限自 2017 年 2 月26 日起至 2020 年 2 月 25 日止。2019 年 4 月 1 日，华米科技公司与丁某签订“劳动合同终止协议书”，协议内容为：自 2019 年 3 月 31 日起，双方的权利义务随之终止；甲方为乙方缴纳保险至 2019 年 7 月止；甲方已经一次性解决乙方的工资、经济补偿金等(包含可能存在的其他任何支付项目)，双方的权利义务终止后，任何一方不再以任何形式向对方主张基于劳动合同关系产生的任何责任。”2019 年 4 月 1 日，华米智能公司与丁某签订为期三年的劳动合同。同日，华米智能公司发布通知，认可丁某在华米科技公司的工龄，将会延续计算至其公司的工龄中。

仲裁结果

丁某作为申请人，以华米科技公司为被申请人提起仲裁。丁某请求裁决华米科技公司支付解除劳动关系的经济补偿金 75 300.12 元及相当于上述经济补偿 100％的额外赔偿金 75 300.12 元，支付代通知金 16 733.36 元、未休年休假工资 15 386.99 元、未签订书面劳动合同的双倍工资差额 143 000 元、竞业限制补偿 116 491.39 元。仲裁委员会裁决：裁令华米科技公司支付丁某解除劳动关系的经济补偿 75 300.12 元，驳回丁某其他仲裁请求。

华米科技公司不服仲裁裁决，诉至法院。

一审判决

2019 年 4 月 1 日，华米科技公司与丁某签订“劳动合同终止协议书”，协议中双方已经明确约定对丁某的工资、经济补偿金等一次性解决，任何一方不再以任何形式向对方主张基于劳动合同关系产生的任何责任。本案中，丁某再主张经济补偿金无事实和法律依据，不予支持。双倍工资制度是法律对用人单位未按照规定与劳动者签订书面劳动合同的一种惩罚性规定，对双倍工资提出仲裁请求的仲裁时效期间从当事人知道或者应当知道其权利被侵害之日起计算，丁某的请求已经超过仲裁时效，不予支持。华米科技公司不存在无过失性辞退丁某的情形，丁某主张代通知金无事实依据，不予采信。丁某自行填写的请假条显示其已经休完在职期间的全部带薪年休假，该请假条与公司系统内部其请假申请流程截图均能相互印证，丁某未能提供其他证据推翻上述证据，应当承担举证不能的不利后果，对其辩称的年休假工资不予采信。驳回丁某的诉讼请求。

丁某不服一审判决，提出上诉。

二审判决

一审判决认定事实清楚，适用法律正确，应予维持。驳回上诉，维持原判。

评析

选择本案并将当事人的仲裁请求及金额一一列出，是想陈列出劳动争议仲裁可以申请的项目。可以将当事人的请求项目与“劳动合同终止协议书”中的兜底条款做比较，“包含可能存在的其他任何支付项目”，任何一方不再以任何形式向对方主张基于劳动合同关系产生的任何责任。劳动者与用人单位在劳动关系终止时或双方达成解除劳动关系的协议时，双方对工资、经济补偿金等形成的合意在不违反法律强制性规定情况下对各方均有约束力。任何一方以协议内容为请求提起诉讼，除非有足够的证据证明在签订协议时存在欺诈、胁迫的情形，否则该协议有效。

（案例来源：中国裁判文书网，有改动。）

第三节 劳动合同的解除和终止

一、劳动合同的解除

劳动合同的解除是指在劳动合同成立以后，劳动者或者用人单位单方行使解除权或双方经过协商一致，使劳动合同消灭的行为。

1. 劳动者单方解除劳动合同

（1）在试用期内，劳动者可以提前 3 日通知用人单位解除劳动合同。

（2）在劳动合同履行期间，劳动者可以提前 30 日通知用人单位解除劳动合同。

（3）用人单位有下列情形之一的，劳动者可以行使解除权。

① 用人单位未按照劳动合同约定提供劳动保护或者劳动条件的。

② 用人单位未及时足额支付劳动报酬的。

③ 用人单位未依法为劳动者缴纳社会保险费的。

④ 用人单位的规章制度违反法律、法规的规定，损害劳动者权益的。

⑤ 用人单位以欺诈、胁迫的手段或者乘人之危，使劳动者在违背真实意思的情况下订立或者变更劳动合同的。

⑥ 用人单位在劳动合同中免除自己的法定责任、排除劳动者权利的。

⑦ 用人单位违反法律、行政法规强制性规定的。

⑧ 用人单位以暴力、威胁或者非法限制人身自由的手段强迫劳动者劳动的。

⑨ 用人单位违章指挥、强令冒险作业危及劳动者人身安全的。

⑩ 法律、行政法规规定劳动者可以解除劳动合同的其他情形。

【思考与讨论】

用人单位的上述行为该如何定性？如果用人单位存在上述行为，是否侵害了劳动者的合法权益？

2. 用人单位单方解除劳动合同

(1) 无过失辞退。

① 无过失辞退的情形。

第一，劳动者患病或者非因工负伤，在规定的医疗期满后不能从事原工作，也不能从事由用人单位另行安排的工作的。

第二，劳动者不能胜任工作，经过培训或者调整工作岗位，仍不能胜任工作的。

第三，劳动合同订立时所依据的客观情况发生重大变化，致使劳动合同无法履行，经用人单位与劳动者协商，未能就变更劳动合同内容达成协议的。

② 无过失辞退的程序和方式。用人单位提前30日以书面形式通知劳动者本人或者额外支付劳动者一个月工资后，可以解除劳动合同。

【链接】

用人单位额外支付劳动者的一个月工资，又称代通知金，按照该劳动者上一个月的工资标准确定。

(2) 经济性裁员。

① 依照企业破产法规定进行重整的。

② 生产经营发生严重困难的。

③ 企业转产、重大技术革新或者经营方式调整，经变更劳动合同后，仍需裁减人员的。

④ 其他因劳动合同订立时所依据的客观经济情况发生重大变化，致使劳动合同无法履行的。

(3) 因劳动者的原因，用人单位单方行使解除权的情形。

① 劳动者在试用期间被证明不符合录用条件的。

② 劳动者严重违反用人单位的规章制度的。

③ 劳动者严重失职，营私舞弊，给用人单位造成重大损害的。

④ 劳动者同时与其他用人单位建立劳动关系，对完成本单位的工作任务造成严重影响，或者经用人单位提出，拒不改正的。

⑤ 劳动者以欺诈、胁迫的手段或者乘人之危，使用人单位在违背真实意思的情况下订立或者变更劳动合同的。

⑥ 劳动者被依法追究刑事责任的。

3. 双方协商一致解除劳动合同

(1) 劳动者经与用人单位协商一致可以解除劳动合同。

(2) 用人单位与劳动者双方协商一致可以解除劳动合同。

4. 用人单位不得解除劳动合同的情形

(1) 从事接触职业病危害作业的劳动者未进行离岗前职业健康检查,或者疑似职业病患者在诊断或者医学观察期间的。

(2) 在本单位患职业病或者因工负伤并被确认丧失或者部分丧失劳动能力的。

(3) 患病或者非因工负伤,在规定的医疗期内的。

(4) 女职工在孕期、产期、哺乳期的。

(5) 在本单位连续工作满 15 年,且距法定退休年龄不足 5 年的。

(6) 法律、行政法规规定的其他情形。

二、劳动合同的终止

劳动合同的终止是指因合同期满、劳动者不具备主体资格,以及用人单位或劳动者任何一方主体资格的消灭而导致劳动合同的权利、义务终止。

根据《劳动合同法》第四十四条规定,劳动合同因下列情形而终止。

(1) 劳动合同期满的。

(2) 劳动者开始依法享受基本养老保险待遇的。

(3) 劳动者死亡,或者被人民法院宣告死亡或者宣告失踪的。

(4) 用人单位被依法宣告破产的。

(5) 用人单位被吊销营业执照、责令关闭、撤销或者用人单位决定提前解散的。

(6) 法律、行政法规规定的其他情形。

第四节 劳动合同的经济补偿和赔偿

一、经济补偿金

经济补偿金是指因劳动合同解除或终止符合法定情形,由用人单位一次性支付给劳动者的经济上的补助。

1. 经济补偿金的适用范围

(1) 劳动者依照《劳动合同法》第三十八条("未按照劳动合同约定提供劳动保护或者劳动条件的;未及时足额支付劳动报酬的;未依法为劳动者缴纳社会保险费的;用人单位的规章制度违反法律、法规的规定,损害劳动者权益的;因劳动者'以欺诈、胁迫的手段或者乘人之危,使对方在违背真实意思的情况下订立或者变更劳动合同的'致使劳动合同无效的"等情形)规定解除劳动合同的。

(2) 用人单位依照《劳动合同法》第三十六条规定向劳动者提出解除劳动合同并与劳动者协商一致解除劳动合同的。

(3) 用人单位依照《劳动合同法》第四十条("劳动者患病或者非因工负伤,在规定的医疗期满后不能从事原工作,也不能从事由用人单位另行安排的工作的;劳动者不能胜任工作,经过培训或者调整工作岗位,仍不能胜任工作的;劳动合同订立时所依据的客观情况发生重大变化,致使劳动合同无法履行,经用人单位与劳动者协商,未能就变更劳动合同内容达成协议的"等情形)规定解除劳动合同的。

(4) 用人单位依照《劳动合同法》第四十一条第一款("依照企业破产法规定进行重整的;生产经营发生严重困难的;企业转产、重大技术革新或者经营方式调整,经变更劳动合同后,仍需裁减人员的;其他因劳动合同订立时所依据的客观经济情况发生重大变化,致使劳动合同无法履行的"等情形)规定解除劳动合同的。

(5) 除用人单位维持或者提高劳动合同约定条件续订劳动合同,劳动者不同意续订的情形外,依照《劳动合同法》第四十四条第一项(劳动合同期满的)规定终止固定期限劳动合同的。

(6) 依照《劳动合同法》第四十四条第四项(用人单位被依法宣告破产的)、第五项(用人单位被吊销营业执照、责令关闭、撤销或者用人单位决定提前解散的)规定终止劳动合同的。

(7) 法律、行政法规规定的其他情形。

2. 经济补偿金的计算方法

(1) 按劳动者在本单位工作的年限,每满一年支付一个月工资(注意:满 6 个月不满一年,按一年计算;不满 6 个月,按半年计算),如图 7-4 所示。

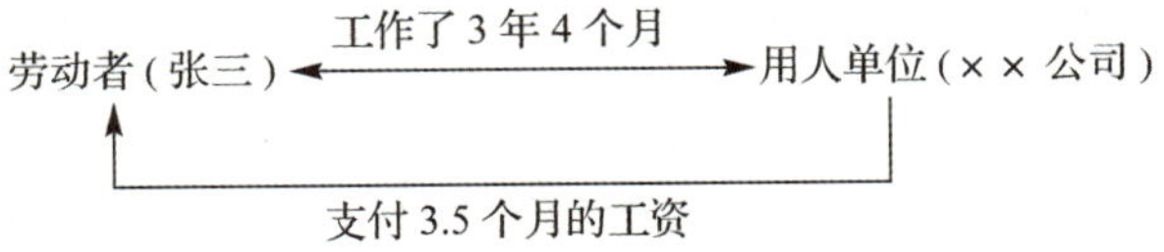

图 7-4 经济补偿金的计算方法示例(一)

(2) 对高薪者的限制。《劳动合同法》第四十七条第二款规定,劳动者月工资高于用人单位所在直辖市、设区的市级人民政府公布的本地区上年度职工月平均工资 3 倍的,向其支付经济补偿的标准按职工月平均工资 3 倍的数额支付,向其支付经济补偿的年限最高不超过 12 年。图例如图 7-5 所示。

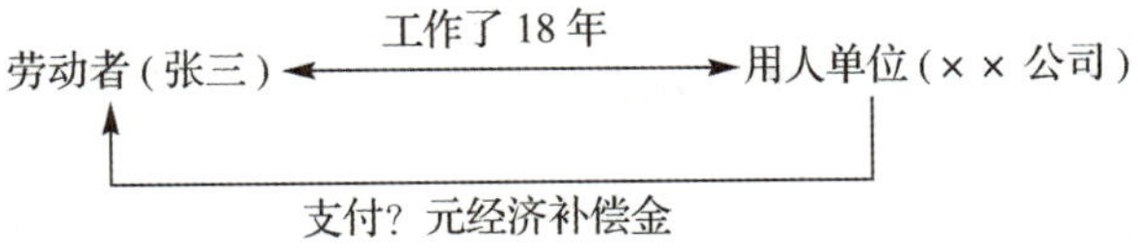

图 7-5 经济补偿金的计算方法示例(二)

注:××公司住所地为某省会城市;2002 年,张三进入宇宙公司工作;2020 年,张三与××公司的劳动合同到期;2019 年,该省会城市的职工月平均工资为 6 500 元;2019 年,张三全年平

均工资为 45 000 元;2020 年,张三全年平均工资为 32 000 元。

(3) 计算基数。计算基数是指劳动者在劳动合同解除或者终止前 12 个月的平均工资。

二、赔偿金

解除或终止劳动合同的赔偿金是指因用人单位违法解除或者终止劳动合同给劳动者造成经济损失而向劳动者支付的惩罚性赔偿。

1. 赔偿金的适用范围

用人单位违反《劳动合同法》的规定解除或者终止劳动合同的,应当向劳动者支付赔偿金。

《劳动合同法》第四十二条规定,劳动者有下列情形:从事接触职业病危害作业的劳动者未进行离岗前职业健康检查,或者疑似职业病患者在诊断或者医学观察期间的;在本单位患职业病或者因工负伤并被确认丧失或者部分丧失劳动能力的;患病或者非因工负伤,在规定的医疗期内的;女职工在孕期、产期、哺乳期的;在本单位连续工作满 15 年,且距法定退休年龄不足 5 年的,用人单位不得解除劳动合同。用人单位违反该规定而解除劳动合同的,应当向劳动者支付赔偿金。

2. 赔偿金的支付标准及计算方法

用人单位应当依照《劳动合同法》规定的经济补偿标准的两倍向劳动者支付赔偿金。赔偿金的计算年限自用工之日起计算。

案例

案例一 南京邦奇自动变速箱公司与曹某的劳动争议

【(2019)浙民终 1754 号】

基本案情

2016 年 6 月 6 日,曹某入职邦奇公司,双方签订劳动合同,合同期限自 2016 年 6 月 6 日至 2019 年 6 月 5 日;曹某的工作岗位为质量部客户质量工程师。2019 年 4 月 15 日,邦奇公司以曹某违反《员工手册》及其他规章制度为由做出解除劳动合同的决定。16 日,邦奇公司出具“关于与曹某终止或解除劳动合同的证明”。曹某在职期间月岗位工资为 8 200 元,在解除劳动合同前 12 个月平均工资为 9 088 元。

仲裁结果

2019 年 4 月 17 日,曹某申请劳动争议仲裁,请求邦奇公司支付违法解除劳动合同赔偿金 6.6 万元,2019 年 4 月份工资为 5 000 元。仲裁委做出不予受理的裁定。

曹某不服仲裁裁决,诉至法院。

一审判决

邦奇公司未提供相应证据证明《员工手册》和纪律及处分制度是经过《劳动合同法》第四条规定的民主程序,《员工手册》和纪律及处分制度不能作为认定曹某严重违纪的依据。邦奇公司未提供曹某不能胜任工作的证据,邦奇公司以曹某不能胜任工作为由主张其解除劳动合同,缺乏事实和法律依据。因此,邦奇公司解除与曹某劳动合同的行为违反法律规定,应当承担法律责任。曹某要求邦奇公司支付违法解除劳动合同赔偿金,理由成立,予以支持。邦奇公司应支付曹某赔偿金 54 528 元(3 个月×9 088 元/月×2)。

邦奇公司不服一审判决，提出上诉。

二审判决

对《员工手册》和纪律及处分制度未经民主程序制定的事实予以认定。邦奇公司提交的曹某与公司经理(微信名 Lisa)的聊天记录不足以证明曹某存在不服从公司管理的怠工行为及工作态度恶劣的违纪行为。一审判决认定邦奇公司解除劳动合同的行为属于违法解除劳动，应支付经济赔偿金，并无不当，维持邦奇公司应支付曹某违法解除劳动合同赔偿金 54 528 元的判项。

评析

《劳动合同法》第四条第二款规定："用人单位在制定、修改或者决定有关劳动报酬、工作时间、休息休假、劳动安全卫生、保险福利、职工培训、劳动纪律以及劳动定额管理等直接涉及劳动者切身利益的规章制度或者重大事项时，应当经职工代表大会或者全体职工讨论，提出方案和意见，与工会或者职工代表平等协商确定。"本案以《员工手册》的制定未经法律规定的民主程序而认定该手册不能作为解除劳动合同的依据，属于违法解除，应当支付赔偿金。

案例二　余某与成都乘风出租汽车公司的劳动争议

【(2017)川 01 民终 6834 号】

基本案情

余某与乘风公司签订了劳动合同、成都乘风出租汽车公司经济责任合同，劳动合同期限自 2010 年 4 月 11 日起至 2015 年 4 月 10 日止。经劳动保障部门批准，乘风公司安排余某执行不定时工作制。余某的劳动报酬与个人工作绩效挂钩。2015 年 2 月，乘风公司向余某发出通知："贵方与乘风公司签订的劳动合同将于 2015 年 4 月到期，请你 30 日内到公司续签劳动合同，新劳动合同维持或略微提高上一轮劳动合同约定条件(基本工资增加 100 元左右)，过期不办视为你不愿续签。"余某在乘风公司发出的通知上签写："本人不愿续签劳动合同，请办理结算。"2015 年 4 月 27 日，双方签订《劳动关系终止协议》，余某在协议中表明不愿续签劳动合同，余某确认其合同期内的每月劳动收入(基本工资＋安全奖＋绩效提留)均达到当月成都市最低工资标准；余某同意公司一次性支付余某现金 8 600 元。当日，余某向乘风公司出具了收条，收条内容："本人收到乘风公司支付本人现金 8 600 元，本人与乘风公司的劳动合同和经济责任合同终止，账目结算清楚，此后，本人与该单位包括劳动关系和经济责任合同关系在内的所有事项全部了结。"

仲裁结果

2016 年 1 月 25 日，余某提起劳动仲裁，请求乘风公司支付解除劳动合同的经济补偿金、最低工资差额部分、经济补偿 5 000 元、加班工资。劳动人事争议仲裁委员会裁决驳回了余某的仲裁请求，

余某不服仲裁裁决，诉至法院。

一审判决

乘风公司出示的"通知"足以证明乘风公司愿意以提高原劳动合同待遇的条件与余

某续签劳动合同，余某明确拒绝续签劳动合同，余某主张乘风公司支付经济补偿金，缺乏事实和法律依据，不予支持。余某的劳动报酬主要源于营收提成，余某在《劳动关系终止协议》中认可其每月实际收入已达到成都市最低工资标准，该项请求缺乏事实和法律依据，不予支持。余某的工作岗位实行的是不定时工作制，根据《工资支付暂行规定》的规定，“实行不定时工时制的劳动者，不执行上述规定（工作日加班、法定节假日加班、休息日加班工资规定）”，对余某要求支付法定节假日加班工资的请求不予支持。驳回余某的诉讼请求。

余某不服一审判决，提出上诉。

二审判决

一审判决认定事实清楚，适用法律正确。驳回上诉，维持原判。

评析

本案的“不定时工作制”是选取案例的一个原因。如在案例中所述，用人单位实行不定时工作制需要经劳动行政部门审批。经劳动行政部门审批实行不定时工作制的，不适用加班费的规定。快递、交通运输等行业一般实行不定时工作制。

案例三　黄某与路兴公司的劳动争议

【(2020)苏03民终5898号】

基本案情

2010年6月，黄某在路兴公司担任驾驶员，2019年3月31日劳动合同到期。2019年3月，黄某持续缺勤至月底。合同到期，双方未续签。2019年4月15日，路兴公司出具终止劳动合同证明书。黄某在路兴公司工作了8年9个月。2018年5月至2019年9月，黄某的月平均工资为3 173.5元。另查明，2019年3月13日和2019年4月12日，黄某从徐州百大劳务有限公司处领取过工资。

仲裁结果

黄某向劳动人事争议仲裁委员会申请仲裁，仲裁委做出不予受理案件的通知。

黄忠不服仲裁裁决，诉至法院。

一审判决

2019年3月，黄某未到单位持续考勤，但双方劳动合同终止的原因是合同到期，故路兴公司应向黄某支付经济补偿金28 561.5元(3 173.5元×9个月)。工资明细中表明路兴公司已支付加班工资和轮胎补助费用，对该项诉请不予支持。公司应支付8年的防暑降温费9 600元，根据徐州市相关标准，予以支持6 400元(200元/月×4个月×8年)。路兴公司自认未予发放2019年3月生活费1 296元，该项主张予以支持。

路兴公司不服一审判决，提出上诉。

二审判决

本院在二审期间对黄某2019年3月13日和2019年4月12日从徐州百大劳务有限公司处领取工资的情况进行调查，并对工作人员周某制作了询问笔录。周某陈述：徐州百大劳务有限公司通过劳务派遣向徐州沃融华物流有限公司派遣人员，上述两笔工资是其公司代徐州沃融华物流有限公司发放的。因为临时放假，黄某到徐州沃融华物流有限公司找零活，不是长期干，所以徐州百大劳务有限公司和徐州沃融华物流有限公司都没有与黄某签订劳动合同、购买社会保险。路兴公司在一审期间陈述其属于道路施工单位，（每年）1 月、2 月天冷不能开工，故放假休息，黄某在路兴公司放假期间至徐州沃融华物流有限公司打零工。因路兴公司放假期间仅发放生活费，黄某的上述行为具有合理性，并不违反法律规定。在本案双方劳动合同于 2019 年 3 月 31 日到期后，路兴公司在没有证据证明其向黄某提出维持或者提高劳动合同约定条件续订劳动合同，而黄某不同意续订的情况下，终止本案劳动合同关系，应当依法向黄某支付经济补偿金。驳回上诉，维持原判。

评析

本案案情是简单的，二审判决的内容是温暖的。法官为了查明案情进行实地调查，查明了两笔收入的来龙去脉，并且在判决书中写明黄明在放假期间打零工具有合理性。相比报道中的机械执法，这份判决是一份有温度的判决。另外，这个案例告诉劳动者只能与一个用人单位形成劳动关系。

案例四　周某某与湖北饭店公司的劳动合同纠纷

【(2020)鄂 01 民终 12211 号】

基本案情

2015 年 3 月 25 日，鄂旅投公司向湖北省广水市委组织部发出职工商调公函，其上载明："经研究，拟调周某某同志到我公司下属湖北饭店有限公司工作，如你单位同意调出，请将该同志的全部档案、党组织关系等材料寄来，并予办理调动手续。"同年 4 月 28 日，湖北饭店与周某某签订了无固定期限劳动合同，岗位为管理岗位。

2017 年 5 月 9 日，鄂旅投公司向湖北饭店出具关于周某某同志免职的通知。同日，周某某向湖北饭店提交了员工请(休)假审批表，请(休)假原因为"连续一线工作 2 年未休，申请休假 2 个月"，湖北饭店同意周某某休假 1 个月至 2017 年 6 月 8 日。周某某休假期满后处于待安排工作状态。湖北饭店为周某某缴纳社会保险至 2017 年 8 月后未再缴纳。

2018 年 9 月 7 日，周某某通过 EMS 邮政快递向湖北饭店邮寄了《主张劳动权益通知书》，其上载明："本人被单方解聘副总经理职务并停岗未安排新的岗位，后又停薪停缴五险一金等行为侵权至今未得到任何解决，今致函向你公司主张劳动权利及劳动权益，要求贵公司按照劳动法律法规政策等规定履行法定义务。"

2019 年 8 月 28 日，周某某又通过 EMS 邮政快递向湖北饭店邮寄了解除劳动关系通知书。周某某在岗期间的月平均工资为 12 999 元/月。

仲裁结果

2019 年 8 月 30 日，周某某申请仲裁。2019 年 11 月 11 日，仲裁委员会做出仲裁裁决书，裁决确认双方在 2015 年 4 月 28 日至 2017 年 10 月 26 日存在劳动关系；湖北饭店应自裁决书生效之日起 15 日内支付解除劳动合同经济补偿金 30 747.5 元。

周某某不服仲裁裁决，诉至法院。

一审判决

2019 年 8 月 28 日，周某某向湖北饭店邮寄了《解除劳动关系通知书》，周某某和湖北饭店的劳动关系在 2019 年 8 月 28 日解除。

对周某某主张湖北饭店支付2017年11月1日至2019年8月28日工资的诉讼请求，予以支持。在该期间周某某因湖北饭店未安排工作没有提供劳动，故法院酌定湖北饭店应当按照周某某正常月工资水平的70%为基准发放此期间的工资。

周某某因湖北饭店免去其职务后未向其提供新的工作岗位，且停止发放工资及停缴五险一金而提出解除劳动合同，故湖北饭店应支付解除劳动合同的经济补偿金。本案中，周某某于2011年4月起任广水市陈巷镇党委书记，至2015年4月28日，其工作的"单位"不属于《中华人民共和国劳动法》第二条和《中华人民共和国劳动合同法》第二条所规定的"用人单位"，周某某任镇党委书记工作年限不能合并计算。经济补偿金按周某某在湖北饭店的工作年限及工资数额计算。

周某某与湖北饭店均不服一审判决，提出上诉。

二审判决

一审认定事实清楚，适用法律正确，实体处理恰当，驳回上诉。

评析

本案因用人单位单方免职、停发工资、停办社会保险，劳动者提出解除合同。劳动者在提出解除劳动合同前向用人单位发函指出用人单位的违法之处，之后发出解除劳动合同的通知。从证据角度来看，这样的发函顺序符合法律规定。

本案中周某某的身份特殊，在任湖北饭店副总经理前任镇党委书记。来湖北饭店工作是湖北饭店的母公司以商调的方式调入的，是由公务员向劳动者转换。所以，在二审判决中，对周某某在镇党委工作期间的工作年限特别做了说明，周某某在任镇党委书记期间，其身份不属于劳动法上的劳动者，故工作年限不予计算。

【思考与讨论】

为什么湖北饭店的母公司鄂旅投公司能向湖北省广水市委组织部发出职工商调公函？

案例五　曹某某与辽宁东林瑞那斯公司的劳动争议

【(2020)黑01民终5486号】

基本案情

2012年8月16日，东林瑞那斯公司与哈尔滨市恒大兴业房地产开发有限公司签订建筑施工专业分包合同，东林瑞那斯公司承包了恒大城门窗安装工程。东林瑞那斯公司将部分工程分包由李某、黄某施工，并向恒大兴业房地产开发有限公司出具委托书，确认李某为分包项目经理。自2014年4月起，曹某某经黄某介绍到恒大城门窗安装现场工作。工作期间月工资约定为5 000元，每月伙食费为450元，电话费为100元。之后，李某、黄某将其中部分工程另行转包给曹某某安装，李、黄二人向曹某某支付工程款共计630 071元。

仲裁结果

2019年7月14日，曹某某申请仲裁。仲裁委审理期间，曹某某自认李某支付63万元不只是工资还有承包工程的费用。仲裁驳回曹某某的仲裁申请。

曹某某不服仲裁裁决，诉至法院。

一审判决

东林瑞那斯公司具备用工主体资格。曹某某提交的证据能证明李某等人是该项目经理，财务人员邵某将款项打入李某账户内支付曹某工资。故此应当认定曹某与东林瑞那斯公司形成劳动关系。

曹某与东林瑞那斯公司均不服一审判决，提出上诉。

二审判决

二审查明，李某的养老保险、医疗保险均在辽宁省营口市社会保险事业管理局以个体从业人员自由职业者建户。根据李某的养老保险信息可以确认，李某与东林瑞那斯公司之间不具有劳动人事关系，李某作为自由职业者，并不具有代表东林瑞那斯公司招聘劳动者与公司形成劳动用工关系的权利能力。东林瑞那斯公司与李某之间系工程转包关系，曹某某在仲裁期间自认收取李某的 63 万元中包含工资和承包费，足以证明曹某某在 2015 年至 2017 年与李某存在工程转包关系。曹某某与李某在工程施工过程中均不受东林瑞那斯公司的制度约束，东林瑞那斯公司没有向曹某某支付劳动报酬。一审判决东林瑞那斯公司向曹某某支付 268 065 元工资，属基础事实认定不清，适用法律有误，本院予以纠正。撤销哈尔滨市阿城区人民法院(2019)黑 0112 民初 4605 号民事判决。驳回曹某某的诉讼请求。

评析

本案一审与二审的判决截然不同。一审认定存在劳动关系，二审则认为是工程转包关系。在建设工程施工过程中，劳动关系与劳务工程施工往往会纠缠在一起。认定是否存在劳动关系，以劳动者与用人单位之间是否实际存在管理与被管理、指挥与被指挥、监督与被监督的关系为依据。而劳务工程的承包人则与发包人之间不存在规章制度的管理约束与监督指挥。

（案例来源：中国裁判文书网，有改动。）

知识总结

- 劳动合同
  - 劳动合同的概念和分类
    - 劳动合同的概念
    - 劳动合同的分类
      - 固定期限劳动合同
      - 无固定期限劳动合同
  - 劳动合同的订立
    - 劳动合同订立的定义
    - 书面劳动合同的订立和未订立的后果
      - 书面劳动合同的订立
      - 未订立书面劳动合同的后果
  - 劳动合同的解除和终止
    - 劳动合同的解除
      - 劳动者单方解除劳动合同
      - 用人单位单方解除劳动合同
      - 双方协商一致解除劳动合同
      - 用人单位不得解除劳动合同的情形
    - 劳动合同的终止
  - 劳动合同的经济补偿金和赔偿金
    - 经济补偿金
      - 经济补偿金的适用范围
      - 经济补偿金的计算方法
    - 赔偿金
      - 赔偿金的适用范围
      - 赔偿金的支付标准及计算方法

第八章　劳务派遣和非全日制用工

执法是把纸面上的法律变为现实生活中活的法律的关键环节，执法人员必须忠于法律、捍卫法律、严格执法、敢于担当。

——习近平，选自《在党的十八届四中全会第二次全体会议上的讲话》

核心问题

1. 用人单位在什么样的岗位可以使用劳务派遣人员？
2. 如何保障劳务派遣人员同工同酬的待遇？
3. 非全日制用工的工作时间是如何规定的？

导引案例

大限将至，劳务派遣工转正还是辞退？

2014 年 3 月 1 日起实施的《劳务派遣暂行规定》中明确要求，用工单位使用的被派遣劳动者数量不得超过其用工总量的 10%。要求企业将这一比例的时间定为 2016 年 2 月底之前。

广东省人社厅发布《劳务派遣调整用工方案参考样本》（以下简称《样本》），规定用人单位“至 2016 年 2 月 29 日，被派遣劳动者达到（或低于）法定 10%的劳务派遣用工比例”。许多企业拟用“假外包、真派遣”的手段蒙混 10%的劳务派遣用工红线。有的企业则打算直接辞退劳动者。

“做同样的工作，工资要少 2 000 多元。”市民李先生谈到劳务派遣工的待遇时这么说。作为一名劳务派遣工，他遇到的问题也是许多被派遣劳动者的问题——同工不同酬、社保福利差、无职业培训等。由于担心被辞退，他一直不敢提涨薪，但《样本》颁布后，李先生倍感雀跃。“公司已经下发通知了，过一段时间就组织考试，考过了就能转正。”李先生对自己工作转正很有信心。

有人开心就有人发愁。陈女士就有担忧：“我们公司员工 40%以上是劳务派遣工，转正名额少，竞争非常大啊。”陈女士是一家餐饮公司的会计，两年前被派遣到现在的公司上班，她的工资福利比正式员工少一半左右。由于能力并不是特别突出，陈女士担心自己被辞退。

全国总工会的一项调查显示，2011 年被派遣劳动者人数约为 3 700 万人，占国内职工总数的 13.1%，而记者了解到，很多企业派遣工的比例甚至达到 60%以上。为何企业一直钟情于劳务派遣这种用工形式？既然已经“同工同酬”，为何不直接将劳动者转正呢？

“主要是规避管理责任”，一家纺织企业的胡经理告诉记者，他所在的公司已经实现了劳务派遣的“同工同酬”，但用劳务派遣主要可以规避“工伤等社保福利的管理”。对于10%的规定，胡经理表示，公司已经着手引进机器人来代替传统的生产方式。

记者还发现，一些企业把客服电话业务、前台业务等工作进行外包，而这些承接外包工作的劳务公司实际上还是原来的劳务派遣公司，也就是“假外包、真派遣”。

（资料来源：《工人日报》，2016 年 01 月 05 日，有改动。）

【思考与讨论】

请同学们根据以上案例思考以下问题。

1. 案例中胡经理的“用劳务派遣主要可以规避‘工伤等社保福利的管理’”说法对吗？还有哪些原因促使用人单位使用劳务派遣人员？

2. 毕业时，有一家央企来学校招聘，招聘职位与你的专业相符，而且你符合条件，你会选择这家企业吗？

第一节 劳务派遣

一、劳务派遣的定义

劳务派遣是指劳务派遣单位作为用人单位招聘劳动者与被派遣劳动者签订劳动合同，将劳动者派遣到需要用工者的用工单位，劳动者在用工单位的指挥、监督下提供劳动的用工形式。劳务派遣涉及三方主体，即用人单位、劳动者和用工单位，如图 8-1 所示。

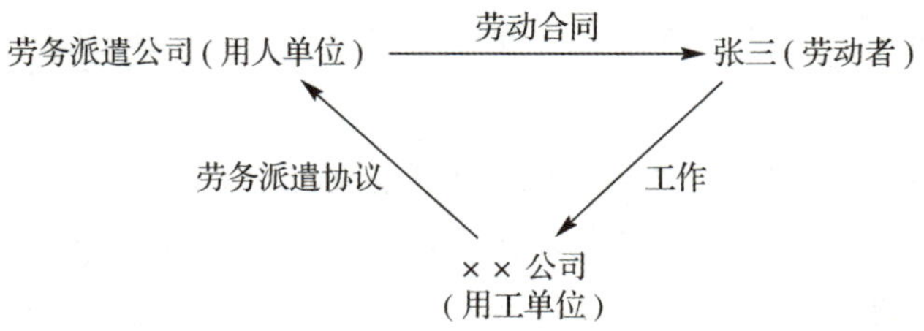

图 8-1 劳务派遣示例

【思考与讨论】

为何××公司需要工作人员却由第三方劳务派遣公司作为用人单位招聘呢？

二、劳务派遣单位作为用人单位应承担的义务

1. 限定劳动合同期限

劳务派遣单位应当依法与被派遣劳动者订立 2 年以上的固定期限书面劳动合同。

2. 告知义务

劳务派遣单位应当将劳务派遣协议的内容告知被派遣劳动者。

3. 无工作期间的工资保障

被派遣劳动者在无工作期间，劳务派遣单位应当按照所在地人民政府规定的最低工资标准向其按月支付报酬。

4. 保护劳动者权益

（1）不得克扣用工单位按照劳务派遣协议支付给被派遣劳动者的劳动报酬。

（2）劳务派遣单位和用工单位不得向被派遣劳动者收取费用。

三、对用工单位的规制

1. 用工单位使用劳务派遣的岗位规制

（1）劳务派遣一般在临时性、辅助性或者替代性的工作岗位上实施。

（2）临时性工作岗位是指存续时间不超过 6 个月的岗位；辅助性工作岗位是指为主营业务岗位提供服务的非主营业务岗位；替代性工作岗位是指在用工单位的劳动者因脱产学习、休假等原因无法工作的一定期间内，可以由其他劳动者替代工作的岗位。

2. 用工单位的义务

（1）执行国家劳动标准，提供相应的劳动条件和劳动保护。

（2）告知被派遣劳动者工作要求和劳动报酬。

（3）支付加班费、绩效奖金，提供与工作岗位相关的福利待遇。

（4）对在岗被派遣劳动者进行工作岗位所必需的培训。

（5）连续用工的，实行正常的工资调整机制。

（6）用工单位不得将被派遣劳动者再派遣到其他用人单位。

四、被派遣劳动者的权利与义务

1. 被派遣劳动者的权利

（1）劳动者享有与用工单位的劳动者同工同酬的权利。

（2）劳动者有权在劳务派遣单位或者用工单位依法参加或者组织工会，维护自身的合法权益。

（3）劳动者享有法律规定的劳动者权利。

2. 被派遣劳动者的义务

劳动者在被派遣期间遵守用工单位的规章制度。

案例

案例一　龙某某与贵州电网都匀供电局劳务派遣纠纷

【(2020)黔 27 民终 2444 号】

基本案情

2010 年 7 月 1 日至 2018 年 1 月 4 日，都匀供电局与黔南人力资源公司分别签订 5 份《人才派遣合作协议》。由黔南人力资源公司根据都匀供电局提供的职位说明书要求，选派符合要求的派遣人员到都匀供电局工作。2010 年 7 月 2 日、2011 年 7 月 2 日、2015 年 1 月 1 日和 2018 年 1 月 1 日，龙某某与黔南人力资源公司签订《人才派遣劳动合同书》，到用工单位都匀供电局工作。龙某某从事输电线路运行维护工作，基本工资为 1 698 元/月，加班或奖励性报酬另行计算。与龙某某同一班组正式职工的岗位为输电线路运行与检修高级作业员、输电线路运行与检修中级作业员，岗位职责与龙某某不同。龙某某岗位职责明确，具有参与协助性质。

仲裁结果

2019 年 10 月 11 日，龙某某以其应享受同工同酬的劳动待遇为由提出仲裁申请，申请裁决同工同酬工资差额 426 436.29 元。匀劳人裁字〔2019〕第 118 号仲裁裁决书驳回了龙某某的仲裁申请。

龙某某不服仲裁裁决，诉至法院。

一审判决

2010 年至 2018 年，原告龙某某先后 4 次与被告人力资源公司签订人才派遣劳动合同书，黔南人力资源公司依约履行了支付工资、缴纳各种社会保险等义务。《中华人民共和国劳动合同法》第六十六条规定，劳务派遣用工是补充形式，只能在临时性、辅助性或者替代性的岗位上实施，但该规定系管理性规定而非效力性规定，不影响劳动合同的成立和效力。

《中华人民共和国劳动合同法》第六十三条第一款规定："被派遣劳动者享有与用工单位的劳动者同工同酬的权利。用工单位应当按照同工同酬原则，对被派遣劳动者与本单位同类岗位的劳动者实行相同的劳动报酬分配办法。用工单位无同类岗位劳动者的，参照用工单位所在地相同或者相近岗位劳动者的劳动报酬确定。"同工同酬必须具备 3 个条件，即劳动者的工作岗位、工作内容基本相同，在相同的工作岗位上付出了同样的劳动工作量，同样的工作量取得了相同的工作业绩。同工同酬作为一项分配原则具有相对性，法律不禁止用人单位根据本单位的经营特点、经济效益及劳动者资历、能力、经验等方面的差异，允许用人单位对同一工作岗位的劳动者在劳动报酬方面有所差别。本案中，龙某某在都匀供电局从事劳动长达 8 年时间，无论其是否从事辅助性或者替代性工作，通过长期的岗位学习及磨炼，龙某某的劳动技能水平有可能超过同岗位的其他工作人员，但在通过一定的选拔或者竞争程序调整岗位前，不能认定被告都匀供电局违反同工同酬的原则。驳回原告龙某某的全部诉讼请求。

龙某某不服一审判决，提出上诉。

二审判决

二审查明的事实与一审查明的事实一致。龙某某 4 次与黔南人力资源公司签订人才派遣劳动合同书，4 次被派遣到同一单位工作。同时，在派遣至同一单位的 10 个员工中，有 4 人与龙某某系同岗位从事输电线路运行维护工作，月平均工资与龙某某基本相同，也与签订的派遣合同约定的工资收入相符，不存在同工不同酬的问题。另外，根据一审查明的事实，与龙某某同一班组的其他正式职工的岗位入职条件和程序比龙某某的入职方式严苛得多，岗位职责虽然有交叉部分，但是不完全相同。用人单位根据本单位的职级岗位管理制度，按照劳动者的入职条件、专业理论水平、专业技术含量、承担的责任等方面的不同，依法自主确定本单位的工资分配方式和工资水平。龙某某主张的同工不同酬的问题就查明的事实来看并不成立，故驳回上诉，维持原判。

评析

劳务派遣是一种在电力、通信、建筑、银行等行业非常普遍的用工方式。“同工同酬”是劳务派遣中关注最多的一个问题。正如二审判决，劳务派遣与正式职工在入职条件、职级岗位管理、岗位责任等方面都有不同，还有考核标准、考核方式的不同。这么多不同很难导致“同酬”。许多工作看似相同，实则很难完全相同。用工单位为了降低管理成本，还有的单位考虑到人事制度的安排使用劳务派遣工，但从实践来看，劳务派遣用工已经突破了“三性”的限制。诚如判决所言，劳务派遣岗位“三性”限制是一种管理性规范，而非效力性规范。但无论怎样，劳务中的劳务派遣还是用得太多了。有一点还是要指出的，本案二审判决假装糊涂，同岗位劳务派遣工作人员进行了薪酬对比，认为不存在同工不同酬。

案例二 周某某与荆城人力资源公司劳务派遣合同纠纷

【(2020)鄂10民终1446号】

基本案情

2001年7月，周某某作为聘用的临时人员进入荆州市公安局荆州区分局工作，在派出所担任驾驶员。2007年12月，将周某某辞退，发放补偿金4 114.5元。

从2008年1月1日起，荆城人力资源公司与周某某签订劳动合同，每两年签订一次。2018年1月1日再次签订，合同期自2018年1月1日起至2019年12月31日止，将周某某派遣至荆州区公安分局，从事辅警岗位工作。合同签订后，荆州区分局将周某某安排在其下属的东城派出所从事辅警(协勤)工作。2016年4月8日，荆州区分局制定了《荆州区公安分局协勤人员管理办法》。

2018年12月，周某某连续迟到和早退，2018年12月25日被东城派出所副所长约谈。2019年3月7日，周某某未请假未值班，次日被东城派出所副所长约谈。2019年5月，周某某未到监察委员会执行看护工作，2019年5月10日再次被东城派出所副所长约谈。三次约谈后，周某某均向东城派出所出具了书面检讨书。2019年5月29日，派出所向荆州市荆城人力资源公司发出《关于将周某某退回劳务派遣公司的函》，将周某某退回荆城人力资源公司。2019年5月30日，荆城人力资源公司以周某某在派遣期间严重违反《荆州区公安分局协勤人员管理办法》第十一条第三款、第三十三条的规定被退回，遂将周某某辞退，自2019年5月31日起与周某某正式解除劳动合同。

仲裁结果

2019年7月11日，周某某申请仲裁。荆劳人仲裁字〔2019〕105号仲裁裁决书裁决荆城人力资源公司向周某某支付违法解除劳动合同赔偿金48 091.47元。

荆城人力资源公司不服仲裁裁决，诉至法院。

一审判决

荆城人力资源公司辞退周某某的依据即用工单位荆州市公安局荆州区分局制定的《荆州区公安分局协勤人员管理办法》，该管理办法系荆州市公安局荆州区分局经党委会议讨论通过施行，内容符合法律规定，不存在明显不合理的情形。但无证据证实向周某某予以公示或者告知该办法，该程序存在瑕疵。周某某多次迟到、早退、旷工和不服从工作安排，这些行为属于不言自明的基本劳动纪律，周某某作为一名在公安机关工作了十几年的劳动者对此应当明知。

结合周某某的工作岗位和违纪行为来看，连续几天都有迟到和早退的现象，被约谈后写下书面检讨书，保证不再犯，但未能改正错误，又因旷工和不服从工作安排两次被约谈并写下书面检讨书。因公安机关的工作性质特殊，周某某作为一名辅警，多次违反工作纪律，势必对工作的开展产生严重影响，因此被退回荆城人力资源公司，周某某上述违反劳动纪律的行为应认定达到了"严重程度"。荆城人力资源公司系根据《中华人民共和国劳动合同法》第三十九条第二项"严重违反用人单位的规章制度的"规定解除了与周某某之间的劳动合同，并未违反法律规定。故荆城人力资源公司未违法解除与周某某之间的劳动合同，不应向周某某支付赔偿金。

周某某不服一审判决，提出上诉。

二审判决

一审判决认定事实清楚，适用法律正确。上诉人的上诉理由不能成立。驳回上诉，维持原判。

评析

本案是一起劳动者违反用工单位的规章制度被退回劳务派遣公司而引发的劳动争议。用工单位的规章制度能否作为劳务派遣公司的处罚依据，需要以劳动合同的约定、劳务派遣协议及是否向劳动者予以说明来判定。本案的特殊性在于最后一次派遣发生在2018年，而用工单位的《荆州区公安分局协勤人员管理办法》制定于2016年，该办法是否对周某某有约束力？从整个案情来看，周某某从2001年就在该公安分局担任辅警，其间，虽经解聘，但通过劳务派遣方式又回到该公安分局。可以说，周某某在公安系统的工作具有连续性。在荆州区公安分局2016年颁布《荆州区公安局协勤人员管理办法》时，周某某也在该分局工作，推定当时对办法是知情的。2018年再次派遣，虽然未有证据证明向周某某公示或告知过该办法，在证据上存在瑕疵，但如判决书所述，周某某在公安系统工作多年，对辅警的职责是清楚的，因为工作的特殊性连续出现不服从派出所的安排，属于严重违反规章制度的行为。劳务派遣公司据此做出解除劳动合同的决定不属于违法解除合同，不应当支付赔偿金。

案例三　天如人力公司与南京林业大学、吴某某劳务派遣劳动合同纠纷

【(2020)苏01民终6293号】

基本案情

2014年6月12日、2016年6月21日，吴某某与天如人力公司先后两次签订《南京市劳务派遣劳动合同书》，期限为2014年6月12日至2016年6月30日、2016年7月1日至2018年6月30日。天如人力公司将吴某某派遣至林业大学后勤服务岗位工作。2018年7月20日，天如人力公司以邮政速递方式向吴某某邮寄了解除劳动合同通知书，解除理由为：经常性请病假导致无法正常开展工作；患病，医疗期满后仍然无法胜任该岗位工作。劳动关系自2018年6月30日起解除。

仲裁结果

2018年12月6日,吴某某以天如人力公司、南京林业大学为被申请人提起劳动争议仲裁,要求天如人力公司支付代通知金2 772.59元,经济赔偿金22 180.72元;要求林业大学支付2014年6月12日至2018年8月31日每年暑假共计8个月的最低工资15 120元。仲裁委做出终止审查的裁决。

吴某某不服仲裁裁决,诉至法院。

一审判决

审理查明吴某某的工资均由林业大学发放。2014年至2017年,南京市最低工资标准分别为1 630元/月、1 630元/月、1 770元/月、1 890元/月。天如人力公司以吴某某经常性请病假,不能胜任工作岗位为由解除劳动合同,但天如人力公司并未提供对吴某某进行培训或者调整其工作岗位、吴某某仍不能胜任工作的证据。天如人力公司提供的诊断证明和病假条等证据不能作为解除劳动合同的依据,天如人力公司解除劳动合同的行为已构成违法解除劳动合同,应按照经济补偿金标准的两倍向劳动者支付赔偿金。

《江苏省工资支付条例》第三十一条规定:"用人单位没有安排劳动者工作的,应当按照不低于当地最低工资标准的百分之八十支付劳动者生活费。"林业大学未安排吴某某在2015—2017年的暑期(7月与8月)正常工作,故林业大学应当按照南京市最低工资标准的80%支付上述期间的生活费。

天如人力公司、林业大学不服一审判决,提出上诉。

二审判决

在二审审理期间,天如人力资源公司与吴某某就支付终止劳务派遣劳动合同经济补偿达成协议,法院准许。判决天如人力公司支付吴某某终止劳务派遣劳动合同经济补偿11 453.63元。林业大学应按《江苏省工资支付条例》支付吴某某暑期工资差额2 410.1元。

评析

天如人力资源公司与吴某某建立劳动关系,林业大学是用工单位,但一审查明的事实是林业大学向吴某某发放工资。发放工资在劳动关系认定中是个敏感而关键的问题,但在实践中经常通过协议的方式,用人单位将发放工资委托给用工单位,由用工单位代发工资,并将委托发放工资告知劳动者。委托发放并不能改变劳动关系、劳务派遣关系的性质。但本案判决用工单位向劳动者支付差额,似乎混淆了用工单位与用人单位的法律关系。林业大学作为用工单位是工资发放的受托主体,支付工资是用人单位的义务,包括支付差额。从本案一、二审判决书来看,很难排除真用工假派遣的现象。但不管怎么样,劳动者的权益得到保障,法律的功能实现了。

案例四　邱某某与核工业南京建设集团、宁众人力公司劳务派遣合同纠纷

【(2020)苏01民终2935号】

基本案情

2014年8月1日,邱某某被核工业南京建设集团(以下简称南建公司)安排至玻利维亚项目部从事测量工作。邱某某与宁众人力公司签订过劳动合同,参保单位为宁众人力公司,最后一期劳动合同截止时间为2018年11月30日。邱某某的年薪标准为20万元,由

南建公司每月预发部分工资，余款在玻利维亚结算后支付。

2018 年 12 月 14 日，邱某某回国。2019 年 1 月 2 日，宁众人力公司与邱某某签订《终止劳动合同协议书》，协议书约定："劳动合同于 2018 年 11 月 30 日到期，不再续签，劳动合同终止，宁众人力公司一次性支付邱某某经济补偿金 75 000 元。"协议书同时表明宁众人力公司及南建公司的主管单位和股东——江苏省核工业二七二地质大队所有应承担的法律义务均已履行完毕，三方不存在任何纠葛，邱某某不得再主张其他权利。2019 年 1 月 24 日，南建公司支付了 75 000 元。

仲裁结果

2019 年 3 月 21 日，邱某某申请仲裁，要求南建公司支付：2017 年 2 月至 2018 年 12 月剩余工资 145 921.20 元、2016 年 4 月至 2018 年 10 月加班费 180 090.34 元、拖欠工资 25% 的赔偿金 36 480.29 元、代通知金 16 666.67 元、2016 年 4 月至 2018 年 11 月的额外桥涵施工负责补偿和本人负责支出的经营费用 45 万元、追讨工资期间误工费 16 666.67 元。2019 年 5 月 24 日，仲裁裁决驳回邱某某的仲裁请求。

邱某某不服仲裁裁决，诉至法院。

一审判决

根据查明的事实，邱某某与宁众人力公司之间的劳动关系成立。双方签订的《终止劳动合同协议书》意思表示明确，邱某某没有提供证据证明该协议书存在无效或者可撤销的法定情形，对邱某某主张撤销协议书的请求不予支持。该协议已经履行完毕，三方不应再有劳动争议，对邱某某提出的工资、奖金、加班费、赔偿金、代通知金的请求均不予支持。邱某某在诉请中提出的关于施工承包费的请求，属于建设工程施工合同纠纷，不属于劳动争议，不是本案审理的范围，本案不做处理。综上，判决驳回邱某某的诉讼请求。

邱某某不服一审判决，提出上诉。

二审判决

一审判决认定事实清楚，实体处理并无不当，应予维持。判决如下，驳回上诉，维持原判。

评析

用人单位与劳动者在劳动合同终止或解除时达成的协议是民事协议。民事协议如果没有法律的强制性规定，该协议有效，对双方均有约束力。如果一方认为在协议订立过程中存在欺诈、胁迫等情形使其形成错误认识而做出错误判断，那么该方可以提供证据向法院主张撤销权。在本案中，邱某某没有证据证明双方在劳动合同终止时达成的协议存在可撤销的证据，该协议就有约束力。所以邱某某再主张工资、代通知金就没有依据。

本案是一起劳动争议纠纷，法院只按照案由进行审查。邱某某提出支付承包费的请求属于建设工程施工合同纠纷，与本案无关，故法院不予审理。

本案还有一个 2016 年 4 月至 2018 年 10 月加班费的问题，邱某某在一审中提供了加班确认单、考勤表等证据欲证明加班。可以肯定，这些证据在玻利维亚形成，具有涉外因素。按照规定，邱某某向法庭提供具有涉外因素的证据应当先对证据进行公证认证，并提供翻译文本。否则，法院会以证据形式不符合法律规定而拒绝审查。可以这样说，法庭审理审的是证据。

案例五　郁某与北京外航公司劳务派遣合同纠纷

【(2018)沪01民终4956号】

基本案情

郁某与北京外航公司签订书面合同，合同期限自2007年12月25日起至法定或约定的解除(终止)合同条件出现时止。合同约定北京外航公司将郁某派遣至芬兰航空公司担任空勤乘务员，工作地点在北京、上海等。2016年8月20日，郁某在执行上海飞往芬兰赫尔辛基的AY508航班任务时为他人捎带行李。2016年9月26日，芬兰航空公司飞行主管向郁某发出不能继续担任芬兰航空公司乘务员的通知。2016年10月1日，芬兰航空公司向北京外航公司发出解除用工通知书，解除与郁某的用工关系。2016年10月18日，北京外航公司向郁某发出解除劳动合同通知书，自2016年10月31日解除劳动合同。2016年10月20日，工会委员会回函“同意解除”。在劳动合同解除前12个月，郁某的平均工资为税前11 067.59元。

仲裁结果

2017年7月，郁某提起劳动争议仲裁，要求北京外航服公司、北京外航公司上海分公司、芬兰航空公司上海办事处共同支付违法解除劳动关系赔偿金539 847元。2017年10月9日，仲裁裁决不予支持。

郁某不服仲裁裁决，诉至法院。

一审判决

北京外航公司与芬兰航空公司北京办事处签订了聘用中国空勤乘务员合同，约定北京外航公司按照芬兰航空公司的要求，为芬兰航空公司招聘空勤乘务员。该合同自2002年2月18日起生效。

1998年4月1日，芬兰航空公司制定客舱安全手册;2010年2月26日，该手册第34次修订。该手册的总则规定“乘务员不得捎带陌生人、同事或熟人的任何物品，包括信和信封”。

2012年至2015年，郁某多次参加芬兰航空公司安排的《客舱安全手册》方面的培训。

法院认为，郁某系劳务派遣人员，接受派遣后长期在芬兰航空公司从事空勤乘务员工作。郁某自接受派遣以来，每年参加芬兰航空公司组织的《客舱安全手册》等制度的培训，郁某对于芬兰航空公司制定的“乘务员不得捎带陌生人、同事或熟人的任何物品，包括信和信封”的规定是明知的。2016年8月20日，郁某在执行飞行任务时为他人捎带行李，严重影响航班的安全和安保利益。全球所有航空公司普遍禁止执飞捎带行为。北京外航公司在郁某被退回后，以郁某严重违纪为由做出解除双方劳动合同的决定并无不当，该解除行为合法。郁某要求北京外航公司支付违法解除劳动关系赔偿金、芬兰航空公司北京办事处承担连带责任的诉讼请求依据不足，法院不予支持。

郁某不服一审判决，提出上诉。

二审判决

《中华人民共和国民用航空安全保卫条例》第二十四条规定，禁止利用客票交运或者捎带非旅客本人的行李物品。《中华人民共和国海关进出境运输工具监管办法》第三十七条第二款亦规定:“运输工具工作人员不得为其他人员托带物品进境或者出境。”上述行政法规、规章均明令禁止航空公司工作人员为他人捎带或托带物品进出境。郁某作为航空公司乘务员，对此应属明知。在执行飞行任务时为他人捎带物品，该行为已经严重影响航空安全，此处的“严重”是指其行为的性质严重，而非以后果作为判断严重与否的标准。故芬兰航空公司北京办事处决定解除郁某的用工关系，北京外航公司据此解除郁某的劳动合同，并无不当。

郁某的上诉请求不能成立，应予驳回。

评析

航空运输、交通运输无小事。从判决披露的时间判断，郁某从2012年被派遣至芬兰航空工作，到2016年捎带行李事件发生时，已经执行飞行任务4年。对于一个已经工作了4年的空乘人员来说，无论是从情理方面讲还是从经验方面讲都不应该违反规定捎带行李。从二审法院引用的规定来判断，郁某捎带行李的行为属于违反航空法的行为。该行为的性质是严重的，不以引发的结果来判断其严重性。对员工加强安全法律法规教育、加强职业道德、职业纪律是用人单位、用工单位的一项重要义务，警钟长鸣才能避免或减少事故的发生。

（案例来源：中国裁判文书网，有改动。）

第二节 非全日制用工

一、非全日制用工的定义

非全日制用工是指以小时计酬为主，劳动者在同一用人单位一般平均每日工作时间不超过4小时，每周工作时间累计不超过24小时的用工形式。

二、非全日制用工的特殊性

（1）双方当事人可以订立口头协议。

（2）非全日制用工不得约定试用期。

（3）任何一方都可以随时通知对方终止用工。终止用工后，用人单位不向劳动者支付经济补偿。

（4）劳动报酬结算支付周期最长不得超过15日。

案例

案例一 芜湖春童校车公司与邱某某劳动争议

【（2020）皖02民终3309号】

基本案情

2019年4月20日，邱某某到春童公司处从事校车陪护工作。2019年4月22日，春童公司与邱某某签订了为期一年的短期临时用工合同。合同约定,邱某某的工作时间是早上5:40—7:10,下午3:40—5:00。春童公司未给邱某某办理社会保险,邱某某的工资为每日66元。2019年11月12日6:30许,春童公司驾驶员李某驾驶的大型专用校车与骆某某驾驶的变型拖拉机发生碰撞,致使校车上的邱某某受伤。邱某某被送至芜湖县人民医院治疗。春童公司支付邱某某工资:11月,1 020元;12月,1 020元;2020年1月,1 000元;2020年2月,500元。

仲裁结果

2020年4月28日,邱某某提出仲裁申请,请求确认与春童公司存在劳动关系。仲裁裁决认定双方存在劳动关系。

春童公司不服仲裁裁决,诉至法院。

一审判决

邱某某与春童公司签订了用工合同,邱某某按照春童公司要求从事校车陪护工作,服从春童公司的管理,邱某某的工作属于春童公司业务的组成部分,可以认定春童公司与邱某某之间存在劳动关系。

春童公司不服一审判决,提出上诉。

二审判决

从双方合同可知,邱某某的工作内容为:在每天上午、下午的指定时间内从事学生上下车陪护、监督等工作,邱某某按小时计领取报酬。这种用工形式符合我国劳动合同法所规定的非全日制用工形式,一审对此认定准确。春童公司的上诉请求不能成立,应予驳回。

评析

非全日制用工是我国劳动合同法规定的一种特殊的用工形式,其特殊性表现为可以不签订书面劳动合同,双方可以随时终止用工关系,用人单位不支付经济补偿金,可以按小时支付劳动报酬。非全日制用工是否应当缴纳社会保险,法律没有规定,但根据双方可以不签订书面劳动合同的规定,用人单位可以不缴纳社会保险。再者,法律规定非全日制用工肯定了这种用工的灵活性,因为灵活所以没办法也没有必要缴纳社会保险。但双方形成的用工关系依然是劳动关系。劳动用工制度经过多年变化,"临时工"在人们的观念中依然存在。在本案中,双方签订了短期临时用工合同,从合同名称可以推断春童公司认为双方不构成劳动关系,就是一种临时用工。可法律有法律的判断标准,从邱某某的工作性质、工作内容和日常管理可以认定双方存在劳动关系。

案例二　江西纯金网络公司与张某某劳动争议案

【(2020)赣01民终2671号】

基本案情

2019年4月10日,张某某入职纯金网络公司,从事共享电动车的维护工作;双方未签订书面劳动合同,口头约定每月工作28天,保底工资为每月3 500元。2020年4月1日,双方协商劳动合同和社保事宜未果,纯金网络公司未为张某某缴纳社会保险。4月14日,张某某向纯金网络公司递交了解除劳动合同通知书后离职。

仲裁结果

2020 年 4 月 16 日，张某某申请仲裁。2020 年 6 月 2 日，仲裁委员会做出仲裁裁决，裁决确认双方劳动关系已经解除；纯金网络公司需向张某某支付未订立书面劳动合同双倍工资差额 32 375 元，并支付解除劳动合同经济补偿金 3 208 元，以及支付双休日加班工资差额 1 625 元。

纯金网络公司不服仲裁裁决，诉至法院。

一审判决

一审查明纯金网络公司向张某某按月支付报酬，工作时间超过非全日制用工的时间限制。结合相关微信记录等证据，法院确定双方之间不属于非全日制用工，而是正常的劳动关系。纯金网络公司未与张某某签订劳动合同，按照法律规定，纯金网络公司应向张某某支付两倍工资、经济补偿金和加班工资。

纯金网络公司不服一审判决，提出上诉。

二审判决

二审法院认为一审法院认定双方之间存在劳动关系，符合法律规定。纯金网络公司与张某某之间的劳动关系已经解除，纯金网络公司应向张某某支付两倍工资、经济补偿金和加班工资。

评析

这个案例是“教科书”的操作。用工时未签订书面劳动合同，满一年时提出缴纳社会保险，协商未果，劳动者提出解除劳动合同。这样，劳动者不仅得到了 11 个月的双倍工资，还可以得到一个月的经济补偿金。加班工资一般因证据不充分很难得到支持，但本案支持了双休日的加班工资，可能双方对每月工作 28 天这个事实无争议，所以，法院支持了双休日的加班工资。

（案例来源：中国裁判文书网，有改动。）

知识总结

- 劳务派遣和非全日制用工
  - 劳务派遣
    - 劳务派遣的定义
    - 劳务派遣单位作为用人单位应承担的义务
      - 限定劳动合同期限
      - 告知义务
      - 无工作期间的工资保障
      - 保护劳动者权益
    - 对用工单位的规制
      - 用工单位使用劳动派遣的岗位规则
      - 用工单位的义务
    - 被派遣劳动者的权利与义务
      - 被派遣劳动者的权利
      - 被派遣劳动者的义务
  - 非全日制用工
    - 非全日制用工的定义
    - 非全日制用工的特殊性

第九章　失业保险和工伤保险制度

法者，天下之程式也，万事之仪表也。

——管仲，选自《管子》

核心问题

1. 领取失业保险金的条件是什么？
2. 工伤认定的条件是什么？

导引案例

实习生等8类特定人员纳入工伤保险参保范围

2020年12月31日，广东省人力资源和社会保障厅、广东省财政厅、广东省税务局出台了《关于单位从业的超过法定退休年龄劳动者等特定人员参加工伤保险的办法(试行)》(以下简称《办法》)，创新政策首次将超过法定退休年龄劳动者、实习学生、见习人员、村居两委人员、家政服务机构从业的家政人员、新业态从业人员、从事公益活动的志愿者等未建立劳动关系特定人员纳入了工伤保险参保范围。

这些人群可由所在从业单位(组织)自愿选择为其单项参加工伤保险、缴纳工伤保险费，参保人员可按规定享受工伤保险基金支付的各项工伤保险待遇。这项政策预计惠及人群超过300万，从2021年4月1日起实施。

广东全省工伤保险参保人数超过3 800万，约占全国总参保人数的1/7，居全国首位。与其他省份相比，广东省《办法》的适用范围更宽、制度模式更灵活。

根据《办法》，有8类特定人员可享受这项政策，主要包括：在从业单位工作的超过法定退休年龄人员(包括未享受职工养老保险待遇人员和退休返聘人员)、已享受一级至四级工伤伤残津贴或病残津贴人员、实习学生(包括签订三方实习协议或自行联系实习单位的实习学生和从业单位使用的勤工助学学生)、单位见习人员，以及在家政服务机构从业的家政服务人员等未建立劳动关系的劳动者(简称从业人员)。

此外，《办法》将村居两委人员，提供网约车、外卖、快递劳务等新业态从业人员，依法组建的志愿服务组织招募从事特定公益活动(应急救援、公共卫生防控、大型活动等)的志愿者等特定人员也纳入了参保对象范围。

在《办法》试行期间，可根据评估情况动态调整适用的参保对象范围。据了解，国家将开展新业态从业人员职业伤害保障试点。为与国家相关试点衔接，对于新业态从业人员工伤保障问题，《办法》明确在国家出台相应规定后将遵从其规定。

（资料来源：http://www.sznews.com/news/content/2021-01/07/content_23871677.htm，有改动。）

【思考与讨论】

请同学们根据以上案例，思考并讨论以下问题。

1. 为什么要建立工伤保险制度？工伤保险不可以用意外伤害等商业保险代替吗？
2. 工伤保险的赔偿项目与人身损害的赔偿项目有哪些区别？

第一节 失业保险制度

一、失业保险制度的定义和失业保险待遇

1. 失业保险制度的定义

失业保险制度是指由单位与劳动者共同缴纳失业保险费及国家财政补贴等经费共同形成失业保险基金，以保证失业而暂时中断生活来源，符合申领条件的劳动者在法定期间获得失业保险金、享受失业保险待遇的制度。

2. 失业保险待遇

（1）失业人员在领取失业保险金期间患病就医的，可以按照规定向社会保险经办机构申请领取医疗补助金。

（2）失业人员在领取失业保险金期间死亡的，参照当地对在职职工的规定，对其家属一次性发给丧葬补助金和抚恤金。

（3）单位招用的农民合同制工人连续工作满1年，本单位并已缴纳失业保险费，劳动合同期满未续订或者提前解除劳动合同的，由社会保险经办机构根据其工作时间长短，对其支付一次性生活补助。

二、领取失业保险金的条件

（1）按照规定参加失业保险，所在单位和本人已按照规定履行缴费义务满1年的。

（2）非因本人意愿中断就业的。

（3）已办理失业登记，并有求职要求的。

三、失业保险金的领取期限

1. 失业保险金的领取期限与累计缴费时间相关

(1) 累计缴费时间满 1 年不满 5 年的,领取失业保险金的期限最长为 12 个月。

(2) 累计缴费时间满 5 年不满 10 年的,领取失业保险金的期限最长为 18 个月。

(3) 累计缴费时间 10 年以上的,领取失业保险金的期限最长为 24 个月。

2. 重新就业后再次失业的领取期限

重新就业后再次失业的,缴费时间重新计算。领取失业保险金的期限可以与前次失业应领取而尚未领取的失业保险金的期限合并计算,但是最长不得超过 24 个月。

用人单位未按规定缴纳失业保险费致使劳动者无法领取失业保险金享受失业保险待遇的,由用人单位承担赔偿责任。

四、失业保险金领取程序和起算时间

(1) 用人单位备案。用人单位应将失业人员的名单自终止或者解除劳动关系之日起 7 日内报社会保险经办机构备案。

(2) 办理失业登记。失业人员持单位出具的终止或者解除劳动关系的证明,及时到指定的社会保险经办机构办理失业登记。

(3) 失业保险金的起算时间。失业保险金自办理失业登记之日起计算。

案例

案例一　李某某与重庆科冠仪表公司失业保险待遇纠纷

【(2020)渝 05 民终 6385 号】

基本案情

2019 年 10 月 8 日,李某某与科冠仪表公司签订了劳动合同。劳动合同期限自 2019 年 10 月 1 日起至 2020 年 9 月 30 日止,工作岗位为生产装配,基本工资为 1 800 元/月。2019 年 10 月至 2020 年 3 月,科冠仪表公司为李某某缴纳失业保险。

2020 年 3 月 16 日,李某某向科冠仪表公司邮寄《解除劳动关系通知书》,以“科冠仪表公司克扣、拖欠、未足额支付工资;未依法支付加班费,未依法缴纳社会保险费”为由提出解除劳动合同。在一审期间,李某某还向法院提交了两页科冠仪表公司零(部)件检验报告,日期分别为 2018 年 4 月 10 日和 2018 年 4 月 16 日,拟证明自己早于劳动合同签订时间在科冠仪表公司工作。

仲裁结果

2020 年 3 月 19 日,李某某申请仲裁,要求科冠仪表公司支付劳动报酬、经济补偿金、失业保险待遇损失等费用。2020 年 5 月 20 日,仲裁委员会做出超时未审结案件证明书[(2020)第 678 号]。

李某某诉至法院。

一审判决

以2018年4月10日零(部)件检验报告显示的时间确认双方建立劳动关系的时间。

科冠仪表公司未按照李某某实际入职时间为李某某参加失业保险,李某某以科冠仪表公司未依法参保为由于2020年3月离职,属于《失业保险条例》规定的非因本人意愿中断就业,且无证据证明李某某在离职后重新就业,李某某符合领取失业保险金法定情形。但科冠仪表公司未按实际用工时间为李某某缴纳失业保险,李某某失业保险累计缴费时间不满一年,导致李某某不能领取失业保险金。以李某某在2018年4月10日入职,劳动关系存续至2020年3月17日计算,科冠仪表公司应当缴纳的失业保险费为满一年不足两年,李某某应当领取3个月的失业保险金,但因科冠仪表公司未缴纳,造成李某某3个月的失业保险待遇损失,科冠仪表公司应予以赔偿。

李某某不服一审判决,提出上诉。

二审判决

一审判决认定事实清楚,适用法律正确,驳回上诉,维持原判。

评析

本案中劳动争议部门没有对李某某提出的仲裁申请进行实体审理,出具了一份《超时未审结案件证明书》。该证明书的意义在于,李某某向劳动争议仲裁委提出过仲裁申请,经过劳动争议仲裁的前置程序,李某某可以向法院提起诉讼。本案的另一个意义在于法院判决用人单位承担由于未按规定缴纳失业保险而导致劳动者的失业待遇损失。中国不是判例法国家,该案也没有被最高人民法院编入指导性案例,但在司法实践中有一定的意义,至少给法院、律师提供了一种思路,也给用人单位提个醒。

案例二 中国人保财险通辽市分公司与徐某失业保险待遇纠纷

【(2020)内05民终1214号】

基本案情

2006年10月30日,徐某与被告中国人民财产保险股份有限公司通辽市分公司订立劳动合同,自2006年11月1日起在被告处从事展业序列岗位工作。2009年10月27日、2014年11月1日,双方续订劳动合同。在2018年4月30日,双方解除劳动合同。劳动关系存续期间,被告自2012年1月1日起为原告缴纳失业保险费共计76个月。此前被告未为原告缴纳失业保险费,且已不能补缴。原告已领取2018年5月至2019年7月(共15个月)的失业保险金,并已报销享受失业保险待遇期间的医疗保险费。

仲裁结果

2019年10月9日,徐某提出仲裁申请。仲裁委员会以仲裁请求不属于劳动人事争议处理范围为由不予受理。

徐某不服仲裁裁决,诉至法院。

一审判决

徐某诉请法院要求判决被告承担失业保险金待遇损失为13 446元(1 494元×9个月),医疗保险费待遇损失为2 306元[(66 104元×4.5%+100)÷12×9个月]。法院经审理查明后支持了徐某的诉讼请求。

保险公司不服一审判决,提出上诉。

二审判决

因中国人保财险通辽市分公司未自用工起为徐某缴纳失业保险，且未缴纳的失业保险不能补缴，给徐某造成了失业保险金待遇的损失，进而影响了徐某在失业期间的医疗保险待遇。一审法院的判决并无不当，中国人保财险通辽市分公司的上诉请求不能成立，应予驳回。

评析

按照《失业保险条例》的规定，失业人员在领取失业保险金期间患病就医的，可以按照规定向社会保险经办机构申请领取医疗补助金。本案中用人单位未按规定为劳动者缴纳失业保险，不仅影响了劳动者在失业后的失业保险待遇，还影响了失业期间的医疗补助金领取额度，所以，法院判决用人单位承担赔偿责任。

（案例来源：中国裁判文书网，有改动。）

第二节 工伤保险制度

一、工伤保险的定义

工伤保险是指为在生产、工作中遭受事故伤害和患职业性疾病的劳动者提供医疗救治、经济补偿、职业康复等物质帮助的一种社会保障制度。

二、工伤保险待遇

劳动者被认定按照规定享受以下工伤保险待遇。

(1) 住院治疗工伤的伙食补助费，以及经医疗机构出具证明，报经办机构同意，工伤职工到统筹地区以外就医所需的交通、食宿费用从工伤保险基金中支付。

(2) 经劳动能力鉴定委员会确认的停工留薪期，劳动者在停工留薪期内，原工资福利待遇不变，由所在单位按月支付。

(3) 经劳动能力鉴定委员会确认需要生活护理的，从工伤保险基金中按月支付生活护理费。

(4) 因工致残被鉴定为伤残的，按规定享受一次性伤残补助金、伤残津贴、一次性工伤医疗补助金和一次性伤残就业补助金等待遇。

(5) 因工死亡的，其近亲属按规定从工伤保险基金中领取丧葬补助金、供养亲属抚恤金和一次性工亡补助金。

三、工伤认定的条件

1. 工伤的认定情形

有下列情形之一的，应当认定为工伤。

(1) 在工作时间和工作场所内，因工作原因受到事故伤害的。

(2) 在工作时间前后，在工作场所内从事与工作有关的预备性或者收尾性工作受到事故伤害的。

(3) 在工作时间和工作场所内，因履行工作职责受到暴力等意外伤害的。

(4) 患职业病的。

(5) 在因工外出期间，由于工作原因受到伤害或者发生事故下落不明的。

(6) 在上下班途中，受到非本人主要责任的交通事故或者城市轨道交通、客运轮渡、火车事故伤害的。

(7) 法律、行政法规规定应当认定为工伤的其他情形。

2. 视同工伤的情形

有下列情形之一的，视同工伤。

(1) 在工作时间和工作岗位上突发疾病死亡或者在 48 小时之内经抢救无效死亡的。

(2) 在抢险救灾等维护国家利益、公共利益活动中受到伤害的。

(3) 职工原在军队服役，因战、因公负伤致残，已取得革命伤残军人证，到用人单位后旧伤复发的。

四、申请工伤认定的时间和材料

1. 申请工伤认定的时间

(1) 用人单位应当自事故伤害发生之日或者被诊断、鉴定为职业病之日起 30 日内提出申请。

(2) 用人单位没有提出申请的，工伤职工或者其直系亲属在事故伤害发生之日或者被诊断、鉴定为职业病之日起 1 年内提出申请。

2. 提出工伤认定申请应当提交的材料

(1) 工伤认定申请表。

(2) 与用人单位存在劳动关系（包括事实劳动关系）的证明材料，一般指劳动合同和其他能证明存在用工关系的证明性材料，包括工资卡、工衣、工牌、门禁卡、工友证明等。

(3) 医疗诊断证明或者职业病诊断证明书（或者职业病诊断鉴定书）。

如果经治疗伤情相对稳定后存在残疾、影响劳动能力的，可以一并提出劳动能力鉴定申请。

案例

曾某某与海南联合建工集团工伤保险待遇纠纷

【(2020)湘民再 136 号】

基本案情

2014 年 8 月 26 日，曾某某到海南联合建工承建的邵东金旺国际商贸城工地从事木工工作。海南联合建工未与曾某某签订劳动合同，也未为曾某某缴纳工伤保险。海南联合建工在中国平安财产保险股份有限公司为曾某某投保了平安建筑工程团体意外伤害险。2014年9月30日，曾某某在工地用砂轮机磨螺杆时被砂轮片击伤左眼，导致左眼球破裂、眼球穿通伤等。2015年3月26日，曾某某向邵阳市人力资源和社会保障局提出工伤认定申请。2015年5月4日，邵阳市人力资源和社会保障局做出邵工伤认字(2015)00173号《工伤认定决定书》，做出“曾某某受到的事故伤害，属于工伤认定范围，现予以认定为工伤”的认定结论。2015年12月23日，邵阳市劳动能力鉴定委员会做出邵劳鉴152003号劳动能力初次鉴定结论，认定曾某某为“伤残柒级”。曾某某受伤后，中国平安财产保险股份有限公司赔付曾某某意外伤害保险款177 234.71元。

仲裁结果

曾某某提出仲裁申请，请求裁决海南联合建工支付其一次性伤残补助金、一次性工伤医疗补助金、一次性伤残就业补助金，停工留薪期间工资、医疗费、护理费、鉴定费、住院伙食补助费、交通费。劳动争议仲裁委员会做出仲裁裁决，支持了曾某某大部分诉请。

海南联合建工不服仲裁裁决，诉至法院。

一审判决

一审法院认为，海南联合建工未为曾某某缴纳工伤保险，致使曾某某无法从社会保险机构享受工伤保险待遇，海南联合建工应该向曾某某支付上述工伤保险待遇。海南联合建工在中国平安财产保险股份有限公司投保了平安建筑工程团体意外伤害险，投保的目的就是减轻或免除其赔偿责任，所以曾某某从中国平安财产保险股份有限公司所获得的意外伤害保险款177 234.71元予以抵扣其应享受的工伤保险待遇。

曾某某不服一审判决，提出上诉。

二审判决

二审法院认为，曾某某上诉称其获赔的团体意外伤害保险不应抵扣其工伤保险待遇的上诉理由不能成立。

曾某某不服二审判决向检察院申诉，申请检察监督。

2020年2月13日，湖南省人民检察院做出湘检民(行)监〔2018〕43000000186号民事抗诉书，向湖南省高级人民法院提出抗诉。

2020年3月24日，湖南省高级人民法院做出(2020)湘民抗18号民事裁定，提审本案。

再审判决

再审查明的事实与二审判决认定的事实一致。由于海南联合建工未为曾某某购买工伤保险，应由海南联合建工承担曾某某的工伤保险待遇共计173 173.37元。但是海南联合公司在中国平安财产保险股份有限公司为曾某某投保平安建筑工程团体意外伤害险的目的是为保障员工在工作遭受事故伤害时获得医疗救治和经济补偿，分散或减轻公司的赔偿责任，降低企业风险，曾某某亦配合海南联合公司办理了该保险。曾某某因投保平安建筑工程团体意外伤害险已经获赔了177 234.71元。根据双方可推知的真实意思，曾某某从中国平安财产保险股份有限公司所获得的意外伤害保险款应抵扣其应享受的工伤保险待遇，海南联合建工无须再向曾某某支付173 173.37元。

评析

用人单位自用工之日起应当与劳动者签订书面劳动合同，也应当为劳动者缴纳社会保险，这是用人单位的法定义务。但在建筑工程领域大量使用农民工，工人的流动性很强，再加上存在劳务分包，劳务分包单位用工极不规范，有的可能就是包工头领着一个“连队”在施工。所以，建设主管部门三令五申规范用工，但总有监管不到位的地方。本案中，海南联合建工为曾某某购买了意外伤害险，购买的目的也是降低用工风险，曾某某也配合购买了该保险，可以说，双方的意图是明显的。但用人单位是不是可以效仿此案购买意外伤害险来免除缴纳工伤保险的义务？答案是明确的：不可以。可是现实中的建筑领域用工量大、工人流动性强，为所有人员缴纳工伤保险不太现实。购买意外伤害险来减轻风险只是权益之举，不符合法律规定。一案支持，但并不能说明司法领域都支持。执行法律不能打折扣。

案例二　李某与大同鹊山精煤公司工伤保险纠纷

【（2019）晋民再 246 号】

基本案情

李某系被告鹊山公司职工，鹊山公司为李某在左云县缴纳了工伤保险。2012 年 4 月 26 日，李某因工作受到伤害，经鉴定为工伤六级。2014 年 1 月 13 日，李某与鹊山公司签订了《关于工伤李某赔偿问题的处理协议》，双方已经按协议履行。2012 年 12 月 28 日，李某退休。2014 年 4 月 28 日，李某经大同市劳动能力鉴定委员会因职业病鉴定为工伤四级、完全丧失劳动能力、特殊医疗依赖。

一审判决

李某在工作过程中受到伤害，构成工伤六级。事后，李某与被告鹊山公司对工伤损失达成赔偿协议，协议中损失的计算方法符合《工伤保险条例》中工伤保险待遇的规定，双方已经按照协议履行，所以对李某提出的工伤六级损失请求不予支持。李某在退休后申请职业病鉴定，职业病被鉴定为工伤四级。对于李某提出的一次性伤残补助金，因为鹊山公司已给李某缴纳了工伤保险，李某的一次性伤残补助金应该由工伤保险机构从工伤保险基金中支付，所以对该请求不予支持。另外，对李某提出的补足养老保险基金的请求，因为鹊山公司已经给李某缴纳了养老保险，所以对该请求不予支持。综上，判决驳回李某的诉讼请求。

李某不服一审判决，提出上诉。

二审判决

原审判决认定事实清楚，适用法律正确，判决结果适当，应予维持。依照《中华人民共和国民事诉讼法》第一百七十条第一款第一项的规定，判决：驳回上诉，维持原判。

李某不服二审判决向检察院申诉，申请检察监督。

山西省人民检察院做出晋检民（行）监〔2017〕14000000027 号民事抗诉书，提出抗诉。山西省高级人民法院做出（2019）晋民抗 23 号民事裁定，提审本案。

再审判决

双方达成的《关于工伤李某赔偿问题的处理协议》已履行完毕。诉讼中李某提出该协议显失公平，但根据《中华人民共和国劳动合同法》第五十四条、第五十五条的规定，当事人自知道或者应当知道撤销事由之日起一年内行使撤销权，否则该撤销权消灭。在本案中，李某未在法定期间行使撤销权，也未提供证据证明工伤处理协议书存在可撤销的情形，撤销权消灭,该项请求依法不予支持。原判认定事实清楚,适用法律正确。李某的再审理由不能成立,依法不予支持。维持山西省大同市中级人民法院(2015)同民终字第120号民事判决。

评析

李某在再审中提出工伤赔偿协议显失公平欲行使撤销权,再审法院以撤销权经过一定时间而消灭不予支持。原《合同法》(现为《中华人民共和国民法典》)规定,撤销权行使的期间为一年,自知道或应当知道撤销事由之日起行使,否则该权利消灭。这一年时间被称为"除斥期间",无中断中止。《中华人民共和国民法典》第一百五十二条规定了撤销权消灭的情形,除斥期间仍为1年。当事人可以行使撤销权的情形规定在第一百四十七至第一百五十一条中,当事人因重大误解、欺诈、第三人欺诈、胁迫、显失公平,在违背真实意思的情况下实施民事法律行为,可以向法院或仲裁机构主张撤销。

案例三 杨某与蓟州新城民兴物业工伤保险待遇纠纷

【(2020)津01民终6402号】

基本案情

杨某出生于1966年3月3日。2017年6月7日,杨某入职民兴物业处从事保洁员工作,月工资为1 980元。2018年6月6日上午11时30分许,杨某在下班回家途中被一辆小型轿车倒车时撞倒受伤,诊断为左股骨颈骨折,住院12天。2019年5月20日,杨某提出工伤认定申请;2019年7月19日,做出认定工伤决定书。经劳动能力鉴定委员会鉴定,杨某符合伤残等级标准八级,确认杨某停工留薪期为9个月,其中不稳定期为2个月,恢复期为7个月。

仲裁结果

2020年7月21日,杨某提出仲裁申请。仲裁院以杨某超过法定退休年龄为由不予受理通知书。

杨某不服仲裁裁决,诉至法院。

一审判决

最高人民法院行政审判庭根据《关于超过法定退休年龄的进城务工农民因工伤伤亡的,应否适用〈工伤保险条例〉请示的答复》(〔2010〕行他字第10号)意见,用人单位聘用的超过法定退休年龄的务工农民,在工作时间内因工作原因伤亡的,应当适用《工伤保险条例》的有关规定进行工伤认定。杨某按规定认定为工伤。因杨某入职时达到法定退休年龄,民兴物业未为杨某缴纳工伤保险。民兴物业作为用人单位在聘用杨某时即应知晓该风险,故民兴物业应依法按照《工伤保险条例》规定的工伤保险待遇项目和标准支付费用。在本案中,杨某应享受一次性伤残补助金、停工留薪期工资、住院伙食补助费、住院期间护理费等工伤保险待遇。杨某因已超过法定退休年龄,不再享受一次性工伤医疗补助金、一次性伤残就业补助金。因杨某未提供到统筹地区以外就医的相关证据,所以交通费不予支持。杨某主张的营养费、经济赔偿金于法无据,也不予支持。

杨某不服一审判决,提出上诉。

二审判决

杨某到民兴物业处从事工作时已经超过法定退休年龄，因超过法定退休年龄以后无法缴纳社会保险，故民兴物业未缴纳社会保险的原因并非民兴物业的责任。《天津市工伤保险条例若干规定》规定，工伤职工解除劳动合同时已达到法定退休年龄的并符合按月领取养老金条件的，不支付一次性工伤医疗补助金和一次性伤残就业补助金，故一审法院判决不支持上诉人关于一次性工伤医疗补助金、一次性伤残就业补助金的主张无误。杨某的上诉请求不能成立，应予驳回。

评析

这是一起超过法定退休年龄的务工人员发生工伤事故如何赔偿的案例。本案中有两点是非常明确的，一是录用超过法定退休年龄的工作人员无法缴纳工伤保险，发生事故认定为工伤的由用人单位按照《工伤保险条例》的规定承担赔偿责任；二是超过法定退休年龄的工作人员不再享受"一次性工伤医疗补助金和一次性伤残就业补助金"两项工伤保险待遇。天津市的工伤保险规定是十分明确的。

（案例来源：中国裁判文书网，有改动。）

知识总结

- 失业保险和工伤保险制度
  - 失业保险制度
    - 失业保险制度的定义和失业保险待遇
      - 失业保险制度的定义
      - 失业保险待遇
    - 领取失业保险金的条件
    - 失业保险金的领取期限
      - 失业保险金的领取期限与累计缴费时间相关
      - 重新就业后再次失业的领取期限
    - 失业保险金领取程序和起算时间
  - 工伤保险制度
    - 工伤保险的定义
    - 工伤保险待遇
    - 工伤认定的条件
      - 工伤的认定情形
      - 视同工伤的情形
    - 申请工伤认定的时间和材料
      - 申请工伤认定的时间
      - 提出工伤认定申请应当提交的材料

第十章　劳动争议仲裁和诉讼

纵有良法美意，非其人而行之，反成弊政。

——胡居仁，选自《居业录》

核心问题

1. 劳动争议仲裁的时效是如何规定的？
2. 劳动争议诉讼适用哪部诉讼法的规定？

导引案例

北京发布涉疫情劳动争议仲裁十大案例

北京市人力资源和社会保障局发布2020年涉新冠肺炎疫情劳动争议仲裁十大典型案例，涉及居家办公、试用期延长、劳动合同续订、带薪年休假、劳动合同解除等疫情防控期间较为常见的劳动争议。对案件进行释法分析和风险提示，有利于对同类案件的处置。

根据发布的内容，这些案例都与疫情特殊时期相关。例如，某科技公司通知员工刘某居家办公，随后该公司以“受市场影响业务不饱和”“居家办公无法记录考勤”等理由降低包括刘某在内的居家办公员工月薪为北京市最低工资标准(2 200元)。刘某提出支付工资差额的仲裁申请，最终赢得仲裁委裁决支持。在本案中，涉事公司在疫情期间安排刘某通过电话、网络等灵活的工作方式居家办公，应当视为其正常出勤上班，在未经协商一致的情况下，公司单方降薪缺乏依据，故应予补发。

再如，孙某与某教育培训公司签订3年的书面劳动合同，试用期为3个月，受疫情影响，孙某在湖北过春节返京时间推迟，其公司延长了孙某一个月的试用期，工资仍按试用期支付，孙某以未足额支付劳动报酬为由离职，并要求补齐工资差额和赔偿金等，最终仲裁委裁决驳回了孙某的仲裁请求。在本案中，在特殊情形下，应当允许用人单位扣除因疫情影响而无法考察劳动者的期间，即适当延长试用期。

（资料来源：http://news.youth.cn/jsxw/202011/t20201119_12582736.htm，有改动。）

【思考与讨论】

请同学们根据以上案例，思考并讨论以下问题。

1. 受新冠肺炎疫情影响，有的企业强制通知员工集体降薪这一行为是否合法？如果不合法，正确的做法是什么？

2. 受新冠肺炎疫情影响，在疫情期间，企业是否可以在足额支付带薪休年假报酬的情况下统筹安排员工休带薪年假？

第一节 劳动争议的定义和处理程序

一、劳动争议的定义

劳动争议是指劳动者与用人单位在劳动合同履行过程中围绕劳动权利和义务所发生的纠纷。劳动争议一般包括是否存在劳动关系的争议，辞退、辞职、离职的争议，工作时间、休息休假、社会保险、劳动报酬、工伤医疗费、经济补偿或者赔偿金等争议。

二、劳动争议处理的程序

发生劳动争议后，一般会有劳动者和用人单位双方协商的过程，经过协商达成和解协议，或经过第三方非仲裁机构的调解达成协议。如果双方无法达成和解协议或调解协议，一般会选择劳动争议仲裁，对仲裁裁决不服提起诉讼。劳动争议仲裁是进行劳动争议诉讼的前置程序。

第二节 劳动争议仲裁与诉讼的具体规定

一、劳动争议仲裁的时效与管辖

1. 劳动争议仲裁的时效

劳动争议申请仲裁的时效期限为一年。仲裁时效期间从当事人知道或者应当知道其权利被侵害之日起计算。

2. 劳动争议仲裁的管辖

劳动争议由劳动合同履行地或者用人单位所在地的劳动争议仲裁委员会管辖。

二、劳动争议仲裁裁决的效力

1. “一裁终局”的终局裁决

下列劳动争议，除《劳动争议调解仲裁法》另有规定外，仲裁裁决为终局裁决，裁决书自做出之日起发生法律效力。

（1）追索劳动报酬、工伤医疗费、经济补偿或者赔偿金，不超过当地月最低工资标准 12 个月金额的争议。

（2）因执行国家劳动标准在工作时间、休息休假、社会保险等方面发生的争议。

2. 可以提起诉讼的仲裁裁决

（1）除上述劳动争议仲裁裁决外，当事人对其他劳动争议案件的仲裁裁决不服的，可以自收到仲裁裁决书之日起 15 日内向人民法院提起诉讼。

（2）期满不起诉的，裁决书发生法律效力。

三、劳动争议诉讼的具体规定

（1）劳动争议诉讼是民事诉讼，适用民事诉讼法的规定。

（2）拖欠工资的劳动争议诉讼的特殊规定。劳动者以用人单位的工资欠条为证据直接向人民法院起诉，诉讼请求不涉及劳动关系其他争议的，视为拖欠劳动报酬争议，按照普通民事纠纷受理，不需要经过劳动争议仲裁的前置程序。

知识总结

- 劳动争议仲裁和诉讼
  - 劳动争议的定义和处理程序
    - 劳动争议的定义
    - 劳动争议处理的程序
  - 劳动争议仲裁与诉讼的具体规定
    - 劳动争议仲裁的时效与管辖
    - 劳动争议仲裁裁决的效力
      - “一裁终局”的终局裁决
      - 可以提起诉讼的仲裁裁决
    - 劳动争议诉讼的具体规定

下篇

劳动教育主题实践

第十一章　体会劳动精神

实践活动一　致敬我家的劳动者

实践目标

(1) 了解家庭成员是如何通过劳动给予家人幸福的。

(2) 体会家庭成员在劳动中的艰辛，肯定他们的劳动价值，表达对他们的敬意和爱。

(3) 能够在日常生活中为家庭做一些力所能及的事。

基础知识

家庭是幸福生活的一种存在，这其中的每段幸福都离不开家庭成员的辛苦付出、辛勤劳动，他们可能是农民、工人、快递员、程序员、工程师、教师、家务劳动者……劳动不分贵贱，无论家庭成员在社会中担任什么角色，他们都是既普通又不普通的劳动者，他们凭借自己不懈的努力和奋斗让家人过上幸福的生活。

活动主体

全班同学。

工具使用

手机、录音笔、照相机等采访工具。

活动设计

(一) 准备阶段

(1) 准备采访工具。

(2) 确定采访内容，列出采访提纲。

(3) 提前与采访对象确定采访时间，告知其采访提纲和内容。

(二) 实施阶段

(1) 按照之前确定的采访时间及内容对家庭成员进行采访。采访内容包括但不限于劳动内容、劳动时间、劳动频次、劳动中的难点、劳动中收获的幸福、劳动中记忆最深的故事等。采访方式包括但不限于电话通话、视频、现场交流访谈等。

(2) 采访后，用自己的实际行动表达对家庭劳动者的敬意和爱，表达形式不限。

(三) 总结阶段

(1) 对活动开展情况进行总结，生成总结报告，报告内容包含但不限于选择采访对象的原因、活动开展中记忆最深刻的事情、思想收获、未来展望等。

(2) 将采访过程和结果以 PPT、录音或短视频等形式进行呈现。

(3) 进行活动拓展，将采访致敬对象拓展为其他行业的劳动者，体会各行各业劳动的艰辛。

注意事项

(1) 至少采访两名家庭成员，如爷爷、奶奶、外公、外婆、爸爸、妈妈、哥哥、姐姐等。

(2) 提前对采访工具进行充电或准备额外电池，确保采访过程中采访工具电量充足。

考核评价

教师可参考表 11-1 对学生“致敬我家的劳动者”主题实践活动进行评价。

表 11-1 “致敬我家的劳动者”主题实践活动评价

评价标准	分 值	分数小计/分	总 分	教师评价
参与活动全过程	20			
采访内容饱满	20			
达到采访目的	20			
表达敬意和爱的形式合理	20			
采访过程和结果呈现精彩	20			

实践活动二 做一天平凡的劳动者

实践目标

(1) 切身体会劳动不分贵贱。

(2) 能够尊重每个劳动者，尊重每个职业，并珍惜他们的劳动果实。

(3) 能够体会平凡的工作岗位创造出的不平凡劳动价值。

基础知识

环卫工人(图 11-1)、快递员、外卖员(图 11-2)、服务员、保洁员、导购员、收银员、保安员……在我们身边有很多这样的劳动者，他们在日常生活中随处可见，为我们的生活提供了基础保障，他们是既平凡又不平凡的劳动者，没有他们的奉献就没有我们日常生活的便利、整洁、稳定……因此，劳动不分贵贱，任何岗位都能创造价值，任何行业的劳动者都值得我们尊敬。

图 11-1 环卫工人

图 11-2 外卖员

活动主体

全班学生。

工具使用

各岗位所使用的工具。

活动设计

（一）准备阶段

（1）根据自身实际情况，从社会上一些平凡的岗位（不限于“基础知识”中所述岗位）中选择一个岗位，向学校报备，与该岗位单位人员沟通，提前获取单位及学校的同意。

（2）了解要体验岗位的基本技能知识、工作时间、工作地点、工作要求及要点等内容。

（二）实施阶段

服从岗位安排，跟随该岗位人员体验一天该岗位的工作。

（三）总结阶段

对活动开展情况进行总结，生成实践总结报告，报告内容包括但不限于选择该岗位的原因、活动开展过程、活动开展过程中的难点、印象最深刻的事物或时刻、思想收获、未来展望等。

注意事项

（1）在活动实施前，活动主体必须具备完成整体活动所需的精力、体力。

（2）如果在活动实施过程中遇到突发事件，要及时与相关工作人员沟通联系，切勿私自采取任何行动。

考核评价

教师可参考表 11-2 对学生“做一天平凡的劳动者”主题实践活动进行评价。

表 11-2　“做一天平凡的劳动者”主题实践活动评价

评价标准	分　值	分数小计/分	总　分	教师评价
活动准备充分	20			
实施方式合理	30			
活动总结深刻	30			
完成实践目标	20			

实践活动三　学习劳模先进，弘扬劳动精神

实践目标

（1）引导学生大力弘扬劳模精神、劳动精神和工匠精神，用劳动模范、先进个人的崇高精神和高尚品格鞭策自己。

（2）充分领会“光荣属于劳动者，幸福属于劳动者”“社会主义是干出来的，新时代是奋斗出来的”“劳动价值有大小，劳动分工无贵贱”等论述的要义。

基础知识

（1）“全国劳动模范”“全国先进工作者”是中共中央、国务院授予在社会主义建设中做出重大贡献的劳动者的荣誉称号。全国劳动模范和先进工作者表彰大会（图 11-3）是五年一度的表

彰大会，目的是弘扬劳模精神，弘扬劳动精神，弘扬中国工人阶级和广大劳动群众的伟大品格。[①] 20 世纪 90 年代以来，全国劳模表彰大会每五年召开一次，近几次召开的时间分别为 1995 年 4 月、2000 年 4 月、2005 年 4 月、2010 年 4 月、2015 年 4 月、2020 年 11 月。[②]

图 11-3　全国劳动模范和先进工作者表彰大会

（2）“全国五一劳动奖章”和“全国五一劳动奖状”是中华全国总工会为表彰在技术创新、管理创新和体制创新中取得显著成绩，为中国特色社会主义各项建设事业做出突出贡献的先进个人和集体而颁发的荣誉奖章，是中国工人阶级的最高奖项之一。“工人先锋号”是中华全国总工会制定下发的以“创一流工作、一流服务、一流业绩、一流团队”为活动内容的荣誉称号。一般情况下，在每年“五一”国际劳动节前夕进行“全国五一劳动奖”和“全国工人先锋号”的表彰，如图 11-4 所示。

图 11-4　2019 年庆祝“五一”国际劳动节暨全国五一劳动奖和全国工人先锋号表彰大会

活动主体

全班学生。

工具使用

记录本、笔、手机和计算机。

活动设计

（一）准备阶段

召开活动动员会，让学生充分了解本次实践活动的目标、内容及意义。

---

① 《中国时隔 36 年再次最高规格表彰劳模》，新华网，2015 年 4 月 28 日。

② 《探秘如何评选出劳模？怎样能成为劳模？》，新华网，2020 年 11 月 24 日。

（二）实施阶段

（1）组织学生观看全国劳动模范和先进工作者、全国五一劳动奖和全国工人先锋号、内蒙古自治区庆祝“五一”国际劳动节等表彰大会，认真学习大会会议精神，学习这些劳模和先进工作者身上闪耀的光彩，学习他们实干苦干的劲头，学习他们勇于担当的精神。

（2）举办“走进劳模”先进事迹分享会和“弘扬劳模精神”主题演讲比赛。将参与活动的学生分为若干小组，每组自行分配参加演讲比赛和先进事迹分享会的人员。参加演讲比赛的人员需结合自身学习、成长实际，从不同角度畅谈对新时期劳模精神、创新精神的体会和感受；参加先进事迹分享会的人员需通过查阅书籍、网站等方式深入了解劳模或其他先进个人的事迹，感受他们的劳动精神，每人至少挖掘 1～2 个先进事迹，形成事迹报告，报告以 PPT 形式呈现。

（三）总结阶段

（1）举办“实践活动总结会”，指导教师对本次活动的开展情况、完成情况进行总结，对先进事迹分享会和演讲比赛的成绩结果进行公布，并颁发奖状、奖品。

（2）指导教师对整体活动的开展情况进行总结、报道，并向学校新闻中心投稿。

注意事项

（1）合理分配参加演讲比赛和先进事迹分享会的人数。

（2）确保先进事迹的真实性和准确性，要实事求是，严禁杜撰、夸大其词。

（3）学生进行事迹分享和演讲时要衣着得体、容止有仪，语言表达清晰连贯。

考核评价

教师可参考表 11-3 对学生“学习劳模先进，弘扬劳动精神”主题实践活动进行评价。

表 11-3　“学习劳模先进，弘扬劳动精神”主题实践活动评价

评价标准	分　值	分数小计/分	总　分	教师评价
认真观看表彰大会	20			
分享、演讲形象得体	30			
分享、演讲内容充实	30			
完成实践目标	20			

实践活动四　促绿化美化，展校园风采

实践目标

（1）通过对校园树木的修剪，提升学生的专业知识能力，使学生学会观察枝条，能够分辨出病枝、虫枝和枯枝，了解各类枝条的下剪部位，掌握剪枝工具的使用方法等。

（2）通过为校园花草树木制作标识牌，进一步了解校园植被的种类，加深对校园各类植被整体情况的了解及各类植被具体知识的掌握。

（3）通过开展此次活动，一方面，促进学生专业知识与实践的结合，令学生切身体会劳动的乐趣，提升专业劳动能力；另一方面，促进校园环境和谐美观，增强学生的绿色环保意识，展现不怕苦、不怕脏的专业精神风貌。

基础知识

(1) 剪枝也称修剪，是指剪除树木的徒长枝、下垂枝、背上枝、过密枝、病虫枝和弱小枝的方法，如图 11-5 所示。合理地对树木整形修剪可以控制树势，改善树冠的通风透光条件，调节树上与树下的平衡关系，促进花芽形成，增加结果部位，避免大小年现象，延长树体的结果年限，达到稳产、高产、优质的目的。校园树木的修剪通常包括常规修剪和整形修剪。常规修剪是剪去不必要的杂枝、病虫枝、枯死枝，或者为了新芽的萌发而适当地修剪处理；整形修剪是修整树木的整体外表，满足观赏和绿化景观的需要。

图 11-5　树木修剪

(2) 植物标识牌(图 11-6)是植物的“身份证”，植物标识对大众了解植物知识能起到一定的传播科普作用。目前，大部分校园内的植被种类很丰富，但因缺少标识牌，可能存在很多师生对校园里的常见植物不知其名、不明其性等问题。

图 11-6　植物标识牌

活动主体

全班学生。

工具使用

枝剪、高枝剪、修剪锯等树木修剪工具，标签、标识牌等植被标识工具。

活动设计

(一) 准备阶段

(1) 召开活动动员会，让学生充分了解本次实践活动的目标、内容及意义。

（2）开展实践前培训，邀请专业教师提前为学生介绍树木修剪、植被标识的理论知识、方法、工具使用及注意事项等。

（二）实施阶段

1. 绿化修剪活动

组织学生在树木集中区集合，邀请专业教师实地为学生举例讲解，分辨什么是杂枝、病虫枝、弱小枝、枯死枝等，并对各类问题枝条进行剪枝示范。学生自行分组，分别对不同树木进行修剪，教师从旁指导。

2. 植被标识活动

通过调查问卷，了解学校师生对校园内的花草树木想了解哪些内容，如中文名称、英文名称、喜性、花期及花色、观赏价值、药用价值等。调查、收集学校内花草树木的种类，对参与活动的学生进行任务分配，每名学生要深入了解、探索任务内的植被，形成植被信息汇总报告。针对前期问卷调查结果，制作各类植被的标签、标识牌，并采用合适的形式进行标签张贴和标识牌设置。

（三）总结阶段

（1）举办“实践活动总结会”，指导教师对本次活动开展情况和完成情况进行总结。

（2）指导教师对整体活动的开展情况进行总结、报道，并向学校新闻中心投稿。

注意事项

（1）树木修剪不可盲目进行，应遵守相应的修剪原则；在修剪过程中务必注意工具的使用。

（2）植被标识须确保植被知识的准确性，标识材质需考虑防风、防水等情况，在标识张贴、标识牌设置过程中务必注意人身安全。

考核评价

教师可参考表 11-4 对学生“促绿化美化，展校园风采”主题实践活动进行评价。

表 11-4　“促绿化美化，展校园风采”主题实践活动评价

评价标准	分　值	分数小计/分	总　分	教师评价
积极参与活动	20			
认真聆听教师的讲授、演示	20			
树木修剪合理	20			
植被信息报告内容详尽	20			
植被标识张贴、标识牌设置合理	20			

知识总结

- 体会劳动精神
  - 致敬我家的劳动者
  - 做一天平凡的劳动者
  - 学习劳模先进，弘扬劳动精神
  - 促绿化美化，展校园风采

第十二章 体验志愿服务

实践活动一 争当志愿者，助力科学普及

实践目标

(1) 通过做一名科技志愿者，让学生感受志愿服务工作和科技进步，体会"助人"的乐趣，践行社会主义核心价值观。

(2) 通过本次实践活动，鼓励学生弘扬科学精神，传播科学思想，倡导科学方法，普及科学知识。

基础知识

(1) 志愿服务是指在不求回报的情况下，为改善社会、促进社会进步而自愿付出个人的时间及精力所做出的服务工作，一般是指志愿者组织、志愿者服务社会公众生产生活和促进社会发展进步的行为。或者说，志愿服务泛指利用自己的时间、技能、资源、善心为邻居、社区、社会提供非盈利、无偿、非职业化援助的行为。志愿服务的功能包括社会动员、社会保障、社会整合、社会教化、促进社会和谐、促进社会进步等。

(2) 2017 年 10 月 18 日，习近平总书记在党的十九大报告中指出，推进诚信建设和志愿服务制度化，强化社会责任意识、规则意识和奉献意识。① 自 2017 年 12 月 1 日起，国务院颁布的《志愿服务条例》(简称《条例》)正式施行。为深入学习、宣传、贯彻习近平新时代中国特色社会主义思想和党的十九大精神，着力加强思想政治引领，着力围绕中心、服务大局，着力推动科协系统改革向基层延伸，着力加强党的领导和党的建设，中国科协研究制定了《科技志愿服务管理办法(试行)》，在全社会开展科技志愿服务工作。

(3) 内蒙古科学技术馆(图 12-1)是内蒙古自治区科学技术协会所属公益一类事业单位，目前的新馆是自治区"十二五"期间新建的综合性科普场馆，总建筑面积为48 300 平方米，展览教育面积为 28 830 平方米，主要功能包括展览教育、公共服务、业务研究、管理保障等。内蒙古科技馆常设展览由 5 个展厅(图 12-2)和公共空间室内标志性展项组成，以"探索・创新・未来"为理念，5 个展厅中设置了"探索与发现""创造与体验""地球与家园""魅力海洋""生命与健康""科技与未来""宇宙与航天""智能空间""儿童科技园"9 个主题，共设展项展品 457 件，展品以互动、体验为主要展示方式，体现了科学性、知识性和趣味性。此外，还设有数字立体巨幕影院、数字球幕影院、4D 动感影院及多间科学实验室、专题展览厅、科普报告厅等。

---

① 选自《习近平提出，坚定文化自信，推动社会主义文化繁荣兴盛》，新华网，2017 年 10 月 18 日。

图 12-1　内蒙古科学技术馆

图 12-2　内蒙古科学技术馆展厅

(4) 内蒙古科学技术馆长期面向 16～65 岁广大群众招募科技志愿者，相关细则如下。

① 参与志愿服务需从内蒙古科技馆报名小程序上预约。

② 在服务当天签到时需出示预约凭证，未准时到馆签到者视为放弃当日预约资格。

③ 预约成功后允许撤销预约，但需要至少提前一天处理；如果未按时到馆，取消该志愿者预约资格两周时间。

④ 场馆内提供水及午餐，但需要自备水杯。

⑤ 对年度服务时间满 42 小时者发放志愿者证书。

⑥ 志愿服务有效时间满 7 小时算一天。

活动主体

全班学生。

工具使用

交通工具、工作着装、话筒和宣传手册。

活动设计

(一) 准备阶段

(1) 联系内蒙古科技馆相关工作人员，了解具体的志愿服务内容、服务流程、服务人数，掌握志愿服务的相关要求，确定志愿服务的时间。

(2) 召开活动动员会，让学生充分了解本次实践活动的目标、内容及意义，指导学生通过内蒙古科技馆报名小程序预约申请成为科技馆志愿者。

(3) 邀请科技馆人员对学生志愿者进行岗前培训，了解相关服务知识。

(4) 规划交通路线，合理分组，制订活动计划，由每组小组长负责本组成员的集合、乘车等事项。

(二) 实施阶段

(1) 根据预先制订的活动计划，以小组的形式在规定的服务时间前到达科技馆北门，量体温入馆，到观众服务中心领马甲、签到。

(2) 进入科技馆后，在相关人员的带领下熟悉活动场地。

(3) 严格按照科技馆工作人员的要求进行活动，以热情的服务完成本次志愿服务活动。

(4) 服务时间结束后，小组长组织本组成员返还工作着装、签退，并安全返回学校。

（三）总结阶段

(1) 活动结束后，小组成员分工整理活动材料，包括前期的活动计划，活动过程记录、照片、视频及活动后的心得体会等，并以小组的形式形成一份活动报告，报告采用 PPT 形式。

(2) 召开“实践活动汇报会”，由各组指派成员进行活动过程介绍及心得分享。在汇报过程中，要体现活动中遇到的问题及其解决方式、小组成员之间的相互协作、志愿者服务的感受等。

(3) 指导教师统一领取志愿者补助和证书，随后将其发放给实践活动人员。

注意事项

(1) 各小组组长要时刻注意本组成员的人身安全和乘车安全。

(2) 在服务过程中，必须时刻维护学校与志愿者的形象。

(3) 注意保护科技馆的物品，以防造成物品破坏。

(4) 注意与参观者之间的沟通交流方式，遇到问题要及时求助科技馆工作人员。

(5) 参与活动的学生如果因特殊情况无法到馆，须至少提前一天撤销预约。

考核评价

教师可参考表 12-1 对学生“争当志愿者，助力科学普及”主题实践活动进行评价。

表 12-1　“争当志愿者，助力科学普及”主题实践活动评价

评价标准	分　值	分数小计/分	总　分	教师评价
参与活动全过程	20			
了解志愿服务活动	20			
志愿服务过程记录完整	20			
完成科技馆服务	20			
成果展示效果较好	20			

实践活动二　引导文明交通，倡导文明风尚

实践目标

(1) 了解专业的交通知识，体会交警等一线工作者的艰辛。

(2) 增强学生服务他人、服务社会的意识及树立勇于劝阻违法行为的担当精神。

(3) 培养学生的志愿服务精神、劳动服务能力及沟通交流能力。

(4) 增强市民的交通安全意识，创造良好和谐的交通环境。

基础知识

交通法规是为了维护道路交通秩序，预防和减少交通事故，保护人身安全，保护公民、法人和其他组织的财产安全及其他合法权益，提高通行效率，制定的法规。① 作为一个新时代的文明人，遵守交通规则，共同创造良好的交通环境是每个公民应尽的责任和义务。因此，让大学生开展文明交通引导志愿服务是增强其服务社会意识、体会劳动精神的有效途径。

---

① 选自《中华人民共和国道路交通安全法》(2011 年修订)。

活动主体

全班学生。

工具使用

工作服、指挥旗、哨子和引导牌。

活动设计

（一）准备阶段

（1）提前与辖区内交警分队取得联系，沟通此次活动，在征得同意后，与其确定活动的时间、地点及人数。然后召开活动动员会，让学生充分了解本次实践活动的目标、内容及意义；同时，学生应充分了解专业的交通知识。

（2）按照活动内容合理进行分组，如交通安全引导小组、文明行车引导小组、热心服务小组等，讨论并确定各小组的具体活动内容、活动时间、成员分工、活动前准备等内容。

（3）在实施活动前，邀请交警对学生志愿者进行培训，包括服装穿着、工具使用、岗位职责、安全注意事项等。

（二）实施阶段

（1）各小组成员身着志愿者服装在规定时间统一集合，由小组长带队提前到达指定的活动实施地点，与值班交警或相关工作人员交接工作。

（2）按要求各小组在指定地点实施交通辅助。交通安全引导小组手持交通引导牌，在交通十字路口对行人和非机动车闯红灯、横穿马路、不走人行横道等交通违法行为进行劝解与引导，规范引导广大群众自觉遵守交通法规，主动摒弃不文明交通行为。文明行车引导小组在交通拥堵路段对随意停车的司机进行及时的教育与引导。热心服务小组随时观察周围情况，对需要帮助的人及时给予帮助，为他们提供方便。

（三）总结阶段

（1）每组成员针对活动实施当天的所见所闻所想开展组内交流与讨论，谈一谈各自的感受，同时对活动开展情况进行总结、记录，内容包括但不限于活动内容、活动开展中记忆最深刻的事情、活动体会、活动不足之处、思想收获等。

（2）开展“主题实践活动总结课”，各小组组长汇总本组每名成员的活动总结、记录，以及拍摄的照片、录像，将汇总的实践风采、精神风貌、活动成果等内容向全班同学展示。对优秀的活动成果经编辑后可向学校宣传部进行供稿。

注意事项

（1）此实践活动存在一定的危险性，参与活动的学生务必注意安全。

（2）在对他人进行劝解与引导时，要注意方法和语气，切勿起争执，如果遇到特殊情况应及时联系值班交警。

（3）在出行前及活动后要清点人数，防止有学生掉队及随意离队。

考核评价

教师可参考表 12-2 对学生“引导文明交通，倡导文明风尚”主题实践活动进行评价。

表 12-2 “引导文明交通，倡导文明风尚”主题实践活动评价

评价标准	分　值	分数小计/分	总　分	教师评价
参与活动全过程	20			
活动过程出彩	20			
小组内评价结果	20			
达到实践目的	20			
活动总结深刻	20			

实践活动三　走进社区，志愿服务

实践目标

(1) 了解社会与个体之间的关系，认识社区服务及服务流程，规范地开展劳动服务活动。

(2) 增强学生的社会责任感及服务他人、服务社会的意识。

(3) 培养学生的团结协作精神、志愿服务精神、劳动服务能力及社会交际能力。

基础知识

(1) 社区是具有某种互动关系和共同文化维系力的，在一定领域内相互关联的人群形成的共同体及其活动区域。社区的特点是有一定的地理区域，有一定数量的人口，居民之间有共同的意识和利益，有着较密切的社会交往。①

(2) 从社会学角度来讲，社区服务就是一个社区为满足其成员的物质生活与精神生活需要而进行的社会性福利服务活动。社区服务的内容非常多，因此，让学生走进社区，开展志愿服务是锻炼其劳动能力和培养其服务精神的一个非常好的途径。

活动主体

全班学生。

工具使用

条幅、海报、宣传单、音箱、话筒、笔记本电脑、小铲子、扫把、拖把、抹布、手机和相机。

活动设计

(一) 准备阶段

(1) 提前与社区居委会取得联系，沟通活动内容，在征得同意后，与其确定活动时间、活动方式等。

(2) 召开活动动员会，让学生充分了解本次实践活动的目标、内容及意义；同时，让学生了解社区、了解社区服务，进而增进对社区的了解。

(3) 按照活动内容成立多个实践活动小组，如宣传小组、老人服务小组、清洁小组等，讨论

① 郑杭生. 社会学概论新修[M]. 3 版. 北京：中国人民大学出版社，2003：272.

并确定各小组的活动方案,包括具体活动内容、活动时间、成员分工、活动前的准备等。

(4) 确定考核评价方式,激发各个小组成员参与活动的积极性和主动性。

(二) 实施阶段

学生们按照分组开展实施活动。

1. 宣传小组

(1) 开展日常防诈骗知识宣传。随着科技的发展,诈骗手段不断更新,由于群众缺乏对最新骗局的了解、应变防范能力不足等,很容易受到电信诈骗,如冒充领导、燃气公司人员进行诈骗,以及保健品销售欺诈等的侵害。因此,可以采取恰当的方式为社区群众普及防诈骗知识与技巧,提高群众的自我防范意识与能力,切实保障群众的合法权益。

(2) 开展防火防盗防震知识宣传。在日常生活中,群众未能采取有效防范措施,给安全事故及不法分子留下了可乘之机,因此,可以为社区群众普及一些防火、防盗、防震的知识及注意事项,保障广大群众的人身财产安全。

(3) 开展垃圾分类知识宣传。目前,我国已经有很多城市开始试行垃圾分类,向社区群众普及一些生活垃圾分类知识,可以有效改善城乡环境,促进资源回收利用。

2. 老人服务小组

(1) 教授一些适合老人强身健体的活动,如太极拳、广播体操、颈椎操等,对社区内的一些健身器材给予正确示范。

(2) 随着时代的发展,很多老人对目前较科技化的事物缺乏操作经验,如安装 App、注册账号、网上缴费、手机杀毒、手机空间整理等。针对这类问题,为社区内的老人提供帮助。

3. 清洁小组

(1) 帮助社区打扫卫生,如清理小广告、清洁楼道、清理绿化带中随意丢弃的垃圾等。

(2) 在各项活动结束后,负责整理、打扫活动场地。

(三) 总结阶段

(1) 每名学生需对活动开展情况进行总结、记录,内容包括但不限于活动开展内容、活动开展中记忆最深刻的事情、活动体会、不足之处、思想收获等。

(2) 各小组汇总每个成员的活动总结、记录及拍摄的照片、录像等。

(3) 开展"主题实践活动总结课",各小组指派一人或几人将汇总后的活动成果以 PPT 形式呈现出来,向全班同学展示实践风采、精神风貌、活动成果等;同时,总结活动中的不足及经验,为以后开展实践活动奠定基础。

注意事项

(1) 若离社区较远,在确定活动时间后,应及时向学校提出用车申请,并向学生强调乘车及人身安全注意事项。

(2) 在实施活动前,将活动过程所需工具、道具等准备齐全,提前了解各工具的使用方法。

(3) 宣传小组的宣传内容须通过较权威的网站、书籍、公众号等渠道查询、收集。

(4) 在出行前及活动后,要清点人数,防止有学生掉队及随意离队。

考核评价

教师可参考表 12-3 对学生"走进社区,志愿服务"主题实践活动进行评价。

表 12-3 “走进社区,志愿服务”主题实践活动评价

评价标准	分　值	分数小计/分	总　分	教师评价
参与活动全过程	20			
小组活动方案合理	20			
小组内评价结果	20			
达到实践目的	20			
活动总结深刻	20			

实践活动四　走进敬老院,温暖夕阳红

实践目标

(1) 给予敬老院老人心理关怀和心灵慰藉,让他们感受大学生的朝气蓬勃和社会的关爱温暖。

(2) 增强大学生的社会责任感及服务他人、服务社会的意识。

(3) 培养大学生的劳动服务能力,学会关爱、学会团结、学会感恩。

(4) 切身体会劳动带给自己及他人的快乐,弘扬劳动精神。

基础知识

(1) 敬老院,又称养老院,是为老人提供养老服务的组织。敬老院的收养对象主要是“五保”老人,有条件的敬老院还接收享受退休金的自费老人,坚持入院自愿、出院自由的原则。

(2) 随着当今时代的发展和社会的进步,人们的生活、工作节奏逐渐加快,很多老人存在疏于照顾、孤独寂寞等情况。因此,为了得到更细心的照料和心理关怀,越来越多的老人选择去敬老院。

(3) 尊老爱幼是中华民族的传统美德,大学生走进敬老院开展服务劳动,既能够弘扬中华民族尊敬老人、爱戴老人的优良传统,又能够践行当代社会的劳动精神。

活动主体

全班学生。

工具使用

扫把、拖把、抹布、手机、相机、音箱、笔记本电脑、条幅和部分运动器材。

活动设计

(一) 准备阶段

(1) 提前与敬老院取得联系,沟通此次活动,在征得同意后,与其确定活动时间、活动方式等。

(2) 召开活动动员会,让学生充分了解本次实践活动的目标、内容及意义。

(3) 按照活动内容成立多个实践活动小组,如文娱活动小组、疏松筋骨小组、日常知识宣讲小组、打扫卫生小组等,讨论并确定各小组的活动方案,包括具体活动内容、活动范围、活动时间、成员分工、活动前准备等内容。

(4) 提前了解敬老院路线、环境等情况，确定各组的活动场所。

(二) 实施阶段

按照分组情况分别开展小组实施活动。

1. 文娱活动小组

(1) 表演一些积极向上、带有正能量的节目，节目形式包括但不限于唱歌、跳舞、话剧、魔术等。

(2) 与老人一起进行一些简单的游戏互动，如你来比画我来猜、听歌猜曲、击鼓传花等。

2. 疏松筋骨小组

(1) 教授一些适合老人强身健体的活动，如太极拳、广播体操、颈椎操等。

(2) 开展老人运动会，选择一些趣味性较强、危险性较低的项目，如投篮、套圈、夹乒乓球走、推铁环等。

3. 日常知识宣讲小组

(1) 开展日常防诈骗知识宣讲。老人由于接触的信息面相对较窄、对最新的骗局缺乏了解、应变防范能力下降等，很容易受到电信诈骗、非法集资、保健品销售欺诈等的侵害。因此，制作一个较易理解的 PPT，为老人普及防诈骗知识与技巧，提高老人的自我防范意识与能力，切实保障老人的合法权益。

(2) 开展日常保健知识宣讲。为老人普及衣、食、住、行等方面的日常保健及保养知识。

4. 打扫卫生小组

(1) 帮助老人打扫卫生，如扫房子、擦桌子、扫地、拖地、换洗床单被罩等。

(2) 在各项活动结束后，负责整理、打扫活动场地。

(三) 总结阶段

(1) 每名学生需对活动开展情况进行总结、记录，内容包括但不限于活动开展内容、活动开展中记忆最深刻的事情、活动体会、不足之处、思想收获等。

(2) 各小组汇总每个成员的活动总结、记录及拍摄的照片、录像等。

(3) 开展"主题实践活动总结课"，各小组指派一人或几人将汇总后的活动成果以 PPT 的形式呈现出来，向全班同学展示实践风采、精神风貌、活动成果等；同时，总结活动中的不足及经验，为以后开展实践活动奠定基础。

注意事项

(1) 在确定活动时间后，及时向学校提出用车申请，向学生强调乘车及人身安全注意事项。

(2) 在实施活动前，将活动过程所需工具、道具等准备齐全，提前了解各工具、道具的使用方法。

(3) 在选择文娱活动、疏松筋骨活动时应考虑老人的实际情况。

(4) 日常保健知识必须通过较权威的网站、书籍、公众号等渠道查询、收集。

(5) 在出行前及活动后，要清点人数，防止有学生掉队及随意离队。

考核评价

教师可参考表 12-4 对学生"走进敬老院，温暖夕阳红"主题实践活动进行评价。

表 12-4 “走进敬老院，温暖夕阳红”主题实践活动评价

评价标准	分值	分数小计/分	总分	教师评价
参与活动全过程	20			
小组活动方案合理	20			
小组内评价结果	20			
达到实践目的	20			
活动总结深刻	20			

知识总结

- 体验志愿服务
  - 争当志愿者，助力科学普及
  - 引导文明交通，倡导文明风尚
  - 走进社区，志愿服务
  - 走进敬老院，温暖夕阳红

第十三章　感受文化魅力

实践活动一　争当垃圾分类的倡导者

实践目标

(1) 养成垃圾分类的习惯，减少环境污染，提高环保意识。

(2) 倡导绿色环保的生活方式，创建绿色美好的校园环境。

(3) 培养学生良好的沟通能力，遇到特殊情况能够顺利地与他人进行沟通。

(4) 培养学生优秀的创新能力，能够将可回收物变废为宝。

基础知识

垃圾分类是指按照一定的规定或标准将垃圾分门别类地投放，并通过分类清运和回收使其重新变成资源。垃圾分类的目的是提高垃圾的资源价值和经济价值。关于垃圾分类的标准，各省、市、自治区的划分稍有区别，因此在开展垃圾分类时要以本地区垃圾分类的标准为依据。

2020 年 10 月 1 日，呼和浩特市正式施行《呼和浩特市生活垃圾分类管理办法》，将生活垃圾分为可回收物（蓝容器）、厨余垃圾（绿容器）、有害垃圾（红容器）和其他垃圾（灰容器），如图 13-1 所示。

图 13-1　垃圾分类颜色标识

(1) 可回收物，是指适宜回收和资源再利用的物品，包括废纸、废塑料、废金属、废玻璃、废旧纺织物、废包装物等。

(2) 厨余垃圾，是指家庭日常生活中产生的厨余废弃物和集贸市场产生的易腐性有机废弃物，包括固体食物、蛋壳、瓜果皮核、茶渣和废弃菜叶、肉碎骨、腐肉等。

(3) 有害垃圾，是指对人体健康或者自然环境造成直接或者潜在危害的生活废弃物，包括废弃电池(镉镍电池、氧化汞电池、铅蓄电池等)、荧光灯管(日光灯管、节能灯等)、温度计、血压计、药品,以及油漆、溶剂、杀虫剂、消毒剂、胶片、相纸、农药及其包装物等。

(4) 其他垃圾,是指除有害垃圾、厨余垃圾、可回收物以外的生活废弃物,包括一次性纸尿布、餐巾纸、烟蒂、清扫渣土等。

活动主体

全班学生。

工具使用

一次性手套、口罩、四色垃圾袋、美工刀、固体胶、双面胶、条幅、海报、宣传单、卫生工具和工艺品制作工具。

活动设计

(一) 准备阶段

(1) 召开活动动员会,让学生充分了解本次实践活动的目标、内容及意义;同时,让学生熟知垃圾分类及各类垃圾应如何投放、收集和储存。

(2) 将学生分为多个实践活动小组,让不同的小组在宿舍、餐厅、教学楼、主干道等不同区域开展实践活动。

(3) 提前准备好各类卫生工具,告知各类卫生工具的使用方法,提醒学生做好个人安全防护。

(二) 实施阶段

(1) 各小组组长给组员发放卫生工具,并分别到各组的指定区域开展垃圾分类宣传及垃圾的捡拾、分类投放工作。在实践过程中,各组如果遇到乱扔垃圾或错误分类等行为要及时给予劝阻和引导。

(2) 各组进行发散创新思维,对收集到的可回收物进行整理、回收制作,至少制作一件工艺品。

(3) 各组将未进行回收制作的可回收物进行整理,将其出售给废品回收站,并用得到的钱做一件有意义的事情。

(三) 总结阶段

(1) 每名学生需要对活动开展情况进行总结、记录,内容包括但不限于活动开展内容、个人职责、工艺品制作想法、做了哪些有意义的事情、活动体会、不足之处、思想收获等。

(2) 各小组汇总每个成员的活动总结、记录及拍摄的照片、录像等。

(3) 开展"主题实践活动总结课",各小组至少指派两名同学做活动成果汇报,向全班同学展示实践风采、精神风貌、活动成果等,汇报人至少包括一名垃圾分类宣传组成员和一名垃圾分类实践组成员。

注意事项

(1) 各组的实践活动区域要尽量选择人流量大、垃圾量大的区域,宣传时间要尽量选择人流量较大的时间段。

(2) 垃圾分类实践组成员在捡拾垃圾、分类投放、可回收物整理时切记戴好口罩及一次性手套，使用四色垃圾袋及规定的卫生工具。

（3）各小组进行垃圾分类宣传的方式不限，但宣传内容必须准确。

（4）对不熟悉的、存在危险性的垃圾不要随意捡拾。

（5）活动结束后，及时洗手、消毒，并及时归还卫生工具。

考核评价

教师可参考表 13-1 对学生“争当垃圾分类的倡导者”主题实践活动进行评价。

表 13-1　“争当垃圾分类的倡导者”主题实践活动评价

评价标准	分　值	分数小计/分	总　分	教师评价
参与活动全过程	20			
垃圾分类正确度	20			
工艺品制作贡献度	20			
小组内评价结果	20			
活动总结深刻	20			

实践活动二　关灯一小时，保护地球

实践目标

（1）培养学生从自身做起，从点滴做起，具备“低碳环保”的生活态度。

（2）倡导绿色环保的生活方式，创建绿色美好的地球家园。

（3）培养良好的沟通能力，遇到特殊情况能够顺利地与他人沟通，流畅地讲解活动的意义和目的。

基础知识

（1）“地球一小时”也称“关灯一小时”，是世界自然基金会(World Wide Fund for Nature or World Wildlife Fund，WWF)应对全球气候变化所提出的一项全球性节能活动，提倡于每年 3 月最后一个周六当地时间 20:30—21:30，家庭及商界用户关闭不必要的电灯及耗电产品一小时，以此来表示对应对气候变化行动的支持。[①] “地球一小时”Logo 如图 13-2 所示。

图 13-2　“地球一小时”Logo

① 选自《“地球一小时”发出应对气候变化最强音》，人民网，2015 年 3 月 29 日。

(2)“地球一小时”的目的不是节省电,而是使公众认识到保护地球的重要性,提高大家的环保意识,在日常生活中养成环保的好习惯。

(3)“地球一小时”活动首次于2007年3月31日晚8:30在澳大利亚悉尼市开展。当晚,悉尼约有超过220万户的家庭和企业关闭灯源、电器一小时。事后统计,熄灯一小时节省的电足够20万台电视机用一小时,5万辆电动汽车行驶一小时。2009年,中国开始有部分城市加入该活动;2010年,中国已经有33个城市加入该活动;2011年,中国有86个城市加入该活动。随着参与活动的城市数量逐年递增,越来越多的中国人认识到了保护地球的重要性。自2012年起,WWF宣布启动“地球一小时”的广告宣传,近几年的主题分别如下:

- 2012年:每个人心中都有位环保家。
- 2013年:我做绿V客,“环保七选一,每周一起来”。
- 2014年:蓝天自造。
- 2015年:能见蔚蓝。
- 2016年:“为”蓝生活。
- 2017年:蓝色WE来。
- 2018年:开启我的60+生活。
- 2019年:与自然共生。
- 2020年:保护生物多样性,为地球发声。
- 2021年:与自然共生 为地球发声。

活动主体

全班学生。

工具使用

展板、横幅、海报、宣传单、愿望墙、签名笔、便利贴、胶带、电影放映设备、表演活动相关设备、手机、照相机和摄影机。

活动设计

(一) 准备阶段

(1) 提前与学校相关部门沟通此次活动,在征得同意后,召开活动动员会,让学生充分了解本次实践活动的目标、内容及意义;同时,让学生了解一些低碳生活知识。

(2) 将学生分为多个实践活动小组,如宣传倡导组、熄灯活动组、跟踪报道组等,讨论并确定各小组的活动方案,包括具体活动内容、活动时间、成员分工、活动前准备等内容。

(3) 提前准备好各类宣传工具、活动道具,熟悉各类工具、道具的使用方法,做好部分活动的提前演练。

(二) 实施阶段

1. 宣传倡导组

(1) 在宿舍楼、教学楼、餐厅、洗浴中心等人流密集区张贴海报。

(2) 在图书馆、餐厅等的显眼处悬挂横幅。

(3) 向各学院同学广发宣传单。

(4) 借助广播站进行同步宣传。

(5) 设置行动签名横幅和对地球美好希冀的愿望墙,呼吁全校师生为地球发声。

2. 熄灯活动组

(1) 熄灯前,可以在合适的区域放映以保护地球、保护生态为主题的电影。

(2) 可以组织熄灯倒计时活动。

(3) 可以组织环保宣誓活动。

(4) 可以组织滑板社、街舞社、吉他社等社团开展表演活动。

3. 跟踪报道组

实时跟踪、掌握宣传倡导及熄灯活动的实施情况,对活动过程、活动成果、活动人员展开拍照、摄影、采访等记录活动,形成活动日记。

(三) 总结阶段

(1) 每名学生需要针对活动开展情况生成活动总结报告。

(2) 开展"主题实践活动总结课",各小组组长做活动成果汇报,向全班同学展示实践风采、精神风貌、活动成果等。

(3) 跟踪报道组对活动的整体开展情况进行总结、报道,经教师指导后向学校新闻中心投稿。

注意事项

(1) 各组的实践活动区域要尽量选择人流密集的区域,以扩大宣传影响力。

(2) 活动宣传不应仅限于以上方式,但宣传内容要严格把控,确保宣传内容的准确性。

(3) 在活动中,要考虑到海报张贴、横幅悬挂及愿望墙的稳定性等安全问题。

(4) 在活动结束后,将租借的工具、设备等及时归还。

考核评价

教师可参考表 13-2 对学生"关灯一小时,保护地球"主题实践活动进行评价。

表 13-2　"关灯一小时,保护地球"主题实践活动评价

评价标准	分　值	分数小计/分	总　分	教师评价
参与活动全过程	20			
参与活动积极	30			
活动影响程度	20			
活动总结深刻	30			

实践活动三　学习手工工艺,传播传统文化

实践目标

(1) 了解所学习的手工艺的发展历程,感受中华优秀传统文化的艺术魅力。

(2) 体会手工艺人的劳作感受,愿意为传统文化的继承和发展出一份力。

基础知识

(1) 手工艺是指以手工劳动进行制作的、具有独特艺术风格的工艺美术,如图 13-3 所示。有别于以大工业机械化方式批量生产规格化日用工艺品的工艺美术,手工艺品是纯手工或借助工具制作的产品。制作手工艺品可以使用机械工具,但前提是工艺师直接的手工作业仍然为其

最主要来源。①

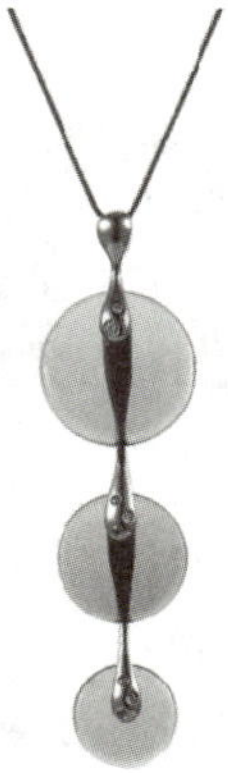

图 13-3　橄榄核雕手工艺品和精美手工艺首饰

（2）习近平总书记指出，“中华优秀传统文化是中华民族的突出优势，中华民族伟大复兴需要以中华文化发展繁荣为条件，必须结合新的时代条件传承和弘扬中华优秀传统文化”。传统手工艺是中华传统文化的瑰宝，是体现人类文化多样性的重要表现手法，是我国劳动人民创造的灿烂文化之一，承载了民族的造物智慧，是民族文化的生动表征。然而，随着工业化的发展，越来越多的手工技艺面临或即将面临后继无人的窘境，作为当代大学生，继承和发展传统文化是我们的责任与义务。

活动主体

全班学生。

工具使用

根据学生所选手工艺的不同，可能用到的工具有剪刀、纸张、刻刀、订书机、垫板、尺子、铅笔、橡皮、绣绷、布、针、线、木头等。

活动设计

（一）准备阶段

（1）每名学生找到自己比较感兴趣的一项传统手工艺，如剪纸、刺绣、陶瓷、木雕等人们耳熟能详的传统手工艺，也可以是身边的吹糖人、纳鞋底、箍制、竹编等民间手工艺等；了解该项手工艺的发展历程和基本工具的正确使用方法，感受传统文化的魅力，体会手工技艺的美，致敬手工匠人。

（2）学生可以选择相对比较便利的学习方式，如通过网络或拜访手工艺人等，自由组合或独立完成，并形成具体的活动实施方案及活动分工。

（二）实施阶段

1. 网络学习方式

学生通过网络查找相关手工艺品的制作教程，在前期准备充分的情况下自行制作手工艺

① 李新月，姚世奕. 浅析中国传统手工工艺的创新与发展[J]. 散文百家，2016(8).

品。学生可以采用拍照或摄影的方式全程记录活动开展过程，对于所遇到的问题要及时记录并积极寻找相应的解决办法。

2. 拜师学艺方式

学生自行请教传统手工艺人，认真、虚心地与其面对面的交流和学习，实地感受手工艺人对传统手工制作的专业和热忱。学生全程记录活动开展过程，对于学习过程中所遇到的困难，采用自行思考和咨询请教相结合的方式来解决。

（三）总结阶段

在活动结束后开展“手工艺学习心得体会”共享课，每名学生要分享本次活动的具体过程、遇到的问题及其解决方法、心得体会等，要求学生个人或小组完成至少一件作品，并以“PPT/视频＋作品展示”的形式向其他同学分享。

注意事项

（1）手工艺品制作是一项复杂且需要耐心的工作，需要学生在实践活动开展前做好相应的心理准备。

（2）本次实践活动可能会用到一些比较危险的工具，因此，学生要特别注意自己及他人的人身安全。采取小组方式开展活动的，要求组长落实到位，由组长负责工具的管理及使用方式的监督。

考核评价

教师可参考表 13-3 对学生“学习手工工艺，传播传统文化”主题实践活动进行评价。

表 13-3　“学习手工工艺，传播传统文化”主题实践活动评价

评价标准	分　值	分数小计/分	总　分	教师评价
参与活动全过程	20			
活动开展准备程度	20			
劳动成品的美观程度	20			
劳动过程展现的致敬程度	20			
最终成果展示阶段的表现	20			

实践活动四　展传统节日习俗，育民族文化情怀

实践目标

（1）使学生深入了解我国传统节日及二十四节气等文化，增加学生的传统文化知识，培育学生的民族文化情怀。

（2）帮助学生树立劳动创造美好生活的意识，鼓励学生积极参与各类劳动，感受劳动精神。

（3）培养学生传承和弘扬中华优秀传统文化的意识。

基础知识

中国传统节日是中华民族悠久历史文化的重要组成部分，形式多样、内容丰富。传统节日是在一个民族或国家的历史文化长期积淀、凝聚的过程中形成的。中华民族的传统节日来自远古时代的人类劳动，涵盖了原始信仰、祭祀文化、天文历法、易理术数等人文与自然文化内容，蕴含着深邃而丰厚的文化内涵与人类智慧。从远古先民时期发展而来的中华传统节日是中华民

族先民从劳动生活中发展来的文化娱乐活动，不仅清晰地记录了中华民族先民丰富而多彩的社会生活文化内容，还积淀了博大精深的历史文化内涵。

中国的传统节日主要有春节(农历正月初一)、元宵节(农历正月十五，图 13-4)、龙抬头(农历二月初二)、社日节(农历二月初二)、上巳节(农历三月初三)、寒食节(冬至后的 105 或 106 天)、清明节(公历 4 月 5 日前后)、端午节(农历五月初五)、七夕节(农历七月初七)、中元节(农历七月十五)、中秋节(农历八月十五)、重阳节(农历九月初九)、下元节(农历十月十五)、冬至节(公历 12 月 21—23 日)、除夕(农历十二月廿九或三十)等。另外，二十四节气中有个别节气既是自然节气点也是传统节日，如清明、冬至等，它们兼具自然与人文两大内涵。同时，中国作为一个由 56 个民族共同组成的国家，传统节日中也包括各民族的传统节日。

图 13-4　中国传统节日“元宵节”夜景

活动主体

全班学生。

工具使用

各节日相对应的劳动工具。

活动设计

(一) 准备阶段

参与活动的学生选择一个比较熟悉的、包含一定劳动流程的民俗节日，可以是我们共同的传统民俗节日，也可以是自己家乡特色的民俗节日，前期要收集并整理有关该节日的劳动资料，了解该节日的由来及历史。

(二) 实施阶段

大学生可以通过查找资料的方式参与本次实践活动，了解自己感兴趣的、包含劳动活动的传统节日，并从节日起源、节日传说、节日民俗、节日诗歌或美文、节日新风及节日中的劳动等方面来记录该节日，感受传统节日的魅力，感悟深邃丰厚的文化内涵，体验贯穿这些节日的劳动活动。

1. 参与节日活动

大学生自行对节日活动的开展流程、劳动情况、遇到的问题及问题解决的过程等内容进行记录。大学生通过对问题解决方式的观察和记录，加强自己解决问题的能力，认真感受劳动的喜悦和传统节日的魅力。

2. 查找资料

大学生自行通过查阅书籍、查找网络资料等方式，了解节日的起源、传说、诗歌、美文、新风等形式，站在观察者的角度分析传统节日所遇到的危机和挑战，感受这些来自传统劳动中的节日文化及传统节日反映的文化生活，体会传统节日对远古社会人们日常劳动生活的调节作用，体验劳动创造美好生活。

（三）总结阶段

在活动结束后开展“展传统节日习俗，育民族文化情怀”劳动活动共享课，每名学生要分享本次活动的心得体会，以个人的形式至少完成一件作品，并以“PPT/视频＋作品展示”的形式与其他同学分享。

注意事项

（1）在参与节日劳动过程中，大学生须注意人身安全。

（2）大学生要尊重传统节日中的习俗。

考核评价

教师可参考表13-4对学生“展传统节日习俗，育民族文化情怀”主题实践活动进行评价。

表13-4 “展传统节日习俗，育民族文化情怀”主题实践活动评价

评价标准	分值	分数小计/分	总分	教师评价
参与活动全过程	20			
对节日的了解程度	20			
劳动过程记录的完整性	20			
节日中劳动的体现	20			
成果展示效果	20			

知识总结

- 感受文化魅力
  - 争当垃圾分类的倡导者
  - 关灯一小时，保护地球
  - 学习手工工艺，传播传统文化
  - 展传统节日习俗，育民族文化情怀

第十四章　参与校园服务

实践活动一　辅助学校工作，储备办公技能

实践目标

（1）通过辅助教师开展相关工作，帮助学院或其他行政部门完成一定任务，培养学生的责任意识和积极进取的精神。

（2）帮助学生树立劳动意识，培养学生的思考能力、协调能力和动手能力，储备基本的办公技能。

（3）培养学生良好的沟通能力，在遇到问题时能够顺利地与他人沟通。

基础知识

（1）辅助学校工作是为学生提供脑力劳动、加强理论与实践结合的良好机会。因此，让学生辅助各自学院或其他行政部门开展一些工作，不但能够增加学生的实践经验、锻炼其一定的工作能力，而且能够促进学生的劳动教育，有利于构建新的人才培养模式。

（2）办公技能是指一个人在工作中所必备的内涵、素养及才华，包括做一些基本工作需要掌握的技术、能力。

① 良好的文字处理能力。

② 熟练的计算机应用能力，包括基本的计算机功能操作，Word、Excel、PowerPoint 等日常办公软件使用，邮件收发和处理技巧。

③ 熟练运用打印机、复印机、传真机、扫描仪等各类办公自动化设备。

④ 良好的语言表达能力和沟通协调能力，较强的保密意识和责任意识。

⑤ 熟悉和精通公司业务。

⑥ 较好的时间分配能力、人际关系处理能力、记忆力等。

活动主体

全班学生。

工具使用

打印机、复印机、计算机、订书机、起钉器、档案盒和文件袋。

活动设计

（一）准备阶段

（1）提前与学校相关部门沟通此次活动，在征得同意后，召开活动动员会议和岗前培训，让

学生充分了解本次实践活动的目标、内容及意义，向学生介绍各岗位职责和要求，按照各岗位的职责要求、所需人数、学生的课余时间及学生的基本技能水平进行工作排班。

（2）学生要做好岗位功课，大致了解工作内容、工作地点、工作时间，做好应对工作的心理准备和技能准备。

（二）实施阶段

（1）学生根据排班时间到所分配的学院或部门报到。

（2）学生按照指导教师的要求认真配合相关教师开展工作。

（3）学生在完成每日工作后，要归纳当天的工作成果，总结当天所掌握的新技能，学会自我剖析、自我反思，形成工作日志。

（三）总结阶段

在实践活动结束后，每名学生需针对活动开展情况撰写活动总结报告，报告内容包括但不限于具体工作内容、工作完成度、储备的办公技能、不足之处、思想收获等。

注意事项

（1）在活动期间，学生要时刻保持细心、严谨、好学的工作态度。

（2）在活动期间，学生要注意办公室的安全保卫工作，注意用电安全，加强防火防盗意识。

（3）指导教师要足够细心、耐心，注意培养学生的责任意识和担当意识。

考核评价

教师可参考表14-1对学生“辅助学校工作，储备办公技能”主题实践活动进行评价。

表14-1　“辅助学校工作，储备办公技能”主题实践活动评价

评价标准	分　值	分数小计/分	总　分	教师评价
活动期间考勤正常	20			
活动期间表现积极	20			
指导教师考核评价	30			
活动总结报告深刻	30			

实践活动二　走进食堂，感受劳动之乐

实践目标

（1）打造清洁、文明、舒适、有序的就餐环境，养成文明就餐、勤俭节约的良好习惯，营造良好的校园文化。

（2）培养学生的服务意识和劳动能力，体会劳动精神，感受劳动之乐。

（3）培养良好的沟通能力，在遇到不文明者时能够有效地劝阻和沟通。

基础知识

（1）学校食堂是设置在学校管理范围内的餐饮场所，是为学生或教职员工准备的用餐地点，通常由厨房、就餐大厅、买餐窗、餐具回收处、附属小卖部和办公室组成。良好的食堂卫生环境是保证广大师生饮食安全的根本保障，文明有序的就餐环境是营造良好校园文化的重要内容。

（2）节约粮食是每个公民应尽的义务。习近平总书记一直高度重视粮食安全问题，一贯提

倡"厉行节约、反对浪费"的社会风尚，倡导"光盘行动"（图 14-1），多次强调要制止餐饮浪费行为，培养学生勤俭节约的美德。

图 14-1 "光盘行动"倡导

活动主体

全班学生。

工具使用

口罩、帽子、手套、扫把、抹布、拖把和袖标。

活动设计

（一）准备阶段

（1）提前与学校食堂及相关部门沟通此次活动，在征得同意后，召开活动动员会，让学生充分了解本次实践活动的目标、内容及意义。

（2）将学生分为多个实践活动小组，如窗口打饭组、残渣回收组、疏导倡导组、清洁打扫组等。对各组成员分别开展岗前培训，向学生介绍各岗位职责、要求和注意事项。

（3）讨论并确定各小组的活动方案，包括具体活动内容、活动时间、成员分工、活动前的准备等内容。

（4）准备好活动所需的口罩、帽子、手套、扫把、抹布、袖标等。

（二）实施阶段

各组成员在规定时间、规定地点集合，各组组长向组员发放劳动工具。

1. 窗口打饭组

在统一着装后，小组成员按照活动方案到各自的指定窗口，熟悉各类菜品的价格，掌握每份菜品的量，协助食堂服务人员开展打饭、结账工作。

2. 残渣回收组

小组成员戴好口罩、手套后，到餐盘回收处熟悉废纸、残渣、碗筷等的回收方式，协助服务人员开展清理回收工作。

3. 疏导倡导组

小组成员带好袖标后，协助服务人员做好打饭、就餐秩序疏导工作，倡导学生"自觉排队，不插队，不拥挤"；鼓舞食堂就餐的同学一起进行"光盘行动"，倡导厉行节约，反对铺张浪费；监督学生在就餐结束后自端餐盘送到指定收餐盘处；提醒同学们爱护餐厅设施，不乱蹬踏桌椅等。

4. 清洁打扫组

小组成员对学生用餐后餐桌和地面上残留的污渍及时进行清洁；对失误导致的饭菜大面积撒落等情况在第一时间进行清扫；闭餐后，协助服务人员对餐厅整体卫生进行清洁、打扫。

（三）总结阶段

（1）在实践活动结束后，每名学生需针对活动开展情况撰写活动总结报告，报告内容包括但不限于具体工作内容、工作完成度、不足之处、思想收获等。

（2）开展“主题实践活动总结课”，各小组组长做活动成果汇报，向全班同学展示实践风采、精神风貌、活动成果等。

（3）指导教师对整体活动的开展进行总结、报道，并向学校新闻中心投稿。

注意事项

（1）在实施活动前，指导教师应组织学生进行食堂内部运转参观，使学生充分了解食堂各项工作的工作要求、工作步骤、卫生标准、安全隐患等。

（2）在活动期间，学生严禁故意破坏劳动工具。

（3）在活动期间，指导教师根据学生课表制定值班表，学生根据自己的值班表进行活动。

考核评价

教师可参考表 14-2 对学生“走进食堂，感受劳动之乐”主题实践活动进行评价。

表 14-2　“走进食堂，感受劳动之乐”主题实践活动评价

评价标准	分　值	分数小计/分	总　分	教师评价
活动期间考勤正常	20			
活动流程和步骤符合要求	20			
相关工作人员考核评价	30			
活动总结报告深刻	30			

实践活动三　体验图书管理，感受工匠精神

实践目标

（1）使学生加深对图书馆、阅览室及相关场所用途的认识，体验和了解图书馆的相关工作流程，培养学生爱护图书馆、爱护图书和热爱阅读的良好品质。

（2）弘扬劳动精神，教育并引导学生尊重劳动、崇尚劳动，培养学生的劳动习惯、劳动品质和劳动技能。

（3）提升学生的纪律观念和规则意识，主动遵守图书馆相关规定，尊重他人的劳动成果。

基础知识

（1）图书馆是搜集、整理、收藏图书资料供人阅览、参考的机构，具有保存人类文化遗产、开发信息资源、参与社会教育等职能，一般分为普通阅览室、专门阅览室和参考研究室 3 种类型。

（2）我国的图书馆历史非常悠久，起初并不称作“图书馆”，而称为“府”“阁”“观”“台”“殿”“院”“堂”“斋”“楼”等。我国现在最大的图书馆是中国国家图书馆（图 14-2 和图 14-3），原名为

京师图书馆，于清朝末年(1909 年)开始筹建。中国国家图书馆是国家总书库、国家书目中心、国家古籍保护中心和国家典籍博物馆，是目前亚洲规模最大的图书馆，居世界国家图书馆第三位，入选第三批中国 20 世纪建筑遗产项目。

图 14-2　中国国家图书馆

图 14-3　中国国家图书馆之文津馆老馆

(3) 图书馆的一些常见工作包括对新购图书进行登记、盖收藏章、打分类号、归类、存列、整架、借还书充消磁、打扫卫生等。

活动主体

全班同学。

工具使用

口罩、手套、袖标、扫把、抹布和拖把。

活动设计

(一) 准备阶段

(1) 提前与学校图书馆沟通此次活动，在征得同意后，召开活动动员会，让学生充分了解本次实践活动的目标、内容及意义。

(2) 邀请图书馆教师开展活动前培训，使学生大致了解书刊的分类，书目索引的编制，借阅、还书流程，排架、整架、理架和倒架等方面的知识及图书馆的管理细则和注意事项。

(3) 根据学生课表制定值班表，讨论并确定活动方案，包括具体活动内容、活动时间、成员分工、活动前的准备等内容。准备好活动所需的口罩、手套、袖标等。

（二）实施阶段

（1）根据值班表准时到达图书馆，佩戴口罩、手套等，配合图书馆值班教师开展工作。

（2）负责借阅、还书工作的学生要注意审查借阅者身份，审查归还图书是否完好，若存在残损、被污染等情况，要依规定对损坏图书的行为进行处理。

（3）负责整理书架工作的学生要先弄懂图书的分类、书架摆放情况及图书索引号的编制方法，然后按照索引号及排列规则对书架进行整理，这项工作看起来简单，却需要极大的耐心。

（4）下班前，让看书的同学离开图书馆，整理桌凳，扫地拖地，关好馆内的灯和窗户。

（5）协助图书馆值班教师完成其他力所能及的工作。

（三）总结阶段

（1）在实践活动结束后，每名学生需针对活动开展情况撰写活动总结报告，报告内容包括但不限于具体工作内容、工作完成度、不足之处、思想收获等。

（2）指导教师对整体活动的开展进行总结、报道，并向学校新闻中心投稿。

注意事项

（1）在活动进行前，学生要充分了解图书馆相关情况，大致清楚工作内容及注意事项，以免出现差错。

（2）图书馆工作需要学生具有较强的责任心和踏实仔细的工作态度。

（3）学生要做好图书的防尘、防潮、防火、防盗等安全保卫工作，工作场所内除工作用电外，严禁有其他个人用电、明火等，以免出现安全隐患。

考核评价

教师可参考表 14-3 对学生“体验图书管理，感受工匠精神”主题实践活动进行评价。

表 14-3　“体验图书管理，感受工匠精神”主题实践活动评价

评价标准	分　值	分数小计/分	总　分	教师评价
活动期间考勤正常	20			
工作认真配合	20			
相关工作人员考核评价	30			
活动总结报告深刻	30			

实践活动四　协助纪律检查，建设优良学风

实践目标

（1）督促学生按时上课，不无故早退、旷课、逃课，帮助学生形成良好的学习习惯和生活习惯，培养学生的自律意识，建设优良的学风。

（2）提升学生的纪律观念和意识，主动遵守课堂、宿舍等相关规定。

（3）培养学生良好的沟通能力，对于一些违纪违规者能够有效地劝阻和与其沟通。

基础知识

（1）课堂是学生学习的场所。课堂纪律是为保障或促进学生的学习而设置的行为标准及施加的控制措施。良好的课堂纪律是课堂教学顺利进行的重要保障条件，有助于维持课堂秩

序，减少学习干扰，也有利于学生获得心理上的安全感。

(2) 宿舍是学生的休息场所，是集体生活场所。一般情况下，学生宿舍会配有专职的宿舍管理员，宿舍管理员负责管理日常事务，引导学生遵守宿舍相关管理制度。

(3) 早操是在清晨安排学生进行广播操、慢跑等简单的锻炼活动。早操有利于锻炼学生的身体素质，养成良好的生活习惯，使学生由抑制状态逐渐进入积极活跃状态，精神振奋地开始一天的学习生活。

(4) 学生会是学校党委领导下、团委指导下的学生组织。其宗旨是服务同学，并且尽心尽力地完成学校常规管理的各项工作，是学校联系广大学生的桥梁和纽带。纪检部是学生会分管纪律和检查的重要职能部门，以服务全校学生为目的，以纪律检查、设施维护和内部考核为主要工作，为全校师生的工作、学习和生活营造良好的环境与氛围。因此，辅助学生会纪检部进行查课、查宿、查操等工作，不但能够帮助学生更加深入地了解学校的相关规定，而且能够切实提升学生的纪律意识、自律意识和沟通能力，有助于学生劳动观念的培养和塑造。

活动主体

全班学生。

工具使用

记录本、笔和袖标。

活动设计

(一) 准备阶段

(1) 提前与学生会沟通此次活动，召开活动动员会，让学生充分了解本次实践活动的目标、内容及意义。

(2) 将学生分为 3 个实践活动小组，分别协助学生会进行查课、查宿、查操等工作。邀请学生会成员对各组成员分别开展活动前培训，向学生介绍检查工作的流程、要求及注意事项等。

(3) 每组组长收集各组成员除上课外的空余时间，讨论并确定活动排班表。提前准备好活动所需的记录本、笔、袖标等工具。

(二) 实施阶段

1. 查宿小组

按照宿舍管理规定，协助纪检部和宿舍管理员进行宿舍检查，重点检查内容包括宿舍卫生情况及外访人员是否登记、是否有外人留宿、是否遵守作息制度、是否有未打报告而外宿、是否抽烟饮酒、是否使用功率过高的违禁电器等违规违纪行为。对于出现违规违纪行为的学生要进行记录并及时劝阻，说明该行为产生的危害，应共同守护宿舍安全。

2. 查课小组

协助纪检部成员于课前、课中不定期进行课堂检查，重点检查学生是否存在迟到、旷课、早退、说话、玩手机、吃零食、睡觉等违纪行为。对于出现违纪行为的学生要进行记录并及时指出，维护课堂纪律；对于旷课的学生要及时与班委或本人联系，了解情况。

3. 查操小组

协助纪检部成员在早操期间进行早操检查，重点检查是否存在迟到、旷操、早退、说话、早操不规范等行为。对于违纪学生要进行记录并及时指出；对于旷操学生要及时联系，了解情况。

（三）总结阶段

在实践活动结束后，每名学生需针对活动开展情况撰写活动总结报告，报告内容包括但不限于具体活动内容、活动频次、活动中遇到的问题、思想收获等。

注意事项

（1）在活动进行前，学生要充分了解课堂、宿舍、早操的相关管理规定，对检查内容及注意事项要清楚且明确。

（2）对他人进行劝阻时，学生要注意参与活动的方法和语气，切勿起争执，遇特殊情况及时联系学生会成员或相关教师。

考核评价

教师可参考表 14-4 对学生“协助纪律检查，建设优良学风”主题实践活动进行评价。

表 14-4　“协助纪律检查，建设优良学风”主题实践活动评价

评价标准	分　值	分数小计/分	总　分	教师评价
活动期间考勤正常	20			
工作认真配合	20			
相关人员考核评价	30			
活动总结报告深刻	30			

知识总结

参与校园服务
- 辅助学校工作，储备办公技能
- 走进食堂，感受劳动之乐
- 体验图书管理，感受工匠精神
- 协助纪律检查，建设优良学风

第十五章　探究校园文化

实践活动一　参观校史馆，了解学校风雨历程

实践目标

(1) 进一步了解学校办学以来的风雨历程，了解老一辈教育工作者的丰功伟绩和优良传统，传承校友们勤奋学习和艰苦创业的优良作风。

(2) 引导学生树立正确的人生观和价值观，使学生明确学习目的，建立自信，树立奋斗目标，充分发挥大学生践行社会主义核心价值观的主体作用。

(3) 通过开展校史馆讲解比赛，培养学生的语言组织能力、语言表达能力及思维的连贯性。

基础知识

(1) 内蒙古建筑职业技术学院校史馆记录了自 1956 年成立以来，从一所几百人的中等专业学校到现在近万人的高等学府的辉煌发展历程，记录了建院人自强不息、上下求索的精神写照，播种希望、收获梦想的实践历程及开拓创新、与时俱进的奋斗足迹。

(2) 以前辛勤耕耘，而今春华秋实。建院人胸怀报国志，敢为天下先，勇于创造，乐于奉献，使学院发生了以下几次历史性跨越：

- 1994 年，被教育部评定为全国六所建筑类重点中专之一。
- 1997 年，经教育部批准独立升格为普通高等学校，命名为呼和浩特职业技术学院。
- 2002 年，经内蒙古自治区人民政府批准更名为内蒙古建筑职业技术学院。
- 2005 年，在内蒙古自治区高职高专人才培养工作水平评估中获得优秀，被国家列为中央职业教育实训基地项目建设单位。
- 2009 年，被教育部评为全国普通高校毕业生就业工作先进集体。
- 2010 年，被教育部、财政部确定为国家示范性高职院校。
- 2011 年，被教育部确定为首批高职高专院校单独招生试点院校。
- 2016 年，被教育部确定为全国高职院校教学诊断与改进试点校。
- 2017 年，被教育部确定为国家优质高等职业院校。
- 2019 年，被教育部确定为首批 1+X 证书制度试点院校。
- 2019 年，被教育部、财政部确定为国家“双高计划”高水平专业群建设单位。

活动主体

全班学生。

工具使用

记录本、笔和手机。

活动设计

（一）准备阶段

（1）提前与校史馆沟通此次活动，确定活动时间。

（2）召开活动动员会，让学生充分了解本次实践活动的目标、内容及意义。

（二）实施阶段

在规定时间内，组织学生到指定地点集合。邀请校史馆讲解教师对校史馆的陈列做详细的讲解和介绍，使学生更加全面地了解学校的历史文化。特别是通过对教育教学、科学研究、教学实践、学生管理等展位的参观，学生对学校的未来发展更加充满信心。

（三）总结阶段

举办"校史馆讲解比赛"，通过对校史馆的参观、记录，学生能独立进行校史馆的讲解。通过讲解，学生不但能够对学校的历史有更深入的了解，而且具备向他人介绍学校概况的能力，有助于弘扬学校文化，激发勤奋学习和艰苦奋斗的优良作风。

注意事项

（1）在参观期间，学生需对讲解内容进行记录，严禁大声喧哗，严禁损坏、污染陈列物品。

（2）讲解时，除了确保讲解内容的正确性以外，学生还应注重语言表达的连贯性和肢体的协调性。

考核评价

教师可参考表 15-1 对学生"参观校史馆，了解学校风雨历程"主题实践活动进行评价。

表 15-1　"参观校史馆，了解学校风雨历程"主题实践活动评价

评价标准	分　值	分数小计/分	总　分	教师评价
认真参观	20			
详细记录	20			
讲解语言清晰、连贯	30			
讲解动作流畅、自然	30			

实践活动二　走进暖通博物馆，感受专业魅力

实践目标

（1）通过参观暖通博物馆，学生了解暖通行业的发展历程、发展现状、发展趋势和发展前景，感受每个专业、行业独有的魅力。

（2）促进学生对行业、专业的思考，引导学生体会劳动创造美好生活、劳动铸就发展，感受劳动与创造、创新之间的联系。

（3）通过开展知识分享会，培养学生的语言组织能力和表达能力。

基础知识

内蒙古建筑职业技术学院暖通博物馆(图 15-1)秉承节能环保、绿色可持续发展理念,以建筑安全工程三阶段培养模式"感知学习"为目的,由政、行、企、校共同合作开发建设。

图 15-1　内蒙古建筑职业技术学院暖通博物馆

本着"节约成本""充分利用现有资源"的原则,暖通博物馆是在原有的燃煤锅炉房基础上改扩建而成,设计面积为 607.9 平方米,整体设计主打工业风。馆内设有 LED 显示屏及投影设备动态展示区、静态展品区,集收藏、教学、实训、参观等功能于一体。

通过搜集到的珍贵书籍、规划图纸,行业内正在使用的供暖、通风、制冷设施,消防给水设备及老物件,暖通博物馆能够展示暖通行业的发展历程、发展现状、发展趋势和前景,推介暖通行业的新工艺、新产品和新材料,打造实训平台科普示范基地、暖通工程科普基地、可再生清洁能源示范中心。通过暖通行业不同年代的代表性材料、产品、工艺展示,暖通博物馆可以满足专业群的学生和同类院校的学生对建筑安装工程发展史、设备、材料的认知教学。同时,暖通博物馆支持相关企业员工的认知培训,促进不同地域建筑安装行业的交流与合作。

活动主体

全班学生。

工具使用

记录本、笔和手机。

活动设计

(一) 准备阶段

(1) 与暖通博物馆负责老师沟通此次活动,在征得同意后确定活动时间。

（2）召开活动动员会，让学生充分了解本次实践活动的目标、内容及意义。

（二）实施阶段

在规定时间内组织学生到指定地点集合。邀请专业教师对暖通博物馆内展示的珍贵书籍、规划图纸，行业内正在使用的供暖、通风、制冷设施，消防给水设备及老物件等做详细的讲解和介绍，讲解暖通行业的发展历程、发展现状、发展趋势、发展前景及新工艺、新产品和新材料及其应用。

（三）总结阶段

（1）通过对暖通博物馆的参观、记录，找出最想深入了解的一项内容，如一本书、一组设备、一个老物件、供热系统的发展史等，然后通过查阅书籍、网站，咨询教师等方式对该项内容进行深入挖掘和了解，并形成一份知识报告，报告形式不限，可以是 Word、PPT 或视频等形式。

（2）举办"知识分享会"，每名学生将个人形成的知识报告进行分享，让其余学生能够了解你挖掘的知识内容。

注意事项

（1）在参观期间，学生需对讲解内容进行记录，严禁大声喧哗，严禁改动、损坏、污染陈列物品或正在运行的设备等。

（2）每名学生须确保自己知识报告中的内容准确。

考核评价

教师可参考表 15-2 对学生"走进暖通博物馆，感受专业魅力"主题实践活动进行评价。

表 15-2　"走进暖通博物馆，感受专业魅力"主题实践活动评价

评价标准	分　值	分数小计/分	总　分	教师评价
认真参观	20			
详细记录	20			
知识报告内容丰富	30			
知识分享语言流畅、自然	30			

实践活动三　参观古建筑示教区，体会中国智慧

实践目标

（1）通过参观古建筑示教区，学生了解中国古建筑发展历程、某些时期古建筑的特点及一些古建筑工艺等内容，从而促进学生对专业的思考，引导学生体会劳动改变世界，体会中国智慧，感受劳动与创新之间的联系。

（2）通过开展知识分享会，培养学生的语言组织能力和表达能力。

基础知识

（1）内蒙古建筑职业技术学院中国古建筑示教区是建筑与规划学院中国古建筑工程技术专业的示范教学场所，也称为古建筑模型实训室。室内设有不同时期的经典古建筑木质模型十余件及部分古建筑部件模型(图 15-2)，可以满足专业学生对中国古建筑的发展历程、某些时期古建筑的特点及一些古建筑工艺的认知教学需要。

图 15-2 内蒙古建筑职业技术学院中国古建筑示教区部分陈列品

(2) 古建筑是指具有历史意义的古代民用建筑和公共建筑。虽然一些古代建筑离现在很遥远，但其中的文化依然值得学习与借鉴。建筑文化是中国传统文化的一部分，大学生不仅要发展现代建筑，更要吸收古建筑中的营养，走出中国特色建筑之路，让中国古建筑文化得以传承和延续。

活动主体

全班学生。

工具使用

记录本、笔和手机。

活动设计

(一) 准备阶段

(1) 提前和建筑与规划学院沟通此次活动，在征得同意后确定活动时间。

(2) 召开活动动员会，让学生充分了解本次实践活动的目标、内容及意义。

(二) 实施阶段

在规定时间内组织学生到指定地点集合。邀请专业教师对中国古建筑示教区内展示的珍贵古建筑模型、古建筑部件模型、屋脊模型等做详细的讲解和介绍。通过讲解与介绍，学生加深对中国古建筑的发展历程、不同时期古建筑的特点、古建筑工艺内容等的了解和掌握。

(三) 总结阶段

(1) 通过参观，找出最想深入了解的一项内容，如一座古建筑、一个部件、一个朝代古建筑的特色、古建筑的发展史等，然后通过查阅书籍、网站，咨询教师等方式对该项内容进行深入挖掘和了解，形成一份知识报告，报告形式不限，可以是 Word、PPT 或视频等形式。

(2) 举办“知识分享会”，参观的学生依次将个人形成的知识报告进行分享。

注意事项

（1）在参观期间，严禁大声喧哗，严禁损坏、污染陈列物品。

（2）须确保知识报告中的内容准确。

考核评价

教师可参考表 15-3 对学生“参观古建筑示教区，体会中国智慧”主题实践活动进行评价。

表 15-3　“参观古建筑示教区，体会中国智慧”主题实践活动评价

评价标准	分　值	分数小计/分	总　分	教师评价
认真参观	20			
详细记录	20			
知识报告内容丰富	30			
知识分享语言流畅、自然	30			

实践活动四　观摩毕业设计展，激发创作热情

实践目标

（1）通过参观毕业设计展，激发学生自身的创作热情，加深学生对所学专业的理解。

（2）鼓励学生大胆探索、勇于创新，突破艺术表现形式的限制与传统设计思维的束缚。促进学生对专业的思考，引导学生体会劳动与创造之间的联系。

基础知识

（1）内蒙古建筑职业技术学院艺术设计学院毕业作品展（图 15-3）是艺术设计学院充分发挥学院专业特色、丰富校园文化、提升学校美育的一种方式；是相关专业学生对 3 年专业知识学习的总结与升华，表达了他们对校园生活的感悟、梦想的追求和前程的展望。其中的参展作品饱含着师生们教与学的心血和结晶，承载着所有关心艺术设计学院发展的人们的关注与期待。创作作品不仅显示出学生们扎实的专业技能，还体现了学生们开放的心态、创新的意识和强烈的社会责任感。

图 15-3　内蒙古建筑职业技术学院艺术设计学院毕业作品展

（2）艺术设计就是将艺术的形式美感应用于与日常生活紧密相关的设计中，使其不仅具有审美功能，还具有实用功能。换句话说，艺术设计是为人服务的（大到空间环境，小到衣食住行），是人类社会发展过程中物质功能与精神功能的完整结合，是现代化社会发展进程中的必然产物。

活动主体

全班学生。

工具使用

记录本、笔和手机。

活动设计

（一）准备阶段

在艺术设计学院确定毕业作品展时间后，确定本次活动时间，召开活动动员会，让学生充分了解本次实践活动的目标、内容及意义。

（二）实施阶段

在规定时间内，组织学生到毕业作品展室对毕业生的设计展品进行详细参观、观摩、记录，细心感受作者创作时的心路历程，体会与艺术的真实交流。

（三）总结阶段

每名学生需针对参观情况撰写观后感，观后感内容可针对一件展品展开，也可针对多件展品展开，还可针对整个作品展展开。

注意事项

（1）在参观期间，严禁大声喧哗，严禁损坏、污染展示品。

（2）在撰写观后感的过程中，可以对作品作者进行采访，了解作品背后的故事及创作历程。

考核评价

教师可参考表 15-4 对学生“观摩毕业设计展，激发创作热情”主题实践活动进行评价。

表 15-4 “观摩毕业设计展，激发创作热情”主题实践活动评价

评价标准	分　值	分数小计/分	总　分	教师评价
认真参观	20			
详细记录	20			
观后感生动深刻	60			

注：本章节所呈现的校园实践活动均以内蒙古建筑职业技术学院为例，授课单位可参考本单位实际情况制订相应活动方案。

知识总结

- 探究校园文化
  - 参观校史馆，了解学校风雨历程
  - 走进暖通博物馆，感受专业魅力
  - 参观古建筑示教区，体会中国智慧
  - 观摩毕业设计展，激发创作热情

第十六章　建设最美校园

实践活动一　爱我校园

实践目标

(1) 体会保洁的辛苦，珍惜他人的劳动成果。

(2) 化身校园环境保护使者，做一名合格的大学生。

基础知识

学校是大学生学习和生活的最重要场所，保持文明、整洁、安全、和谐的校园环境不仅有利于大学生生活品质的提升，还能够有效预防各类传染病，特别是在新型冠状病毒肺炎疫情期间，保持清洁干净的校园环境非常重要，而且美好的校园环境能进一步促进校园的文化建设。内蒙古建筑职业技术学院校园一角如图 16-1 所示。

图 16-1　内蒙古建筑职业技术学院校园一角

平时维护校园卫生的是校园保洁工人。然而，大学生是否留意过他们的汗水，是否体会过把整洁环境带给大家后的喜悦，抑或是劳动成果不被珍惜的无奈……

本次将在学校范围内开展一次“爱我校园”主题实践活动，让学生亲身感受保洁工人劳动的艰辛。

活动主体

全班学生。

工具使用

扫帚、拖把、抹布、剪刀、水桶、手套、口罩、手机、相机等。

活动设计

（一）准备阶段

（1）活动指导教师与学校后勤管理部门进行沟通，在征得其同意后，与其确定实践活动的开展时间、活动范围、活动方式等。

（2）召开活动动员会，向学生充分介绍本次实践活动的目标、内容及意义。

（3）按照活动内容及范围合理进行分组，如教学实训区周边及操场区域组、道路两侧与绿化草坪组等，讨论并确定各小组的具体活动目标、活动方案、活动时间、成员分工、活动前的准备等。

（4）邀请学校后勤管理部门人员对专业工具、劳动要求等进行具体指导，提前准备好实践活动所需的劳动工具。

（二）实践阶段

按照分组情况进行小组实践活动。

（1）教学实训区周边及操场区域组。根据预先制订的活动计划，由小组长带领本组成员领取相关工具，到达实践活动地点。按照准备阶段制订的活动方案，对教学楼、行政楼、实训楼周边区域及操场的卫生进行打扫，清理该区域内的垃圾，整理并擦拭该区域内的日常设备设施。清理结束后，由小组长、指导教师、后勤管理部门人员进行实践活动效果验收。

（2）道路两侧与绿化草坪组。根据预先制订的活动计划，由小组长带领本组成员领取相关工具，到达实践活动地点。按照准备阶段制订的活动方案，对道路两侧与绿化草坪进行处理，清洁该区域内的垃圾、石子等杂物，对需要修剪的树木、草坪进行修整。清理结束后，由小组长、指导教师、后勤管理部门人员进行实践活动效果验收。

（三）总结阶段

（1）活动结束后，每个小组要提供一份实践活动记录，包括前期的活动计划，活动过程记录、照片、视频等。

（2）各小组指定一名或多名成员进行小组活动汇报（以 PPT、vlog 等形式），汇报内容要体现在活动中遇到的问题、困难及其解决方法，并要充分表达参与劳动的感受。指导教师结合各组的劳动过程、活动记录、活动汇报等对活动整体情况进行总结，并对表现突出和表现不佳的学生给予评价与建议。

注意事项

（1）在活动过程中，活动参与者要认真佩戴口罩、手套等防护工具。同时，注意劳动工具的使用方法，爱护劳动工具。

（2）按照专业人员的指导进行劳动，避免由于失误对公共设施造成破坏。

考核评价

教师可参考表 16-1 对学生“爱我校园”主题实践活动进行评价。

表 16-1　"爱我校园"主题实践活动评价

评价标准	分　值	分数小计/分	总　分	教师评价
参与活动全过程	20			
劳动感受	20			
过程记录的完整性	20			
对承担活动任务的完成情况	20			
成果展示效果	20			

实践活动二　打造最美宿舍

实践目标

（1）丰富学生的宿舍文化，营造良好的生活氛围，打造学生个性化、温馨舒适的休息环境。

（2）鼓励学生积极创新，培养学生的发散性思维及团结合作意识。

基础知识

（1）宿舍作为学生在校期间的休息场所，是学生集体生活的主要区域，是丰富大学生活，创造学生相互间友爱互助、和谐愉悦等精神面貌的主要场所。

（2）本次活动内容主要是宿舍内的环境改造，包括宿舍整体布局、墙壁的美化、床铺、物品摆放等。活动的开展有利于营造符合学生阶段特性的宿舍环境，有利于施展学生才华、培养学生之间的团结合作意识。

活动主体

全班学生。

工具使用

扫帚、拖把、剪刀、手机、相机、改造宿舍所需的其他物品等。

活动设计

（一）准备阶段

（1）与学校的宿舍管理部门沟通，了解学校对宿舍物品的相关规定及要求。

（2）以宿舍为单位进行分组，宿舍长任组长，与小组成员共同制订宿舍环境改造方案，确定改造的日期、物资等。

（3）按照改造工作方案进行适当分工，具体到每位宿舍成员。

（4）准备改造工作所需的劳动工具、相关物资等。

（二）实施阶段

（1）各小组根据本宿舍的特点取一个名称，制作宿舍标牌。

（2）在规定的时间内，各小组按照宿舍改造方案对宿舍环境进行改造，确定本宿舍的风格（如温馨、文雅、活泼等），总体风格要积极向上。

（3）制定宿舍迎评标语，确定一个与各自风格相关的标语，激励小组成员为改造宿舍环境活动积极行动，并将标语张贴于室内。

(4) 改造活动结束后，邀请指导教师、学生代表、宿舍管理人员等进行参观，并由指定小组成员对宿舍改造的思路、宿舍文化等相关内容进行讲解。

(三) 总结阶段

(1) 活动结束后，每个小组要提供一份实践活动记录，包括宿舍环境改造方案，活动过程记录、照片、视频等。

(2) 各小组指定一名或多名成员进行小组活动汇报(以 PPT、vlog 等形式)，汇报内容要体现在活动中遇到的问题、困难及其解决方法，并要充分表达参与劳动的感受。

(3) 指导教师结合各组的宿舍环境改造过程、活动记录、活动汇报等对活动整体情况进行总结，并对参与活动的学生给出相关评价。

注意事项

(1) 在活动开始前，一定要向宿舍管理部门进行报备，避免违反宿舍管理相关规定。

(2) 各组成员之间要相互配合，遇到问题及时协调，避免出现矛盾。

(3) 在改造宿舍环境过程中，注意个人安全及劳动工具的使用安全，禁止对电路等危险操作进行改造。

(4) 不破坏墙壁、玻璃等物品，合理利用资源，注重环保。

(5) 活动整体风格积极健康，符合大学生特点。

考核评价

教师可参考表 16-2 对学生“打造最美宿舍”主题实践活动进行评价。

表 16-2 “打造最美宿舍”主题实践活动评价

评价标准	分　值	分数小计/分	总　分	教师评价
参与活动全过程	20			
宿舍成员之间的相互合作	20			
过程记录的完整性	20			
对承担活动任务的完成情况	20			
成果展示效果	20			

实践活动三　美丽教学楼，全员大清扫

实践目标

(1) 通过本次实践活动，让学生深刻体会保洁工作者的辛苦。

(2) 倡导学生养成珍惜他人劳动成果的良好习惯，共同维护校园文化环境。

(3) 培养学生树立正确的劳动价值观，端正对各界劳动者的态度。

(4) 化身校园环境保护使者，引导学生从身边的小事做起，成为一名合格的大学生。

基础知识

学校是学生学习和生活的重要场所，保持文明、整洁、安全、和谐的校园环境不仅有利于学生生活品质的提升，还能有效预防各类传染病。新冠肺炎疫情更让我们意识到了良好卫生环境的重要性。此外，美好的校园环境能进一步促进校园的文化建设。

本次劳动实践将在学校范围内开展一次“美丽教学楼，全员大清扫”主题活动，让同学们亲身参与美好学习环境的创造。

活动主体

全校学生。

工具使用

垃圾袋、抹布、扫帚、拖把、垃圾桶、宣传海报或标语等。

活动设计

（一）准备阶段

（1）与学校教室管理科及后勤管理部门进行沟通，确定非上课时间段，以便活动不会干扰正常的上课安排。

（2）召开活动动员会，让学生充分了解本次实践活动的目标、内容及意义。对参与活动的学生进行分组，分为文明宣传小组和卫生清洁小组。各小组分别制订活动计划及方案，确定活动流程、活动时间、人员分工等。

（3）邀请相关人员对学生进行活动前培训指导，确保学生能够安全、高效地完成活动任务。

（二）实施阶段

按照分组情况进行小组实践活动。

1. 文明宣传小组

（1）确定宣传内容，制作宣传海报及标语。

（2）在教学楼、实训楼的过道、走廊等处张贴宣传海报或标语，倡导学生共同爱护教学楼的环境卫生，尊重他人的劳动成果。

（3）制作相关宣传内容的二维码视频，让同学们通过扫码进行了解和学习。

2. 卫生清洁小组

对教学楼、实训楼进行清扫与整理，确保教室地面干净、桌椅整洁、黑板洁净、教室物品摆放合理，走廊地面、楼梯、扶手干净，垃圾桶内无垃圾堆积。

（三）总结阶段

（1）活动结束后，每个小组要提供一份实践活动记录，包括活动计划及方案，活动过程记录、照片、视频等。

（2）各小组指定一名或多名成员进行小组活动汇报（以 PPT、vlog 等形式），汇报内容要体现活动中遇到的问题、困难及其解决方法，并要充分表达参与劳动的感受。指导教师结合各组的活动计划、活动记录、活动汇报等对活动整体情况进行总结、评价。

注意事项

（1）在活动开始前，向学校教室管理科及后勤管理部门进行报备。另外，参与活动的学生要认真了解教学楼内的相关卫生管理规定。

（2）在活动开始前，可以对参与活动的学生进行安全相关知识的普及和强调，避免活动中发生不必要的伤害。在活动过程中，学生须时刻注意个人安全。

（3）文明宣传内容要恰当、合理，宣传方式可自由创新。

考核评价

教师可参考表 16-3 对学生“美丽教学楼，全员大清扫”主题实践活动进行评价。

表 16-3 “美丽教学楼，全员大清扫”主题实践活动评价

评价标准	分 值	分数小计/分	总 分	教师评价
参与活动全过程	20			
宣传活动的效果	20			
过程记录的完整性	20			
对承担活动任务的完成情况	20			
成果展示效果	20			

实践活动四　投身校园周边改造，营造舒适安全环境

实践目标

(1) 增强学生志愿服务社会的意识，树立良好的职业价值观。

(2) 培养学生关注身边小事，树立劳动创造美好生活、劳动最光荣的思想观。

(3) 改善学校周边环境，为师生提供更加舒适、安全的工作生活环境。

基础知识

(1) 学校周边的道路作为师生出行的途经之路，由于长年雨水冲刷、大车碾轧等原因，经常会出现许多坑洼，严重影响师生的出行，存在一定程度的安全隐患。

(2) 由于学校所处地区较偏远，学校周边路段的卫生环境便时常得不到保障，影响美观。

(3) 掌握基本的道路修缮、维护知识与道路清洁能力，以便顺利完成校园周边道路的清洁与修缮工作。

活动主体

全班学生。

工具使用

锹、砂石、运输车、水泥、垃圾袋、扫帚、手套、口罩、手机、相机等。

活动设计

(一) 准备阶段

(1) 走访实地，了解并记录校园周边道路需要进行修缮及卫生清洁情况。

(2) 根据实地走访情况制订活动计划及方案，确定活动的具体内容、活动时间、活动区域、人员分工等。

(3) 对参与活动的学生普及或强调安全知识。同时，邀请专业教师针对道路修缮、维护的基本知识对学生开展活动前的培训、指导。

(4) 与学校后勤管理部门进行沟通协商，可租借其相关工具，并了解相关工具的使用方法及使用注意事项。

（二）实施阶段

（1）根据前期的实地走访，把需要维修的道路分成三个等级（严重破损、一般破损、轻微破损），然后按照破损等级进行相应修缮（以基本的铺、垫为主）。

（2）对道路环境进行打扫，主要包括道路垃圾、大石子、玻璃等物的清理。

（3）指导教师和专业教师对学生的实践活动成果进行验收。

（三）总结阶段

（1）在活动结束后，召开本次实践活动“体会分享会”，每名参与活动的学生要向大家分享本次实践活动的过程、感受，活动中遇到的问题、困难及其解决方法等。其中，对参与劳动的感受要重点分享。

（2）指导教师结合实践活动过程、成果验收情况对活动整体情况进行总结与评价。

注意事项

（1）在活动开始前，须熟悉各类工具的使用方法，注意工具的操作安全。

（2）活动应选在道路交通稍微空闲的时间段开展。

（3）由于学校周边道路有来往车辆，学生在实践过程中务必注意自身安全。

（4）室外劳动需要学生注意防暑、防晒、防尘、防冻等。

（5）学生要严格遵守纪律，按照指导教师及专业教师的要求进行实践活动。

考核评价

教师可参考表 16-4 对学生“投身校园周边改造，营造舒适安全环境”主题实践活动进行评价。

表 16-4　“投身校园周边改造，营造舒适安全环境”主题实践活动评价

评价标准	分　值	分数小计/分	总　分	教师评价
参与活动全过程	20			
用具使用规范，学生遵守纪律	20			
过程记录完整	20			
劳动感受表达充分	20			
成果展示效果	20			

知识总结

- 建设最美校园
  - 爱我校园
  - 打造最美宿舍
  - 美丽教学楼，全员大清扫
  - 投身校园周边改造，营造舒适安全环境

附　录

佳片有约

佳片一　电影《大闹天宫》
佳片二　电影《横空出世》
佳片三　电影《可可西里》
佳片四　电影《黄大年》
佳片五　电影《中国机长》
佳片六　电影《流浪地球》
佳片七　电视剧《大江大河》（第一部）
佳片八　电视剧《山海情》

佳片一　电影《大闹天宫》

【主题介绍】

1961—1964 年，由上海美术电影制片厂制作的《大闹天宫》（附图 1）是“中国动画史上的丰碑”。该电影自上映以来，以颇具中国美学的画风及鲜活生动的人物形象广受大众喜爱。

1957 年，从中国香港回到内地的导演万籁鸣决定以《西游记》中孙悟空大闹天宫的情节为素材筹备长片动画。那时，除 20 世纪 40 年代名声大噪、由万氏兄弟创作的亚洲第一部动画长片《铁扇公主》外，中国本土动画片大多很短。在资金、技术匮乏的年代，摄制组想要在缺少计算机和模拟器的情况下完成一部动画长片，简直难以想象。

为此，上海美术电影制片厂召集了二三十人，将其分为 5 个组。每组由一名原画、一名助理和数名动画人员组成，严定宪被委任为原画创作组组长。当时没有计算机制作，全凭手画，10 分钟的动画需要 7 000～10 000 张原画，最终，该部动画片手稿达 15 万多张。

附图 1　《大闹天宫》剧照

【影片赏析】

《大闹天宫》作为我国第一部彩色动画长片，在许多方面做出了开创性的贡献。其中最突出的成就是以动画的方式塑造了孙悟空这一深入人心的中国本土英雄形象。我们可以从以下两个方面来看这个共和国的“新英雄”是怎样“炼”成的。

1. 彰显民族风格，创新传统文化

要将中国动画与迪士尼等欧美动画区别开来，亮出自己独特的风采，重要的办法就是挖掘自己的民族特色，为“英雄”赋予中国式的特点。严定宪和同事们在制作《大闹天宫》时，参考了许多戏曲表演，将传统中式舞蹈和动作融入动画。电影中孙悟空的面部形象明显模仿了京剧脸谱，而他“拧麻花”式的身形站法和“手搭凉棚”等手势也借鉴了我国的传统“猴戏”。当然，不仅是孙悟空个人，这种民族特色还体现在这部动画的方方面面。片中美猴王初登场一段是先由两只小猴用月牙叉挑开水帘，立即给人一种京剧帷幕拉开的感觉。而影片的配乐主要使用了京剧、昆曲等中国音乐，特别是在打斗戏份中，音效主要由京剧锣鼓构成。

为了创作出具有中国风格的云彩，严定宪冒着凛冽寒风带领团队到偏远的北京寺庙，每日观察描摹，花费了一个月的时间，终于抓住了云彩缥缈潇逸的特点，将其呈现于纸上。

在设计过程中，最具挑战性的莫过于美猴王的形象设计。最初，该形象由著名画家张光宇设计，但导演万籁鸣希望继续改进。严定宪找来了张光宇数十幅《西行漫记》，在原作“红桃心、绿眉毛”的基础上，吸收了中国传统戏曲元素，将孙悟空设计为穿着鹅黄上衣、腰束虎皮短裙、足蹬黑靴的神气形象。“神采奕奕，勇猛矫健！”万籁鸣导演十分欣喜，连连称赞。

凭借对孙悟空形象的精准描摹刻画，以及全组数十人的共同努力，最终，严定宪与同事们完成了这部极具中国特色的彩色动画片，并一举夺得中国第 2 届大众电影百花奖最佳美术片奖、第 22 届伦敦国际电影节最佳影片奖及捷克斯洛伐克第 13 届卡罗维发利国际电影节短片特别奖。

2. 关注“人民性”，塑造“新英雄”

《大闹天宫》诞生于 20 世纪 60 年代，当时是我国面临内外交困，同时呼唤一个革命的、人民的英雄人物出现的时代。《大闹天宫》的导演万籁鸣明确意识到了《西游记》中潜藏的压迫者与被压迫者之间的冲突，所以他去掉了原著中孙悟空修行和闯地狱等情节，突出了孙悟空和以玉帝为代表的天宫诸神仙之间的矛盾，以便充分展现孙悟空这一反抗压迫的人民英雄形象。

导演万籁鸣对故事的结局进行了大胆改动。熟悉《西游记》的人都知道，孙悟空大闹天宫的结局是被如来佛祖镇压在五行山下，而在《大闹天宫》这部动画中，如来佛祖没有出现，孙悟空没有被打倒，他回到了花果山，胜利就是故事的终局。这不经意地显露了 20 世纪 60 年代“青春”文化的气息，也表达了当时中国对“新人”“新英雄”的呼唤：这是不会被打败的反抗之力，这是“敢教日月换新天”的青春豪情，面对深沉、黑暗的现状，它终将以共和国“新英雄”的光芒刺破一切压抑，创造一个完全不同的美好明天。

【主题探究】

（1）《大闹天宫》非常生动地展现了民族特色。除了以上提到的部分以外，你还能从电影里找出哪些体现民族特色的地方？请尝试比较，《百鸟朝凤》《大鱼海棠》等近年来创作的电影作品是如何体现民族特色、民俗文化精粹及非物质文化遗产传承人的工匠精神的？

（2）从《大闹天宫》诞生直到现在，中国出现了许多对《西游记》进行改编的文学影视作品。这些作品塑造的孙悟空形象都不相同。试比较本部动画影片中的孙悟空形象与电视剧《西游记》（1986 年）、电影《大话西游》（周星驰版）、《西游记之大闹天宫》及新版《大闹天宫》中的孙悟空形象之间的差异，你更喜欢哪一个孙悟空？为什么？

佳片二　电影《横空出世》

【主题介绍】

《横空出世》(附图 2)讲述了中华人民共和国成立初期我国在面临西方帝国主义国家采取的极力经济封锁与挤压政策、国内百废待兴的局面和三年自然灾害带来的经济压力的背景下，在党和国家领导人的英明决策下，以科学家陆光达(原型为邓稼先院士)和将军冯石(原型为张蕴钰上将)为代表的一批优秀中华儿女聚集在大西北人迹罕至的戈壁滩上，凭借着高度的爱国热情，自力更生、奋发图强，克服了种种难以想象的艰难险阻，最终完成中国第一枚原子弹爆炸的故事。

本片对身处中华人民共和国成立后这一段艰难历史岁月中，从领袖到百姓、从将军到士兵、从大科学家到普通科技工作者再到默默奉献的平凡劳动者等形形色色的人物给予了全景式展现，气势恢宏，感人肺腑。

附图 2　《横空出世》海报

【影片赏析】

“中央调你回来，是要你搞原子弹。”

“我不会啊！”

影片开头就以如此简单而又富含深意的对话点明主题，一句“我不会啊”代表的不是冯石将军个人，而是当时中国所面临的严重现实问题。当时积贫积弱的中国想要抵御美国随时而来的“核打击”、赢得苏联老大哥的尊重，就必须依靠自己的力量取得核主动权。因此，该影片围绕这一艰巨的任务展开。这里以影片所反映的几条情感线为线索进行赏析。

1. 奉献与信仰

“你愿意一辈子隐姓埋名吗?”当听到这个令人震撼的问题时，我们看到陆光达点点头，这其中展现了包括老一辈科研工作者在内的共和国的建设者们为了捍卫国家利益、早日实现中华民族的伟大复兴所做的奉献和牺牲——隐姓埋名、放弃爱情、放弃家庭……

苏中关系决裂，在苏方专家撤离前的晚会上，科学家们在研究从火中抢救出来的图纸时，受到了苏联专家的冷嘲热讽，嘲笑我们依靠算盘是不可能算出计算机 6 年算出来的结果。然而，我国专家克服了所有困难，依靠手中的算盘得出了数据。更值得骄傲的是，这些通过传统方式得出的数据比计算机算出来的还要准确。

在基地建设的动员会上，冯石将军指出，内战结束了，抗美援朝也胜利了，等待荣归战士们的没有庆功会，不是回家见爹娘，而是跟着党跑到戈壁滩上继续建设我们的国家，这其中包括十几岁的孩子，也包括四五十岁该“颐养天年的老人”，他们过着“斗风沙、抗严寒、啃咸菜、喝盐水”的艰难生活，因为祖国需要每个战士心中的信仰之光。

在整个影片中，我们一直被建设者们的奉献精神与强烈信仰所鼓舞，包括在三年自然灾害时期物资紧缺的情况下，科学家李一凡在领饭时强调自己饭量小，半个馒头就够了。还有人把自己碗里的粮食给了搞建设的战士们等，一笔带过的这些场面都展示了建设者们强烈的无私与奉献精神，无不让人动容。

2. 激情与希望

影片中，冯石将军在向上级领导表达了反对苏联专家选择敦煌作为建设基地这一决定的意见，提出了要继续向西到达罗布泊地区(苏联专家眼中的“死亡之海”)后，上级领导握着冯石将军的手，让他去找一个能写出好诗、大诗的地方。此处是整个影片中我们看到的第一个希望，“大诗与好诗”也就是我们祖国美好的未来。

在部队前往罗布泊的路上，有一个战士们传口令的画面。操着不同口音的战士传的口令是“不知道干什么，不知道哪里去”，虽然听着有些绝望，可是从战士们的表情上看出来的竟然是激情，因为他们知道，在党的领导下，前方一定充满希望，而不同的方言传达给我们的信息不就是全国人民都在充满激情地建设我们的国家吗？之后，由于恶劣的环境，战士们极度缺水，与外出寻水的部队也失去了联系，就在饥渴难耐的情况下发现了大片水源，战士们集体冲进水中庆祝的画面就是整个核基地建设希望的开始。冯石将军用一首诗给中央做了报告，全诗如下：

“死亡之海”得玉浆，
天山为屏昆仑障。
纵横南北十万里，
敢问惊雷何日响。

这首诗与前面的“大诗、好诗”形成呼应，让我们看到了核基地建设的希望，同时表达了作为本次任务主要负责人冯石将军的奋斗激情与殷切希望。

到达罗布泊，战士们在激昂的口号下投身建设，这正是我们祖国强大的开始，战士们的激情透露的就是我们的希望。即使在三年自然灾害时期，基地建设物资极度匮乏的情况下，专家团队和战士们依然靠"精神"(看电影、喊口号等)支撑挺过了艰苦的日子。冯石将军向中央要陆光达的请求被驳回后,却在回基地的飞机上意外见到陆光达时二人展现的笑容;在第一颗原子弹爆炸成功后,两人眼含热泪紧紧握住手……这些画面都让我们看到的是一个强大的祖国正在崛起,沉睡的东亚雄狮正在苏醒,这是整个中华民族希望的开始!

3. 党和国家尊重与珍惜人才

党和国家尊重与珍惜人才——这一点在该影片的最初就有体现,专家们在探讨以当时的技术搞核基地的可行性时,中央领导提到"搞成了,功劳是你们(科学家)的;搞不成,责任是中央书记处的",这样的人文关怀给科学家们减轻了一定的精神压力,为在当时经济、技术都不成熟的条件下搞核基地提供了较为宽松的环境。

我们同样看到,在罗布泊地区水质较差的情况下,陆光达的警卫员在冯石将军的安排下用淡水给他泡咖啡;在考察的路上,冯石将军特意嘱咐司机开慢一点儿,让陆光达、李一凡睡一会儿;在食物不足的情况下,先号召战士们要保障科学家们的饮食(被陆光达和其他科学家共同拒绝)等。这些细节虽然只是影片中个别人物的表现,但是他们代表的是我们的党和国家,他们的行为表达了我们党和国家对人才的珍视与尊重。

这部影片再现了中华人民共和国"两弹一星"研制的艰辛历程和高光时刻,老一辈科学家和军人面对艰难、繁重且烦琐的工作,以高度的责任担当来面对,以"万无一失"、无所畏惧的态度来面对,这便是我们的英雄主义。这个英雄主义不是个人的英雄主义,而是中华人民共和国建设初期全体中国人的英雄主义的缩影;取得的成绩是全体中国人辛勤劳动、开拓创新的历史体现,是所有老一辈建设者艰苦奋斗、百折不挠的精神体现。我们今天的岁月静好是因为有这样一批批前仆后继、敢于斗争的奋斗者在负重前行。因此,作为时代新人,我们必当珍惜当下的幸福生活,勇担新时代新青年的新使命,开启新征程,创造新辉煌!

【主题探究】

(1) 请认真思考,影片中体现了老一辈科学家等建设者的哪些特质,并思考新时代的新青年应当如何继承并发扬光大这些特质?

(2) 从影片中可以看到科学家的集体攻关、军人们的艰苦奋斗是第一颗原子弹爆炸成功的最关键因素。作为当代大学生,请你结合本专业,谈谈如何在专业领域为祖国的发展贡献力量。

(3) 从影片中可以看到在核基地建设初期及第一颗原子弹研制过程中的艰难曲折,请谈谈让你印象最深刻的片段及其对你的启发。

佳片三　电影《可可西里》

【主题介绍】

可可西里这个拥有美丽名字的地方是中国最后的原始荒原，平均海拔为 4 700 米，也是藏羚羊最后的栖息地。20 世纪 80 年代，盗猎者开始大规模屠杀藏羚羊，以满足欧美市场对藏羚羊的需求，在短短几年时间里，藏羚羊从 100 万只锐减到不足 1 万只，藏羚羊的生存面临着很大危机。《可可西里》(附图 3)介绍了 1997 年 7 月，当地政府组建了一支武装反盗猎队伍，也就是影片中提到的巡山队，领导者是藏族转业军官日泰(原型为青海省治多县委副书记杰桑·索南达杰)。1997 年冬，巡山队员强巴在执行巡山任务时被杀害，引起了海内外媒体的高度关注。本片以记者尕玉的视角，用纪录片的形式展现了巡山队为保护藏羚羊所做出的巨大牺牲。

附图 3　《可可西里》剧照

【影片赏析】

电影一开始就赤裸地表现了拥有美丽名称的可可西里的血腥性——藏羚羊被活活打死，盗猎者直接把藏羚羊的皮剥下；巡山队员强巴应声倒在盗猎者的枪下，像羚羊一样浑身抽搐着死去，并以天葬的方式告别人生……画面中充斥着悲凉，这样的悲凉感为本部电影铺垫了一个凄凉的基调。

首先，以日泰为首的巡山队并不拥有绝对的执法权力，由志愿者组成，正如日泰所说：我们的队员干什么的都有——青海师大上学的伊西、木材检查站的巴丁、开出租的刘栋、复员军人阿旺、牧民桑吉……他们来自各行各业，却因对自然的爱与追求而组成这个经费要靠自筹的巡山队。

其次，在影片生与死的主题下，可以深刻感受到其中传达的几点内容。

1. 绝望与无言的恐惧

在追捕盗猎者的第三天，巡山队到达卓乃湖，突然所有队员都不说话，眼前的景象则是荒凉的戈壁上有几只秃鹫正在啄食着藏羚羊的骸骨。队员们默默地数着骸骨的数量，最后这些骸骨伴着诵经声消逝在烈火中。这样无言的画面与前一天队员们的载歌载舞形成了鲜明的对比，表达了对盗猎者无声的咒骂，也反映了队员们内心的绝望。

在追捕剥皮工马占林父子的过程中，为了救马占林的儿子、给巡山队补充物资，刘栋需要独自返回城里，这里的画面是队员们相继与刘栋安静地拥抱道别；巡山队继续前行，其中一辆车因抛锚无法继续前行，需要留下来等待刘栋的救助，日泰安静地与三名队员拥抱后离开，记者尕玉问他们会不会安全，日泰只是不断地重复“但愿不要下雪，不要下雪”。这样无言的拥抱表达的是队员们内心的恐惧与绝望，事实也证明这样的拥抱成了永别。

刘栋完成任务后，在返回巡山队的路上遇到了流沙，空旷的戈壁、背后的高山都携带着无言和流沙一起一点点地吞噬了同样无言的刘栋，这应该是整个剧中最压抑的画面，无声得让人窒息，恐惧和绝望充斥着内心。

剩下的队员渐渐在暴风雪中无声地消失，直至日泰带着尕玉最终与盗猎者的队伍相遇，日泰在两声枪响后永远地留在了守护藏羚羊的路上，没有英雄人物退场时该有的激烈场面，留下记者尕玉绝望并无言地瘫跪在戈壁滩上，等待英雄人物的也是天葬的结局。

面对恶劣的自然环境、严重不足的物资储备、凶恶的盗猎者，他们的内心应该充满了绝望与无言的恐惧，然而正如队员们所说，来了可可西里可能有绝望，有后悔，可回去了却还是会想念，这彰显的是志愿者无他求、无畏惧的感人精神。

2. 向往美好

在巡山队出发前一晚，队员们在酒吧里喝酒、唱歌，这样的美好画面是这些年轻队员该有的正常生活。他们在追捕盗猎者前，与其他人一样，向往美好的生活，充满笑声与欢乐。参与巡山队是为了保护藏区生态平衡、保护野生动物，也是出于对生命、生活的美好向往与热爱。

队员们到达不冻泉保护站，独自驻守此地的阿旺载歌载舞、欢呼雀跃，让我们看到的是一个平凡藏区人的真实一面，之后队员们共同喝酒、唱歌、跳舞，欢乐打破了以往静谧的山谷。志愿队员阿旺同样是出于对藏区生态的责任(用他们的话就是为了我们自己的羊子)与对美好生活的向往，让他能够与寂寞、孤独甚至盗猎者的生命威胁共同生活，如果内心没有对美好生活的向往，就可能很难度过这里的日日夜夜。

巡山队带着剥皮工马占林等人继续前行，到追捕盗猎者的第九天，粮食储备已经严重不足，队员们坐在夜晚的戈壁上，唱着思念家乡、思念母亲的歌曲。在这样凄凉的环境下，可可西里美丽的夜空浩瀚又迷人，让我们感受到了生命的渺小与无尽的希望。

在影片中，巡山队员们不仅没有报酬，还要依靠自己的能力为巡山活动提供足够的物资保障，这些并没有阻止他们参与巡山队的热情；包括剥皮工马占林(暂且不计他们的罪恶)，因为生态恶化，放牧牛羊的生计无法为继，走上了为了 5 元一张皮子的生计之路。我们不能忽视巡山队员和剥皮工完全不同的性质，但是他们都是为了美好的生活在奋斗——巡山队为了生态美好，剥皮工人为了生活美好。

3. 善恶并存

影片中没有我们所说的绝对的善和恶，善和恶是并存的。比如，巡山队是藏羚羊的守护者，然而他们在物资匮乏的时候也用羚羊皮换钱，虽然刘栋在换钱时表现出不情愿，可这样的行为让我们在一瞬间把他们等同于盗猎者。队长日泰说过，可可西里不是由记者这类站在道德制高点的人保护着，他自己可以进监狱，现在他能做的只是保护可可西里和保护兄弟们。再如，剥皮工马占林可以是剥羚羊皮时的恶人，也可以是日泰死后悄悄给记者尕玉指路的村民。

同样的人在不同的环境下善与恶发生转化，是这部影片所表达的真实人性。影片的结局不是我们期待的正义战胜邪恶，队长日泰静静地等待天葬的结局与影片开始时的天葬相呼应，带给观众心理上的冲击不可小觑。

最后，正如影片中巡山队队员所说：在这里（可可西里），你留下的每个脚印都有可能是人类留下的第一个脚印。没错，我们看到在人物原型青海省治多县委副书记杰桑·索南达杰因公遇害后，政府在可可西里设立了国家自然保护区并成立森林公安机关，解散志愿队伍；在世界范围内，大部分国家已立法禁止藏羚羊羊绒买卖，可可西里的藏羚羊数量也回升至3万多只。这正是志愿队伍在可可西里踩下的保护野生动物的第一个脚印，使可可西里甚至全球范围内的野生动物保护工作迈出了一大步，志愿队伍用生命换来了藏羚羊数量的回升，唤醒了人们对于生态环境的重视。

志愿者无私、奉献、友爱、互助的精神是高尚的，社会的进步需要每个公民的付出与捍卫。同时，志愿者服务是提升个人精神境界、充实业余时间、促进自我发展的机会，当代大学生要积极响应志愿者精神，参与志愿服务活动。

【主题探究】

(1) 请同学们认真探讨，影片中志愿巡山队员的哪些瞬间令你最感动？为什么？

(2) 志愿巡山队员之所以无所畏惧地参与其中，正是源于他们对生命和生态环境的热爱与崇敬，作为当代大学生，你应该怎样从自身的角度出发，为保护生态环境积极贡献力量。

(3) 结合本部影片，请你谈一谈对志愿者及志愿服务活动的理解。

佳片四　电影《黄大年》

【主题介绍】

电影《黄大年》(附图 4)的人物原型为黄大年(男,广西南宁人,1958 年 8 月生)。2009 年 12 月24 日,平安夜,大雪天气,一架民航班机缓缓降落在长春龙嘉国际机场……享誉世界的地球物理学家黄大年告别了 18 年的英伦生活,“挥一挥衣袖,不带走一片云彩”,回到祖国,被聘为吉林大学地球探测科学与技术学院教授。在回国后的 7 年里,他带领团队在航空地球物理领域取得了卓越的成就。2017 年 1 月 8 日,黄大年因病逝世,享年 58 岁。

黄大年是国际著名航空地球物理探测技术专家。有人问他为何回国、为何选择吉林大学,黄大年说:“康河留下了我的眷恋,而地质宫刻有我的梦想。”吉林大学地质宫 507 室是黄大年的办公室,只要不出差,室内的灯光每天都要亮到凌晨。那时,国内顶尖科研单位的许多橄榄枝都抛向黄大年,但他选择了母校。在回国后的 7 年里,他超过 1/3 的时间在出差;他执意不肯浪费宝贵的白天,出差总是乘坐夜航。

在黄大年的推动下,中国的深探事业用 5 年时间走完了发达国家 20 年的道路。他带领 400 多名科学家创造了多项“中国第一”,使中国正式进入“深地时代”。在黄大年的倡议下,2016 年 9 月,吉林大学新兴交叉学科学部筹备初期工作宣告完成,一个辐射地学部、医学部、物理学院、汽车学院、机械学院、计算机学院、国际政治系等专业的非行政化“科研特区”初步形成。

附图 4　《黄大年》海报

【影片赏析】

1. 荣归故土，至诚报国

影片中，为了说服妻子从英国回中国，黄大年使出了“大招”。彼时，海漂 18 年的黄大年已蜚声中外。他与妻子在家跳相识时的舞曲，情到深处，还为妻子献花，但他故意说：“如果不跟我回国，这一切将不复存在，只能分手。”在情感攻势下，他的妻子开始动摇，最终被打动。他们离开了长满鲜花的别墅，留下了从小在英国长大、仍在当地上学的独生女，回到了阔别 18 年的祖国。

参与“深部探测技术与实验研究专项”是黄大年回国后的第一项重要任务——担任专项第 9 项目“深部探测关键仪器装备研制与实验项目”的负责人。在他的带领下，400 多名科学家创造了多项“中国第一”，为我国“巡天探地潜海”填补了技术空白。

他带领团队用 5 年时间完成“深部探测关键仪器装备研制与实验项目”，让我国深探仪器的技术总体水平达到国际领先水平；地面电磁探测系统工程样机研制工作取得了显著成果，为产业化和参与国际竞争奠定了基础；固定翼无人机航磁探测系统工程样机研制成功，填补了国内无人机大面积探测领域的技术空白……

2. 行事为公，无私忘我

黄大年不是好好先生，情商高但不是没原则。他的同事说：“课题经费多了，有些人自然想搞点‘近水楼台’的事。”黄大年却不乐意了：“本校能做的我们做，外校和科研院所做得更好的，就要给他们做。这不是小团体的利益，而是事关国家大计。”出于对黄大年能力的认可和信任，有关部委让他领导三四百名各大高校和科研机构的研究人员，由他给大家分派任务，最后在吉林大学整合。黄大年做到了，并且得到了大家的普遍认可。

黄大年将科学放在第一位。原国土资源部（现为自然资源部）科技与国际合作司副司长高平说：“大年不讲‘关系’，不搞‘你好我好大家好’。他是学界的一股清流。”作为国家多个技术攻关项目的首席专家，黄大年经手数亿元的项目经费。怎么分配这笔钱，他的发言权最大。有和他相熟的专家来找黄大年要经费，黄大年却说：“在科学上，我没有对手，也没有朋友。”

3. 鞠躬尽瘁，死而后已

黄大年分秒必争。他的办公室墙面上有一张巨大的日程表，直观地说明了主人的忙碌：赴西北地区指导地方科技建设，参与教育部“长江学者”评审……永远坐最晚一班航班，手术前一天还在谈工作……

日程表上的时间停在 2016 年 11 月 29 日。日程表上潦草地标记着“第七届教育部科技委地学与资源学部年度工作会”。那天凌晨 2 时，北京飞往成都的最晚航班刚一落地，黄大年就被急救车接走。经过简单的检查，他逃出医院，“因为第二天的会太重要了”。

在手术前两天的晚上，他返回学校收拾了些日常物品，一切都还保持着工作状态，笔记本电脑也是打开的——尽管知道自己病情危重，但他还是希望能再度回来工作。在他逝世之后，507 办公室一直亮着不熄的灯光，学生们每周都会来打扫卫生，在清明节时则点上蜡烛，眼含泪光，围在黄老师遗像前陪老师聊天话家常。

黄大年的故事还有很多很多。他已经走远，但他又从未离去。他精神的火炬还在照亮无数人前行的道路。

【主题探究】

该部影片的主演之一张秋歌（饰演黄大年）说：“为了演好这位时代楷模的感人事迹，我很早就开始在吉林大学等黄大年同志生活过、学习过的地方深入探访和采风。在和黄老师的助理于平教授深入接触和交流后，我脑海中已经初步勾勒出这位人民教师的雏形。除了我以外，我们电影的主创团队采访了将近140名当事人，从方方面面了解黄大年生前的各种事迹、生活细节、性格细节，以保证文学剧本和影片创作的真实性。我以零片酬出演这部电影，因为我不仅从黄大年身上学会了'做人'，更学会了'做事'，他的精神也鼓舞着我日后创作出更好的作品。"

结合以上这段感言，请谈谈你对于职业与人生、国家利益与个人利益、你与他人、物质与精神之间关系的看法。

佳片五　电影《中国机长》

【主题介绍】

作为国内首部“非典型”航空题材“灾难片”，《中国机长》(附图 5)可谓是以崇高美学的平民化表达与类型化书写塑造了职业岗位的平民英雄群像。《中国机长》因对工业化视听效果的完美呈现，对创作的“中国速度”下中国品质的彰显、灾难片的本土化与中国式表达无疑会有更充足的后劲。

附图 5　《中国机长》海报

【影片赏析】

1. 敬畏生命、敬畏职责和敬畏规章

影片以民航人的普通一天为切入点，不避生活的琐碎芜杂而在一种日常生活背景、职业生活经历中描绘出一幅形象鲜明的英雄群像画卷。《中国机长》取材于现实真实事件，关注平凡岗位中坚守职责的普通人，致力于平民化英雄形象的书写。影片甚至表达了以往主流电影不多见的“敬畏生命、敬畏职责、敬畏规章”的理念，呈现出“我为人人，人人为我”的命运共同体价值观。

在非典型灾难片的类型定位下，影片在相当集中的时间和空间内展开了简洁的线性情节发展，但影片在线性情节的简洁叙事中充满张力，在紧凑的时间节奏中营造出了虚拟影像、视听效果的极度现实感和震撼力。

影片中机长、机组成员这些英雄都是生活化、职业性的平民英雄。他们恪尽职守，同时是独立的个体。也就是说，《中国机长》把中国惯常的“舍己为人”式英雄形象模式悄悄置换成了“英雄也是普通人”“人人为我，我为人人”的个体生命意识和个人主体性主题。

片中乘务员临危不惧，缓解乘客情绪，应对突发事件，在缺氧的情况下不断对乘客进行安慰和劝导。机长更是在高压、缺氧、狂风、噪声的极度挑战下保持理性判断，但他们在调整受众心态时不是讲大道理，不是做大无畏宣誓、自我牺牲，而是强调“我们也都是子女、父母，我们也都想回去”。机长更是在幻觉中出现了回家为女儿过生日的幻景。这其实有着某种偏重个体价值观的观念融合：飞机是一个共同体，生命安全不仅是乘客所需，更是机组乘务人员所需。大家都是平等的生命体，都在飞机这一命运共同体上。

该片在人物塑造方面，如在塑造机长时，没有进行高大全式的人物塑造，而是对英雄进行某种“去魅化”：机长沉默寡言、“脸色臭”，但技术精湛，经验丰富，心理素质极好，而且顾家；副机长更是被诸多受众吐槽“语言轻佻”“行为怪异”，但他遇事冷静，坚毅果敢，在大风中艰难地爬到驾驶舱。因此，影片没有浓墨重彩地刻画个体英雄，而是聚焦整个机组的团队协作，这自然是中国式的集体主义价值观的显影。

2. 中国电影的“工业品质”

《中国机长》的拍摄整合了很多工作人员的完整、协作、系统的工业化制作，这不包括摄制组外的大量人员。导演刘伟强说：“为《中国机长》提供过直接帮助的民航系统工作人员大概就有一千多人，是大家帮我们拍成了这部电影。”无论是导演对飞机“真实”(客舱真实、效果真实)的高要求，还是演员对表演的高标准(张涵予等人在拍摄前接受专门的飞行训练、袁泉等人接受专门的客舱训练，张天爱为求真实而真摔，欧豪也曾因多次在强风下表演而脸部过敏)，或是出品、制作、发行的高指标、高协调，都在艺术表达和技术制作方面体现出《中国机长》的“工业品质”。

《中国机长》的“工业品质”在视听表达、演员表演等方面亦有体现。在1∶1的飞机客舱中，无论是驾驶舱，还是乘务员休息室，或是头等舱、经济舱，都呈现了一个真实的场景，促使观者可以获得全方位、无死角的观赏体验，从“真实场景再现”中获得感官刺激与场景认同，提升观影体验。当飞机出现故障时，特写镜头下从缓慢脆裂到瞬时爆炸的玻璃、突然熄灭的灯光、飞出机外的副驾驶及远景镜头下飞机下落的外部表现……种种通过镜头、音乐、音响等视听语言合力“再现真实”场景的手法都是其工业品质的明证。

以演员表演来说，在封闭空间进行表演的演员，其情感的渲染力、真实感表演也颇为到位。张涵予“无表情”的表演真实再现了处于高寒缺氧极端环境下的机长：在极端环境下，虽眼睛肿大、身体僵硬、肌肉收缩，但依然目视前方、紧握方向盘，此时张涵予无言的表演便最好地诠释了机长对职业的坚守与对使命的忠诚。同样，袁泉把乘务长巾帼不让须眉的胸怀魄力表现得淋漓尽致，她一边吸氧，一边指挥、安慰乘客的画面令诸多受众难以忘怀，如近景镜头下乘务长凌乱的头发、坚毅的眼神、简短的语言(“我们是受过专业训练的，请相信我们”)等。

因此，影片视听的真实震撼，表演的朴实厚重，都彰显了《中国机长》高标准工业化制造的“中国速度”和“中国品质”。

【主题探究】

(1) 习近平总书记曾说：“一个有希望的民族不能没有英雄，一个有前途的国家不能没有先锋。”请结合该部影片思考：什么是英雄？什么是英雄精神？英雄与劳动者的关系是什么？

(2) 该部影片所呈现的场景主要由空难中机组人员的职业环境及在非常态职业环境下机组人员的心理表现和行为反馈构成。请选出一名最打动你的影片人物角色，并说明原因。

(3) 请从影片聚焦点、精神文化内核、情节和人物设计等方面，将该部影片与美国同类型空难片《萨利机长》进行对比分析。

佳片六　电影《流浪地球》

【主题介绍】

《流浪地球》(附图 6)是中国科技馆收藏的第一部电影。2019 年,该片获得第 32 届中国电影金鸡奖最佳故事片奖、第 9 届北京国际电影节最佳视觉效果奖和第 26 届北京大学生电影节最佳影片奖。

经过一千多个日夜矢志不移的坚持、台前幕后七千人的心血,面对观众对于本土科幻的翘首以盼,“80 后”导演郭帆不负众望,凭借非凡的勇气用《流浪地球》为有着百余年发展经历的中国电影打开了一扇科幻之门,在一度被好莱坞垄断的世界科幻电影史上深深铭刻上中国烙印,揭开了“中国科幻电影元年”的序幕。

电影改编自中国科幻作家刘慈欣的同名小说,讲述了一个关于未来的故事:在不远的将来,科学家发现太阳在急速衰老膨胀,可以预见,未来包括地球在内的整个太阳系都将被太阳所吞没,人类文明也将因此走向终结。为了自救,各国通力合作,组成“联合政府”,开展了一个名为“流浪地球”的大胆计划。计划的内容包括修建作为人类避难之所的地下城,以及倾全球之力在地球表面建造 1 万座“行星发动机和转向发动机”,以“火石”作为燃料,推动地球离开太阳系,计划用 2 500 年的时间奔向另外一个栖息之地,成为临近恒星的新行星。

中国航天员刘培强在儿子刘启 4 岁那年前往国际空间站,和国际同侪肩负起领航者的重任。17 年后,刘培强即将退役,却遇到了地球迫近月球和木星的“流浪关键期”。随着剧情的发展,我们对刘培强一家有了全景式的认识:坚强勇敢的刘培强,青春叛逆的儿子刘启,严肃而有担当的刘启的外公韩子昂,刘启单纯可爱的妹妹韩朵朵。

刘启在外公韩子昂的抚养下逐渐长大。一天,他带着外公在灾难中救下并收养的妹妹韩朵朵跑到地表,偷开外公的运输车,由于车技太差发生了严重的交通事故而被交警逮捕。在看守所里,他们遇到混血青年 Tim,三人结为好友。外公来到地表上捞人,赶上地表剧烈晃动,看守所被毁。祖孙三人救出 Tim,共同踏上了回家的路。

为了修好发动机,阻止地球坠入木星,全球人类展开饱和式营救,连刘启的车也被强制征用。在与时间赛跑的过程中,无数人前仆后继,奋不顾身,只为延续地球上子孙生存的希望……

附图 6 《流浪地球》剧照

【影片赏析】

1. 责任与传承

从头到尾,《流浪地球》都没有出现好莱坞电影的必选项"恋爱""爱情",讲到的是亲情,是家国的认同、责任和传承,展现了五千年中华文化的精神内核、中国人对家园的特殊情感和中国传统的愚公移山精神,以韩子昂、刘培强等父辈的接力式牺牲来完成故事。

姥爷、父亲、儿子、妹妹,公民、学生、军官,他们既在家族中,也在社会中,相互关爱、相互扶持,血浓于水,这份亲情鲜活而生动。每代人都必须承载父辈的"历史"——正如影片中呈现的刘启眼中映现的"牺牲时刻"。"地球"在此片中不仅是当下我们共同的家园,还象征了我们必须背负并传承沉重而荣耀的历史奔向未来世界。这部影片让我们在熟悉的文化逻辑中更多地关注人物,欣赏情节,充分诠释了鲁迅先生在《且介亭杂文集》中所说的"只有民族的,才是世界的",为世界科幻题材电影成功地添上了一抹动人的"中国红"。

2. 迎难而上

《流浪地球》讲的是"天灾"故事,"天灾"是不可抗拒的力量,可以影响整个人类文明的命运。《流浪地球》是典型的"中国式科幻",传达出一种家国情怀、天下情怀,这种情怀让国人产生了心灵共鸣。

面对天灾,每个民族都有自己的应对方式。《流浪地球》中设定的天灾是未来时刻的太阳爆炸、地球毁灭。作为空间站领航员,刘培强的活动舞台自然是宇宙飞船。这让我们很容易想起它的原型——诺亚方舟。

《旧约 · 创世纪》中记载了这样一个神话:上帝因为人类作恶多端,决定要发大洪水灭亡人类。但想到诺亚一家并无罪过,上帝不忍他们也承受灭顶之灾,就暗中让诺亚建造一个巨大的方舟,令其一家和各种动物搬进方舟。方舟在大洪水中漂荡,从而保留世间的生命。宇宙飞船酷似诺亚方舟:复制一个缩小的世界,保留一颗希望的种子。当家园不再适合人类居住时,方舟在洪水中漂荡,飞船在宇宙中飘荡,奔向未知的未来。

这是解决问题的一个方法，但不够“中国”。现代科学证实，在人类文明的初期，地球上确实曾经有过一次全球范围的大洪水，不少早期文明有对这次大洪水的记忆。当时，正是古代中国的虞舜时期。面对“汤汤洪水方割，荡荡怀山襄陵，浩浩滔天”的局面，选择留在家园，保护土地，这当然会有风险、有牺牲。舜帝派鲧、禹父子前去治水。鲧因治水不利被舜处死，禹没有气馁，没有怨恨，子承父业，继续治水，三过家门而不入，终于治水成功。这便是中国人面对“天灾”的方法，不是逃灾避祸，而是迎难而上。

当地球面临着被木星引力吸引的灭顶之灾时，机器控制员“莫斯”选择让所有宇航员进入沉睡模式，准备放弃地球，带着飞船中的宇航员和早已偷偷存储在飞船中的“地球生命基因”远走高飞。所有宇航员都听从安排，不问原因地开始沉睡，其实对这个结果大家心中都明白，只是心照不宣而已。

刘培强拒绝沉睡，选择苏醒并说服被莫斯派来阻止他的俄罗斯籍宇航员，与之共同继续保护地球。这是“方舟”与“治水”之争的节点，作为中国人代表的刘培强的苏醒为“方舟计划”增加了变数。

刘培强最后选择了牺牲所在的飞船，引燃木星大气，用木星大气爆炸产生的巨大冲击力将地球推出木星引力范围，回到安全轨道，刘培强光荣牺牲，地球安然无恙。他这么做，起初并未得到指挥中心的同意和授权，为此他还不惜烧毁了机器人莫斯。机器人在被烧毁前抱怨说：“让人类永远保持理性确实是一种奢求。”其实刘培强并没有失去理性，他保有的是一份中国人对土地的特殊责任，就像治水的大禹一样，无论付出多大的牺牲，都要保卫家园。他质问指挥中心：“如果没有了地球，没有了家园，我们又是什么？”

3. 开拓与创新

《流浪地球》是科幻电影，讲述的故事发生在未来。影片引起广泛关注和获得好评却有一个共同的原因，即开拓创新精神。《流浪地球》不仅是对中国电影题材的开拓，还是对西方科幻电影的超越。科幻电影在题材方面都面临强大的模式和惯性，但《流浪地球》的可贵之处在于成功地突破了模式，挑战了惯性，发掘了中国优秀传统文化并与时代联结，开创出一片中国科幻电影的新天地。

科幻电影本是西方电影的优势。《流浪地球》首开中国科幻电影之先河。万事开头难。这第一步是要亦步亦趋地追随在各项技术和故事结构都已经相当成熟的好莱坞科幻电影之后，还是走出一条有中国特色的科幻电影之路？这是《流浪地球》最初必须面对的问题，也是国人的期待和关注之处。

《流浪地球》是2019年中国杰出电影的代表，让我们看到中国电影人能够驾驭的题材更加广泛，表现的手法更加多元，制片技术极大提高，令人振奋人心。影片中呈现了很多惊心动魄、美轮美奂的镜头：片头处被数万发动机推进而航行在茫茫宇宙间的地球，被冰雪封冻的东方明珠和中央电视台，被燃爆大气层的木星，由地表至宇宙提升、从细部到全景展现的特效镜头……这些工作75%是由中国影视团队完成的。这显示了改革开放至今，中国电影的工业化水平及未来的发展趋向。

【主题探究】

（1）影片中男主人公刘培强面临继续执行“流浪地球计划”，或放弃“流浪地球计划”转而执行“火种计划”的选择。刘培强选择了继续执行“流浪地球计划”。很多观众认为从概率上说，

“火种计划”更易于保证人类种族和文明的延续。那么，你认为哪种选择更佳？为什么？

（2）当人类面临生存危机时，由劳动创造的科技力量足以使人类摆脱困境吗？

（3）20世纪80年代，中国为什么没有科幻电影？社会发展与电影产业的关系如何？现在请结合社会发展规律，即不同社会时期的生产力水平、生产关系、产业结构、社会劳动形态等方面进行分析。

（4）一名国际友人在观看了《流浪地球》之后曾发出“灵魂拷问”，既然地球已经不适合人类居住了，中国人为什么不考虑造一个宇宙飞船，带大家离开地球，寻找新的家园，而要耗费那么多的人力、物力，花费那么长的时间，冒那么大的风险，带着地球一起“流浪”。对此质疑，作为中国人，你将如何回应？

佳片七　电视剧《大江大河》(第一部)

【主题介绍】

2018 年是改革开放 40 周年,《外滩钟声》《北部湾人家》《面向大海》《那座城这家人》等一大批以改革开放为主题的影视作品陆续播出,多角度、多方面、多层次地展示了 40 年来中国社会方方面面的变化及改革开放 40 年的艰苦历程与丰硕成果,《大江大河》(附图 7)就是其中一部收视率与口碑齐飞的作品。它由小说《大江东去》改编而成,讲述了在改革开放初期,以宋运辉、雷东宝、杨巡为代表的三名年轻人紧跟时代步伐,抓住机遇,在改革浪潮中不断探索和试图改变命运的浮沉故事。

附图 7　《大江大河 1》剧照

【影片赏析】

很多人说,从《大江大河》中看到了中国的社会变迁史。的确,这部以改革开放为背景的时代剧塑造了三个性格鲜明的主人公,分别是坚定且敬业的工人阶级代表宋运辉、贫困但致力于发展改革的农村人物代表雷东宝、聪明伶俐的个体商户代表杨巡。这三个主人公分别代表了国企经济、集体经济和个体经济三种经济形态,因此,这部剧也间接地反映了改革开放初期几种经济形态的发展与变革。

1. 国企经济的腾飞发展

第一位男主角宋运辉就是国企经济腾飞发展的“化身”。他天资聪颖、信念坚定,却由于家庭背景的原因饱受歧视。改革开放后,1978 年恢复了高考,在姐姐和父亲的牺牲、努力下,他把握住了这次机遇,开启了大学之路。在学校期间,他始终勤学苦干,学技术、学时事、做辅导员,从各方面充实自己。毕业后,宋运辉被化工行业的国有龙头企业金州化工厂破格录取,并被分到车间当一线工人,虽然在一线工作通常既辛苦又劳累,但是他从没有向任何人抱怨、诉苦,而是始终专业、认真地做好这份工作,从来没有一点儿疏忽和马虎,并且积极投身到金州化工厂的转型变革中。因此,在此后工厂的技术革新、国外先进设备的引进、海外市场的开拓等重要改革事项中都可以看到他的身影,可以说,他为金州化工厂贡献了极大的力量和能力。

金州化工厂就是我国国有企业发展的一个缩影，宋运辉在金州化工厂工作的这段时间也让我们看到了那个时代的知识分子利用自己的专业和学识，借助改革开放的浪潮，成功打破了老一辈企业领导人固有的管理和发展理念，成功推动了企业的发展转型，协助国家企业打开国际市场，为我国国有企业的发展打开了一个全新的局面，见证了国企经济的腾飞发展。

2. 集体经济的变革

第二位主人公雷东宝是农村改革者的典型代表，是集体经济发展变革的见证者和亲历者，他们是改革开放中不可缺少的一部分。与“文化人”宋运辉不同，雷东宝作为一名复员军人，有着骨子里自带的一股雷厉风行的闯劲儿和冲劲儿，是名副其实的“粗人”。退伍回到家乡后，雷东宝见到小雷村村民几乎家家都吃不饱、穿不暖，甚至娶不上媳妇。于是，满腔热血又富有激情的雷东宝作为小雷家大队的年轻干部，借助乡村改革的浪潮，带领小雷家全村人紧跟国家政策，先实行家庭联产承包制，将土地量完后分到每位村民手里；然后开砖厂，带领一部分人烧砖窑，增加了村民们的收入；在业绩稳定之后，又在宋运萍的帮助下，带领小雷家村的妇女们学习养殖长毛兔，通过卖兔毛来增加家庭收入；随后，小雷家开了预制板厂，组建了自己的建筑队，开办了电线厂，搞起了养殖业。有人说他“一根筋”，可他却说“我做的每一件事，每一个决定，都是为了小雷家村好，而不是我自己”。总之，在雷东宝的带领下，小雷家村开启了脱胎换骨的变革发展之路，越来越多的村民实现了致富，小雷家村成了致富的“先行者”，成了无数个经济落后山村的示范榜样，见证并实践着集体经济的变革和发展。

3. 个体经济的萌芽

另外一位主人公杨巡便是改革开放时期个体户的缩影，是个体民营经济萌芽发展的先行者和典型代表。在改革开放高速发展的背后，个体户在其中起到了至关重要的作用。剧中的这位没文化、没背景、没条件的农村贫困小伙儿从 16 岁起就到社会上打拼，凭借着自己的一张巧嘴、勤快利索、处事圆滑，先后从挑个扁担走街串巷卖馒头，到独自两年的东北闯荡，赊账销售小雷家登峰电线厂的电线，再到焚火烧掉小山般高的假货，成为一个能买下整个电器市场的管理者，杨巡把握过商机，掉入过陷阱，经历过磨难，但最终靠着自己的坚韧不拔成功地改变了家庭状况，改变了命运，同时为许许多多像他一样四处碰壁的个体户树立了表率，见证了个体经济在改革开放道路上萌芽、发展和革新的全过程。

这部剧的导演孔笙同样是改革开放的见证者，他在恢复高考后的两轮考试中都没有考上，随后读了夜大，也考虑过做生意，但最终还是从事了影视工作，他拍《大江大河》就是想告诉现在的年轻人，“我们曾经非常贫穷，也特别艰难，所以我们现在所看到的人们生活质量如此之高，社会进步如此之快，这一切都来之不易。”因此，我们在欣赏这部剧，了解了 20 世纪七八十年代中国的样子后，更应该珍惜现在的生活，并且能够为了我们国家的繁荣昌盛和人民的美好生活继续不断地奋斗与创新，要令老一辈中国人民吃苦耐劳、坚韧不拔的精神继续得以深远的传承和发扬！

【主题探究】

(1) 剧中三位主角的人物性格都十分鲜明，请谈谈三位主角的优点和缺点，并表明你最欣赏他们身上的哪些特质。

(2) 剧中各件事情的发展都离不开资源、团队和资金，请谈谈它们与我们的学习、生活和工作是否息息相关；如果相关，则体现在哪些方面。

(3) 国家政策在剧中可以说贯穿各个主线，请你谈谈政策具有哪些特性，以及面对新的政策应该怎么做。

(4) 剧中有很多劳动的场景和片段，请谈谈令你印象最深刻的场景或片段是什么，它们带给你哪些启发。

佳片八　电视剧《山海情》

【主题介绍】

《山海情》(附图 8)以展现东西部扶贫协作的“闽宁模式”为创作命题。闽宁对口扶贫协作 24 年如一日，将“输血式”扶贫变为“造血式”扶贫，激发当地群众的内生动力，开创出一条具有示范意义的扶贫协作道路，为世界提供了一份解决贫困问题的“中国方案”。在我国全面建成小康社会的关键时期，电视剧《山海情》无疑具有强烈的现实意义。

故事从 20 世纪 90 年代初讲起，宁夏回族自治区为了让西海固贫困地区的老百姓过上好日子，实施“吊庄移民”政策，动员他们从山里搬到银川附近的平原，发展生产，再建新家园。但是，他们移民搬迁的目的地玉泉营并非一片已建成的乐园，而是一块等待乡亲们自己去开荒拓土、从零建设的新家园，这也是涌泉村吊庄户集体“潜逃”回村的关键所在。

《山海情》的成功不仅在于集合了一支金牌制作团队，人物形象真实，剧情符合时代特征，更在于它真正脱离了“宣传片”的概念与出发点，用真诚创作的心态，以平等的视角，去观察和反映贫困地区民众的生活方式与精神状态。

附图 8　《山海情》剧照

【影片赏析】

1. 无私情谊，山海为证

《山海情》全景透视东西部扶贫协作的“闽宁模式”，讲述了20世纪90年代以来，宁夏西海固的人民群众在国家政策的号召下，在福建的对口帮扶下，移民搬迁，不断克服困难，探索脱贫发展的办法，通过劳动创造价值，将飞沙走石的“干沙滩”建设成寸土寸金的“金沙滩”，西海固地区人民过上美好生活的故事。

“电视剧《山海情》展现了人在与自然环境的关系中所具有的能动性，表达了人民群众对美好生活的不懈追求，其创作着力于对人物的塑造。山代表宁夏，海代表福建，正如片名一样，这是一场福建和宁夏的‘恋爱’，两省区相互协作，共展宏图，结下了深厚情谊，也体现了剧中人物对幸福生活的向往，对美好家乡的热爱，对打赢脱贫攻坚战的坚定信念。”宁夏演艺集团话剧院副院长说。

武夷六盘同脉搏，八闽塞上心相连。剧名十分精准地表达了闽宁对口扶贫协作以来，绵延24年不间断的闽宁情缘。剧中既有粗犷浓郁的“西北风”，又有包容开放的“东南风”，他们就是在这两种文化的交流交融中度过了援宁岁月，同宁夏人民结下了深厚的友谊，宁夏成了他们的第二故乡，宁夏人民成了他们的亲人。

闽宁对口扶贫协作援宁群体以燕子垒窝的恒劲、水滴石穿的韧劲、老牛爬坡的拼劲将扶贫接力棒一棒接一棒地传下去，以“敢拼会赢”的精神与宁夏人民一道汇聚起众志成城战贫困的磅礴力量，感人至深的“闽宁情缘”让两省区人民的情谊因奋斗而更浓烈。

“跺开西海固的一粒黄土，半粒在喊渴，半粒在喊饿”“一年一场风，从春刮到冬”，这是电视剧《山海情》里触动人心的台词。该剧所展现的脱贫故事阐述了一个地区的物质、精神丰富发展的历程。朴实奋斗的当地百姓、基层扶贫干部、福建帮扶干部、专家及各行各业在脱贫攻坚一线奋斗的人们是了不起的主角，是作品希望让更多观众知晓的凡人英雄。每个具体人物的奋斗历程共同构成了这个壮阔的时代。

2. 细节绘深情，奋斗谱华章

《山海情》中为脱贫而奋斗的村民里很多是年轻人。年轻人参与扶贫，他们给贫困地区带来的除了一些硬性的政策支持之外，更多的是他们的年轻、朝气与锐气，他们打破了阻碍城市与乡村流动的最关键的“闸口”，他们让新的理想追求、新的生活方式、新的需求信息如潮水一般涌进贫困地区。年轻人扶贫其实更是一次知识与文化的“洗礼”。

沿着扶贫的道路，知识精英、青年群体“返乡”，使厚重的中国乡土文化迸发出了活力。贫困地区与发达地区之间的流动性可能从未如此高，这要感谢“信息洪流”与“观念水位”带给贫困地区的巨大影响，更要感谢青年群体对乡村充满感情的注视。这注视是热忱的，也是平等的。他们不以“牺牲者”或“奉献者”的身份自居，如此才能真正博得贫困地区群众的信任，才能真正激发贫困地区脱贫奋斗的巨大能量。以下是剧中人物形象分析。

马得福：从农校毕业的第一件事就是追回家乡涌泉村里“逃跑”的吊庄户。“一年一场风，从春刮到冬”“蚊子都能把人给吃了”“饿得直吐酸水”……剧中涌泉村村民们这些五花八门的拒绝移民搬迁的理由让观众们感受到这项工作的艰难，直呼“心疼”马得福。从苦口婆心地劝返吊庄户、帮助村民完成“吊庄移民”工作，到软磨硬泡给移民村通电，再到在东西协作扶贫政策出台后带领村民们共同走上致富的康庄大道，为了早日兑现那句“塞上江南”的承诺，马得福走得艰难而坚定，他永远在一个个困难中，永远在为别人解决问题，什么事都得管，什么苦都得往自己的肚子里咽。但这样一个纯粹、积极、一心扑在脱贫致富工作上的人正是现实中很多基层扶贫干部的缩影。

黄觉：与马得福这个"当地人"不同，黄觉在剧中饰演了一个从福建来宁夏扶贫的菌草专家，给闽宁当地村民带来了一条科学种菇的致富新出路。出演福建专家需要用福建普通话讲出大段的专业术语台词，黄觉说："开始我觉得我拿不下来，准备时间太短了，但想了想还是咬着牙硬着头皮去了，没想到这是近年来让我印象最深刻、最享受的剧组。"此外，黄觉还坦言，这一次自己在戏里真切地看到了扶贫有多不容易。虽然前两集中凌教授还未亮相，但已收获了观众的巨大期待。

水花：热依扎所饰演的李水花，原本与马得福青梅竹马，却被父亲"卖"到邻村。在丈夫意外残疾后，她独自撑起了整个家。正如水花的饰演者热依扎所说，水花内心坚定、乐观，永远笑对生活和未知，她不仅展现了如水般柔柔地不断向上涌动的女性力量，还代表了一种希望，预示着整个闽宁镇在朝好的方向发展。

李大有：除了积极尝试新生活的年轻人之外，村民中占比更多的其实是不愿离家的，其中当数尤勇智饰演的李大有"表现突出"。不管是在马得福面前"耍赖"喊着"不去不去就不去"，还是在移民新区面对通电难时的煽风点火，作为村里长辈代表性人物的大有叔成了移民区每项工作中最大的"刺头"。也许是因为同属一代人，演员尤勇智坦言自己在塑造李大有的过程中感触很深："我们的拍摄环境非常艰苦，一点点地呈现了从没有树到有树，从地窝子到土坯房、砖房，一步一步是怎么过来的。特别感谢《山海情》的'主厨'孔笙导演，给我们做了一桌好菜，我们都是整个《山海情》中的一个元素，我拍了30年戏，觉得今年夏天很幸福。"李大有身上那一点儿农民的狡猾和小自私虽为马得福发了不少难，但也为剧情增添了不少"笑料"，这个典型的西北农民在移民过程中所表现出来的各种不配合、不积极的背后，实则表达了他这一辈人对脱贫致富的强烈期盼。

【主题探究】

(1)《山海情》剧情的发展始终在"传统与现代""寻根与断根""奋勇开拓与墨守成规"等矛盾关系中推进，请思考以上这三对矛盾关系在生活中怎样平衡。

(2)《山海情》以展现东西协作扶贫下的"闽宁模式"为创作命题，不仅阐述一个地区的物质发展和精神发展的历程，还聚焦、放大了其中"人"的故事。相比水花和得福两个较为成熟的年轻人，麦苗和得宝这对少年伙伴虽显稚嫩，但思维方式和行事风格更为大胆，更有冲劲。请仔细分析剧中麦苗和得宝的人物性格、成长经历。

(3)我们能够看到的是，剧中呈现的村民在脱贫致富过程中所遇到的问题都是细枝末节的、生活化的，都是现实生活中会遇到的问题。剧中的扶贫干部并非是万能的：村民的不理解、技术上的不懂行、手中资源的不足……

请认真思考：

① 贫困是如何形成的？

② 个体在脱贫致富过程中遭遇种种困境时，是怎样的力量推动他们将一个个艰难的目标实现？

③ 中国脱贫攻坚任务之艰、规模之大、成效之巨、影响之深远前所未有，这一漫漫征程中体现了中国共产党怎样的治国理政方略？

参考文献

[1] 中央编译局. 马克思恩格斯全集[M]. 北京:人民出版社,2017.
[2] 马克思. 1844年经济学哲学手稿[M]. 北京:人民出版社,2018.
[3] 中国社会科学院历史研究所《简明中国历史读本》编写组. 简明中国历史读本[M]. 北京:中国社会科学出版社,2012.
[4] 卜宪群. 中国通史[M]. 北京:华夏出版社,2016.
[5] 马克思,恩格斯. 马克思恩格斯全集[M]. 北京:人民出版社,1988.
[6] 张岂之. 中华优秀传统文化核心理念读本[M]. 北京:学习出版社,2014.
[7] 杨佳梅,张润平. 中国瓷器简明读本[M]. 北京:新华出版社,2016.
[8] 许慎. 说文解字[M]. 北京:中华书局,2012.
[9] 唐兰. 中国文字学[M]. 上海:上海古籍出版社,2005.
[10] 何九盈. 中国汉字文化大观[M]. 北京:北京大学出版社,1995.
[11] 王振璞. 中国古代书法史稿[M]. 北京:人民日报出版社,2012.
[12] 杨润陆. 现代汉字学通论[M]. 北京:长城出版社,2000.
[13] 黄德宽,陈秉新. 汉语文字学史[M]. 合肥:安徽教育出版社,2006.
[14] 中国社会科学院考古研究所. 殷周金文集成[M]. 北京:中华书局,2007.
[15] 中国社会科学院考古研究所. 中国考古学・新石器时代卷[M]. 北京:中国社会科学出版社,2010.
[16] 钱乘旦,高岱. 英国史新探:工业革命的新视角[M]. 北京:北京大学出版社,2018.
[17] 贾根良. 重商主义、工业文化的诞生与英国工业革命[M]. 北京:社会科学文献出版社,2017.
[18] 格林菲尔德. 资本主义精神:民族主义与经济增长[M]. 张京生,译. 上海:上海人民出版社,2009.
[19] 贝克特. 棉花帝国:一部资本主义全球史[M]. 徐轶杰,杨燕,译. 北京:民主与建设出版社,2019.
[20] 戈登. 伟大的博弈[M]. 3版. 祁斌,译. 北京:中信出版社,2019.
[21] 唐晋. 大国崛起[M]. 北京:人民出版社,2006.
[22] 葛能全. 钱三强年谱长编[M]. 北京:科学出版社,2013.
[23] 叶永烈. 钱学森[M]. 上海:上海交通大学出版社,2010.
[24] 梁东元. 中国飞天大传[M]. 武汉:湖北人民出版社,2007.
[25] 董光璧. 二十世纪中国科学[M]. 北京:北京大学出版社,2007.
[26] 李觉. 当代中国的核工程[M]. 北京:中国社会科学出版社,1987.
[27] 刘戟锋,刘艳琼,谢海燕. 两弹一星工程与大科学[M]. 济南:山东教育出版社,2004.
[28] 陶纯,陈怀国. 国家命运:中国"两弹一星"的秘密历程[M]. 上海:上海文艺出版社,2011.

[29] 吴卓. 中国航天人的故事[M]. 北京：中国宇航出版社，2015.
[30] 钟敬文. 中国民俗史[M]. 北京：人民出版社，2008.
[31] 叶涛. 中国民俗[M]. 北京：中国社会出版社，2008.
[32] 徐艺乙. 中国民俗文物概论：民间物质文化的研究[M]. 上海：上海文化出版社，2007.
[33] 黄勇. 人生礼俗[M]. 北京：京华出版社，2005.
[34] 乌丙安. 中国民间信仰[M]. 上海：上海人民出版社，1995.
[35] 乌丙安. 中国民俗学：新版[M]. 沈阳：辽宁大学出版社，1985.
[36] 刘波. 中国民间艺术大辞典[M]. 北京：文化艺术出版社，2006.
[37] 程俊英. 诗经译注[M]. 上海：上海古籍出版社，2016.
[38] 王世舜，王翠叶. 尚书[M]. 北京：中华书局，2012.
[39] 杨伯峻. 论语译注：简体字本[M]. 北京：中华书局，2017.
[40] 方勇. 墨子[M]. 北京：中华书局，2015.
[41] 李山. 管子[M]. 北京：中华书局，2019.
[42] 朱耀廷，李树喜. 中国人才史纲[M]. 北京：北京大学出版社，2012.
[43] 钟永圣. 传承与复兴：社会主义核心价值观的中华传统文化解读[M]. 北京：中国青年出版社，2015.
[44] 俞启定，和震. 中国职业教育发展史[M]. 北京：高等教育出版社，2012.
[45] 方拥. 中国传统建筑十五讲[M]. 北京：北京大学出版社，2010.
[46] 纽波特. 深度工作[M]. 宋伟，译. 南昌：江西人民出版社，2017.
[47] 彭南生，严鹏. 工业文化研究[M]. 北京：社会科学文献出版社，2017.
[48] 王新哲，孙星. 工业文化概念、范畴和体系架构初探[J]. 西北工业大学学报(社会科学版)，2015(35)：30-33.
[49] 卢晓东，曲霞. 大学劳动教育课程框架、特征与实施关键：基于劳动要素的理论视野[J]. 中国大学教学，2020(2)：8-16.
[50] 卢晓东. 劳动，在人工智能时代意味着什么？[J]. 中国高等教育，2018(21)：7-9.
[51] 李珂，蔡元帅. 陶行知劳动教育思想对新时代加强大学生劳动教育的启示[J]. 思想教育研究，2019(1)：107-110.
[52] 张琛，李珂. 论黄炎培劳动教育思想的丰富内涵与当代启示[J]. 教育与职业，2019(2)：93-97.
[53] 李珂. 习近平新时代中国特色社会主义劳动思想探析[J]. 思想教育研究，2018(1)：12-16.
[54] 李珂，曲霞. 1949 年以来劳动教育在党的教育方针中的历史演变与省思[J]. 教育学报，2018(5)：63-72.
[55] 刘向兵. 新时代高校劳动教育的新内涵与新要求：基于习近平关于劳动的重要论述的探析[J]. 中国高教研究，2018(11)：17-21.
[56] 孙周兴. 马克思的技术批判与未来社会[J]. 学术月刊，2019(6)：5-12.